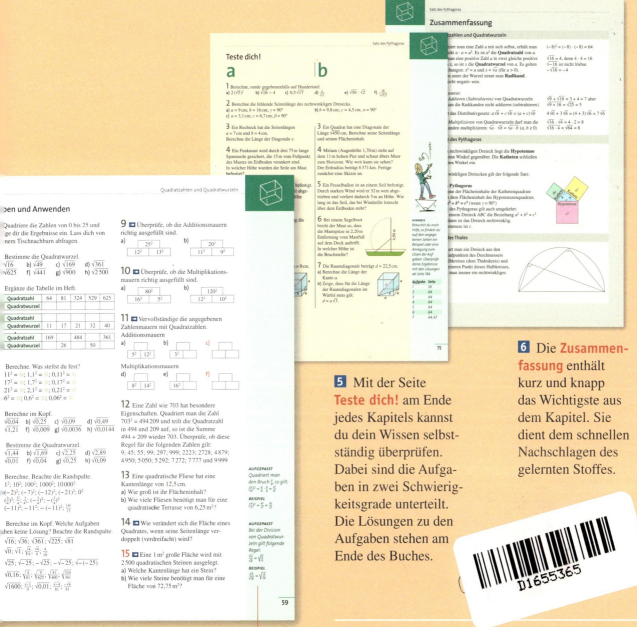

5 Mit der Seite **Teste dich!** am Ende jedes Kapitels kannst du dein Wissen selbstständig überprüfen. Dabei sind die Aufgaben in zwei Schwierigkeitsgrade unterteilt. Die Lösungen zu den Aufgaben stehen am Ende des Buches.

6 Die **Zusammenfassung** enthält kurz und knapp das Wichtigste aus dem Kapitel. Sie dient dem schnellen Nachschlagen des gelernten Stoffes.

Auf der Randspalte stehen beispielsweise interessante zusätzliche Informationen, Hinweise, Beispiele und Knobelaufgaben.

Die Farbe der Randspalte und die obere Buchecke stehen für einen bestimmten Bereich in der Mathematik: Arithmetik/Algebra (Blau), Funktionen (Rot), Geometrie (Grün), Stochastik (Gelb).

Multimediales Zusatzangebot über Webcode im Internet:
- Webseite www.cornelsen.de/zahlen-und-groessen aufrufen
- Buchkennung eingeben: MZG001319
- Mediencode eingeben: z. B. 057-1

Was bietet das Buch noch?

Die **Themenseiten** enthalten Interessantes und Wissenswertes aus verschiedenen Lebensbereichen.

Auf den **Methodenseiten** lernst du z. B. den Umgang mit Werkzeugen oder Formen der Gruppenarbeit. Vielfach musst du Probleme lösen, Rechenwege erkunden und erklären, im Internet recherchieren oder eigene Arbeiten präsentieren.

In jedem Kapitel findest du unter den **Vermischten Übungen** weitere Aufgaben zu den Lerneinheiten des gesamten Kapitels.

Zahlen und Größen 9

Gesamtschule Nordrhein-Westfalen
Grundkurs

Herausgegeben von Reinhold Koullen
Udo Wennekers

unter Mitarbeit
der Verlagsredaktion

Herausgeber:
Reinhold Koullen, Udo Wennekers

Erarbeitet von:
Ilona Gabriel, Vincent Hammel, Ines Knospe, Martina Verhoeven, Udo Wennekers

Unter Verwendung der Materialien von:
Dieter Aits, Ursula Aits, Helga Berkemeier, Henning Heske, Reinhold Koullen, Doris Ostrow, Hans-Helmut Paffen, Jutta Schäfer, Willi Schmitz, Herbert Strohmayer

Redaktion: Heike Schulz
Herstellung: Regine Schmidt
Illustration: Roland Beier
Technische Zeichnungen: Ulrich Sengebusch, Christian Görke
Bildredaktion: Peter Hartmann
Layout und technische Umsetzung: Jürgen Brinckmann
Umschlag- und Vorsatzgestaltung: Hans Herschelmann

Begleitmaterialien zum Lehrwerk			
für Schülerinnen und Schüler		**für Lehrerinnen und Lehrer**	
Arbeitsheft 9	978-3-06-001345-6	Lösungsheft 9 GK	978-3-06-001333-3
Orientierungswissen kompakt 9 GK	978-3-06-001373-9	Kopiervorlagen 9	978-3-06-001334-0

www.cornelsen.de

Unter der folgenden Adresse befinden sich multimediale Zusatzangebote für die Arbeit mit dem Schülerbuch:
www.cornelsen.de/zahlen-und-groessen
Die Buchkennung ist **MZG001319**.

Die Internet-Adressen und -Dateien, die in diesem Lehrwerk angegeben sind, wurden vor Drucklegung geprüft (Stand Januar 2009).
Der Verlag übernimmt keine Gewähr für die Aktualität und den Inhalt dieser Adressen und Dateien oder solcher, die mit ihnen verlinkt sind.

1. Auflage, 1. Druck 2009

Alle Drucke dieser Auflage sind inhaltlich unverändert und können im Unterricht nebeneinander verwendet werden.

© 2009 Cornelsen Verlag, Berlin

Das Werk und seine Teile sind urheberrechtlich geschützt. Jede Nutzung in anderen als den gesetzlich zugelassenen Fällen bedarf der vorherigen schriftlichen Einwilligung des Verlages.
Hinweis zu den §§ 46, 52a UrhG: Weder das Werk noch seine Teile dürfen ohne eine solche Einwilligung eingescannt und in ein Netzwerk eingestellt oder sonst öffentlich zugänglich gemacht werden.

Druck: CS-Druck CornelsenStürtz, Berlin

ISBN 978-3-06-001319-7

 Inhalt gedruckt auf säurefreiem Papier aus nachhaltiger Forstwirtschaft.

Inhalt

Lineare Funktionen

Noch fit?	6
Lineare Funktionen erkennen und darstellen	7
Lineare Funktionen zeichnen und untersuchen	13
Lineare Gleichungssysteme grafisch lösen	17
Methode: Funktionen untersuchen mit einem Funktionenplotter	22
Vermischte Übungen	24
Teste dich!	29
Zusammenfassung	30

Ähnlichkeit

Noch fit?	32
Ähnlichkeit im geometrischen Sinn	33
Vergrößern und Verkleinern	37
Strahlensätze	43
Methode: Strecken teilen	46
Thema: Höhenbestimmung durch Anpeilen	47
Thema: Der goldene Schnitt	48
Vermischte Übungen	50
Teste dich!	53
Zusammenfassung	54

Satz des Pythagoras

Noch fit?	56
Quadratzahlen und Quadratwurzeln	57
Der Satz des Pythagoras	63
Thema: Satz des Thales	69
Thema: Pythagoras gestern und heute	70
Vermischte Übungen	72
Teste dich!	75
Zusammenfassung	76

Vom Vieleck zum Kreis

Noch fit?	78
Regelmäßige Vielecke	79
Kreisumfang	83
Flächeninhalt des Kreises	87
Thema: Annäherung an π mit einer Tabellenkalkulation	92
Thema: Rund ums Fahrrad	94
Vermischte Übungen	96
Teste dich!	99
Zusammenfassung	100

Zusätzliche Inhalte, die fakultativ unterrichtet werden können

Zylinder

Noch fit? 102
Netze und Oberflächen von Zylindern ... 103
Schrägbilder und Volumen von
  Zylindern 107
Hohlzylinder 111
Thema: Modellbau 114
Vermischte Übungen 116
Teste dich! 119
Zusammenfassung 120

Pyramide, Kegel, Kugel*

Noch fit? 122
Pyramiden und Kegel erkennen und
  zeichnen 123
Mantel und Oberfläche einer
  Pyramide 127
Mantel und Oberfläche eines Kegels ... 131
Volumen von Pyramide und Kegel 135
Volumen und Oberfläche einer Kugel ... 139
Thema: Die Pyramiden von Gizeh 144
Vermischte Übungen 146
Teste dich! 149
Zusammenfassung 150

Anhang

Optimierung 152
Technisches Zeichnen 154
Wahre Größe und Gestalt 158
Sportfest 160
Der Goldene Schnitt 164

Training 166

Auf dem Weg in die Berufswelt 172

Lösungen Teste dich! 184
Lösungen zum Training 190
Lösungen zu „Auf dem Weg
  in die Berufswelt" 193
Stichwortverzeichnis 198
Bildverzeichnis 200

* Dieses Kapitel ist auch im Buch der Klasse 10 zu finden und kann wahlweise dort unterrichtet werden.

Lineare Funktionen

Das Flugzeug hat eine Höhe von 3000 Metern erreicht, als sich die Luke öffnet und die sechzehn mutigen Fallschirmspringer herausspringen. Im freien Fall haben sie eine Geschwindigkeit von 200 $\frac{km}{h}$. Mit jeder Sekunde rasen sie weiter auf die Erde zu, aber nach jahrelangem Training schaffen sie es tatsächlich, wie geplant eine Formation zu bilden.

Lineare Funktionen

Noch fit?

1 Vereinfache die Terme.
a) $7x + 12y + 3x$
b) $1{,}5a - 2b + 3a - 4b$
c) $10y - 4x - 2y + 14x$
d) $3(4x + 2)$
e) $7(2x + 3y - 1)$
f) $4(x + 2) - 3(x + 7)$

2 Berechne den Wert der Terme.
a) $6x + 5$ für $x = 1{,}5$
b) $10 - 2{,}5x$ für $x = 7$
c) $3a + 12$ für $a = 2$
d) $3(x - 4)$ für $x = 6$
e) $12(10 - 3y)$ für $y = 1{,}5$
f) $9 - 4(x + 3)$ für $x = 0{,}5$

3 Bestimme die Lösung der Gleichung.
a) $3x + 5 = -6x + 41$
b) $5x + 11 = 3x + 7$
c) $20x + 5 = 13x - 16$
d) $2(3x + 2) = 6x + 5$
e) $4(y + 3) = 3y - 12$
f) $26 - 2(x + 3) = 32$

ZUM WEITERARBEITEN
Erkläre den Unterschied zwischen einer Zuordnung und einer Funktion.

4 Sind die folgenden Zuordnungen proportional oder antiproportional? Begründe.
a) Benzinmenge in ℓ → Preis in €
b) Anzahl der Lkw → Zeit, um 100 m³ Sand abzutransportieren
c) Geschwindigkeit in $\frac{km}{h}$ → Fahrzeit in h
d) Seitenlänge eines Quadrats → Umfang des Quadrats

5 Ergänze die Tabellen der proportionalen Zuordnungen und stelle die Zuordnungen in einem Diagramm dar.

a)
Füllmenge in ℓ	1	2	3	5	7
Preis in €	1,2				

b)
Anzahl	2	4	5	8	10
Preis in €	3	6			

6 Welche der Zuordnungen sind proportional? Begründe.

a)
x	0	1	2	3	4
y	0	3,5	7	10,5	14

b)
x	2	4	6	8	10
y	6	7	8	9	10

c)
x	4	8	12	16	20
y	0,5	1	1,5	2,5	3

d)
x	5	10	15	20	25
y	7,5	15	22,5	30	37,5

KURZ UND KNAPP

1. Für 5 Pfannkuchen benötigt man 120 g Mehl. Wie viel Mehl benötigt man für 8 Pfannkuchen?
2. Die Kantenlängen eines Würfels werden verdoppelt. Um welches Vielfache steigt das Volumen? Wie verändert sich seine Oberfläche?
3. Was ist mehr: 35 % von 70 oder 70 % von 35? Begründe.
4. Wie viel Zinsen erhält man für 12 000 € bei 2,8 % für 150 Tage?
5. Wie hoch ist Wahrscheinlichkeit, aus einem Skatspiel eine Dame zu ziehen?
6. Ergänze einen Wert, sodass das arithmetische Mittel 3 beträgt: 4, 1, 2, 3, 4
7. Ergänze einen Wert, sodass der Median 3 beträgt: 4, 1, 2, 3, 4
8. Wie viele quadratische Fliesen mit 50 cm Kantenlänge benötigt man für eine Terrasse, die 4,50 m lang und 2,5 m breit ist?
9. Anna läuft $7{,}1 \frac{km}{h}$, Tim läuft $2 \frac{m}{s}$. Wer ist schneller?

Lineare Funktionen erkennen und darstellen

Erforschen und Entdecken

1 Ein Handyanbieter wirbt mit folgendem Vertragsangebot:
Die vier Freunde Timo, Tom, Sarah und Tanja haben zum Schuljahresbeginn solch einen Vetag bekommen.
Gib eine Funktionsgleichung für die monatlichen Handykosten an, wenn keine weiteren SMS verschickt werden.

Handy kostenlos!
50 SMS pro Monat **frei!**
Grundgebühr pro Monat nur 8,95 €
Gebühr pro Minute 9 Cent in alle Netze

a) Timo telefoniert im ersten Monat 55 Minuten. Wie viel muss er bezahlen?
b) Tom telefoniert nur 25 Minuten. Wie hoch ist seine Rechnung?
c) Sarah möchte berechnen, wie hoch ihre Rechnung sein wird, und hat sich daher eine Tabelle angelegt. Fülle die Tabelle im Heft aus.

Gesprächsdauer (in min)	30	60	90	120	150	180
Kosten (in €)						

d) Tanja telefoniert gern und viel, deshalb setzen ihre Eltern 20 € als Obergrenze der Rechnung fest. Wie lange darf Tanja höchstens telefonieren?

2 Die beiden Vasen werden mit Wasser gefüllt. Ordne jeweils die passenden Graphen zu.
a) Beschreibe, wie sich der Wasserstand in den Gefäßen verändert.
b) Wie sieht der Füllgraph aus, wenn zu Beginn schon jeweils 10 cm hoch Wasser in den Vasen ist? Zeichne die veränderten Füllgraphen.

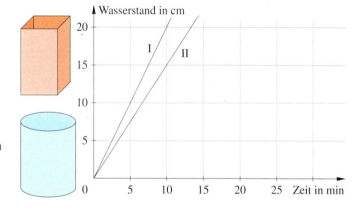

c) Erfinde selbst zwei Füllgraphen. Überlege dir zunächst, wie hoch das Wasser am Anfang im Gefäß steht und um wie viel cm der Wasserstand pro Minute steigt. Schreibe jeweils auf eine Karteikarte die entsprechende Wertetabelle und zeichne auf eine andere Karte den Füllgraphen. Arbeitet danach zu viert zusammen und vermischt eure Karten. Nun könnt ihr mit den Karten Memory spielen und raten, welche Füllgraphen jeweils zu den Wertetabellen passen.

3 Diese Aufgabe solltet ihr in Gruppen von zwei bis fünf Personen bearbeiten.
Herr Müller ist während seiner Geschäftsreisen in Leipzig und in Köln mehrfach mit dem Taxi gefahren. Er sortiert nun seine Quittungen (siehe Randspalte).
a) Frau Müller meint: „Etwas kann nicht stimmen. Eine Fahrt, die doppelt so weit ist, muss doch doppelt so viel kosten." Was meint ihr? Begründet eure Meinung.
b) Herr Müller kann sich erinnern, dass er in Leipzig eine Grundgebühr von 2,30 € zahlen musste. Wie hoch war dann der Preis pro km?
c) In Köln zahlt man pro km 1,40 €. Wie hoch ist dort die Grundgebühr?
d) In welchem Ort zahlt man mehr für eine Fahrt, die 20 km lang ist? Beratet, wie ihr eine Lösung finden könnt. Erläutert euer Vorgehen.

Taxi Kramer Leipzig
Strecke: 12 km
Betrag: 17,90 €

Köln Taxi-Express
15 km: 22,80 €

Taxi Kramer Leipzig
Strecke: 6 km
Betrag: 10,10 €

Köln Taxi-Express
8 km: 13 €

Lineare Funktionen

Lesen und Verstehen

An einem herrlichen Sonntag vergnügt sich Familie Klausen in ihrem Planschbecken, das 30 cm tief mit Wasser gefüllt ist. Dabei geht viel Wasser über den Rand verloren (Beispiel 1), das Herr Klausen am Abend mit dem Gartenschlauch wieder nachfüllt (Beispiel 2).

In Beispiel 1 handelt es sich um eine eindeutige Zuordnung *Zeit → Wasserstand*. Jeder Minute kann genau ein Wasserstand zugeordnet werden.

> Eine Zuordnung, bei der jedem *x*-Wert genau ein *y*-Wert zugeordnet wird, heißt **Funktion**.

BEISPIEL 1
Wasserverlust

x	Zeit (in min)	0	10	20	30	40	50	60
y	Wasserstand (in cm)	30	26	26	16	10	8	1

Funktionen, die so gleichmäßig verlaufen wie im Beispiel 2, nennt man **lineare Funktionen**. Man kann sie durch eine Wertetabelle, einen Funktionsgraphen oder eine Funktionsgleichung darstellen.

Um die **Wertetabelle** einer Funktion zu erstellen, berechnet man für jedes *x* den zugehörigen *y*-Wert.

Mit Hilfe der Wertetabelle kann man den **Funktionsgraphen** zeichnen. Der Funktionsgraph einer linearen Funktion ist eine Gerade.

Der zu *x* gehörende *y*-Wert kann durch einen Funktionsterm $f(x)$ berechnet werden. Die Gleichung $y = f(x)$ nennt man die **Funktionsgleichung**.

> Eine Funktion mit der Funktionsgleichung $y = f(x) = mx + n$ heißt **lineare Funktion**.
> Ihr Graph ist eine Gerade.
> Der Faktor *m* heißt **Steigung** der Funktion.
> Die Variable *n* heißt *y*-**Achsenabschnitt**.

Die Größe der Steigung *m* gibt an, wie steil die Gerade verläuft.
Der Schnittpunkt des Graphen mit der *y*-Achse ist der *y*-Achsenabschnitt *n*.

BEISPIEL 2
Der Wasserstand beträgt 1 cm. Mit dem Gartenschlauch wird das Becken langsam und gleichmäßig gefüllt. Pro Minute steigt der Wasserstand um 2 cm an.

x	Zeit (in min)	0	1	2	3	4	5
y	Wasserstand (in cm)	1	3	5	7	9	11

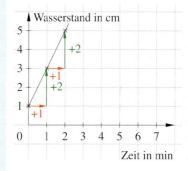

Das Nachfüllen des Wassers stellt eine lineare Funktion dar. Der Graph ist eine Gerade.

$y = 2x + 1$ oder
$f(x) = 2x + 1$ („f von x gleich 2x + 1")

Für $x = 3$ gilt: $y = 2 \cdot 3 + 1 = 7$ oder
                 $f(3) = 2 \cdot 3 + 1 = 7$

Nach 3 min beträgt der Wasserstand 7 cm.

Erhöht sich der *x*-Wert um 1 Einheit, dann verändert sich der *y*-Wert um 2 Einheiten. Die Funktion hat die Steigung $m = 2$.
Der *y*-Achsenabschnitt ist $n = 1$.

HINWEIS
Der *x*-Wert einer Funktion wird auch als **Argument** bezeichnet.
Den *y*-Wert nennt man auch **Funktionswert**.

BEACHTE
Eine proportionale Funktion ist eine besondere lineare Funktion mit $n = 0$:
$y = m \cdot x$ bzw.
$f(x) = m \cdot x$

Lineare Funktionen erkennen und darstellen

Üben und Anwenden

1 Marie füllt ihr 24 cm hohes Aquarium gleichmäßig mit Wasser. Zu Beginn steht das Wasser schon 9 cm hoch.

Zeit (in min)	0	1	2	3	4	5
Wasserstand (in cm)	9	12				

a) Vervollständige die Tabelle im Heft.
b) Zeichne mit Hilfe der Wertetabelle den Funktionsgraphen.
c) Nach welcher Zeit ist das Aquarium voll?

2 Trage die zugeordneten Werte in ein Koordinatensystem ein und zeichne den Graphen der Funktion als Gerade.

a)
x	0	1	2	3	4	5	6
y	1,5	3	4,5	6	7,5	9	10,5

b)
x	0	1	2	3	4	5	6
y	2	4	6	8	10	12	14

c)
x	0	2	4	6	8	10	12
y	6	5	4	3	2	1	0

d)
x	−3	−2	−1	0	1	2	3
y	−1	0	1	2	3	4	5

3 Lege eine Wertetabelle an und zeichne die Graphen der Funktionen. Gib die Steigung m und den y-Achsenabschnitt n an.
a) $y = 3x + 2$ b) $y = 2x + 1$
c) $y = 1,5x + 0,5$ d) $y = x - 2$
e) $f(x) = 0,5x + 1$ f) $f(x) = 2,5x - 1$

4 Erkunde mit dynamischer Geometrie-Software, wie sich der Graph einer linearen Funktion verhält, wenn man die Steigung m und den y-Achsenabschnitt n ändert. Nutze dazu den Webcode in der Randspalte.

5 Stelle die Funktionsgleichungen auf, lege jeweils eine Wertetabelle an und zeichne die Graphen der linearen Funktionen.
BEISPIEL $m = 4;\ n = 1;\ y = 4x + 1$
a) $m = 2;\ n = 3$ b) $m = 3;\ n = 5$
c) $m = 3;\ n = 0,5$ d) $m = 5;\ n = 2,2$
e) $m = 4;\ n = -2$ f) $m = 0,5;\ n = -2$
g) $m = 1;\ n = 1$ h) $m = -2;\ n = 1,5$

6 Durch die Wertetabelle wird eine lineare Funktion beschrieben.

x	0	1	2	3	4	5	6	7
y			3,5	5	6,5			

a) Übertrage die Tabelle in dein Heft und ergänze die fehlenden Werte.
b) Zeichne den Graphen der Funktion.
c) Welche der folgenden Funktionsgleichungen passt zu der Funktion? Begründe.
① $y = 1,5x + 3,5$ ② $y = 1,5 + 1x$
③ $y = 1,5x + 0,5$ ④ $y = 3,5x + 1,5$

7 Begründe. Handelt es sich um Funktionen, lineare Funktionen oder keine Funktionen?

a)
x	−3	−2	−1	0	1	2	3
y	5	2	5	1	5	6	1

b)
x	0	1	2	3	4	5	6
y	2	3	5	7	11	13	17

c)
x	−15	−10	−5	0	5	10	15
y	−3	−2	−1	0	1	2	3

8 Die Tabelle zeigt die Masse eines Betonmischers bei verschiedenen Ladungen.

Betonvolumen (in m³)	1	2	3	4
Masse des Lkws (in t)	13	15,4	17,8	20,2

a) Begründe, warum durch die Wertetabelle eine lineare Funktion dargestellt wird.
b) Gib die Funktionsgleichung an.
c) Zeichne den Graphen der Funktion.
d) Lies aus deiner Zeichnung ab, wie viel der Betonmischer ohne Ladung etwa wiegt.
e) Das zulässige Gesamtgewicht für den Betonmischer beträgt 26 t. Wie viel m³ Beton darf er höchstens laden?

9 Zwei Graphen der Randspalte stellen lineare Funktionen dar. Welche sind das?

10 Folgendes reales Beispiel kann durch eine lineare Funktion dargestellt werden: Die Grundgebühr beträgt 9,95 €. Jede Gesprächsminute kostet 0,15 €. Erfinde ein anderes Beispiel, bei dem es sich um eine lineare Funktion handelt.

NACHGEDACHT
Wie viele Funktionswerte muss man mindestens berechnen, um eine lineare Funktion zeichnen zu können?

009-1

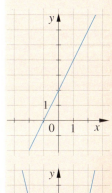

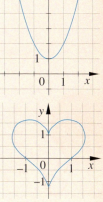

Lineare Funktionen

11 Überprüfe, ob die Funktionen linear sind. Falls ja, gib die Funktionsgleichung an.

a)
x	0	1	2	4	6
y	15	13	11	7	3

b)
x	−1	0	1	2	3
y	8	10	13	15	18

c)
x	−2	0	2	4	6
y	−6	0	6	12	18

12 Lies zunächst den y-Achsenabschnitt n und die Steigung m ab. Gib dann die Funktionsgleichung der linearen Funktion an.

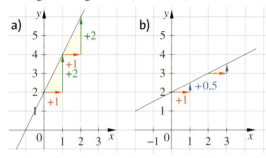

13 Die Tabelle zeigt den Tankinhalt eines Pkws bei einer Autobahnfahrt.

Strecke (in km)	0	50	100	150	200	300	400
Tankinhalt (in l)	55	51	47	43			

a) Ergänze die Wertetabelle.
b) Stelle den Sachverhalt grafisch dar.
c) Gib die Funktionsgleichung an.

14 Ein Schwimmbecken wird geleert. Der Wasserstand beträgt zunächst 2,5 m und sinkt pro Stunde um 0,15 m.
a) Lege eine Wertetabelle an.
b) Veranschauliche das Leeren des Beckens durch einen Funktionsgraphen.
c) Begründe, warum auch hier eine lineare Funktion vorliegt. Welche Steigung hat die Funktion?
d) Welchen y-Achsenabschnitt hat die Funktion?
e) Gib die Funktionsgleichung an.

NACHGEDACHT
Welche Annahme muss man in Aufgabe 15 machen, um den Sachverhalt durch eine lineare Funktion beschreiben zu können?

15 Lineare Funktionen lassen sich auf verschiedene Weisen darstellen. Übertrage die Tabelle in dein Heft (Querformat) und vervollständige sie. Denke dir weitere Beispiele aus.

Sachverhalt	Funktionsgleichung	Wertetabelle	Graph
Kontoführungsgebühr Grundgebühr 2,50 € 0,50 € pro Buchung	$y = 0{,}5x + 2{,}5$	x: 0, 1, 2, 3 y: 2,5, 3, 3,5, 4	
Taxifahrt		x: 0, 5, 10, 15 y: 2,2, 9,7, 17,2, 24,7	
Handy	$f(x) = 0{,}15x + 5$	x: 0, 1, 2, 3 y: 5, 5,15, 5,30, 5,45	
Kerze	$f(x) =$	x: 0, 2, 4, 6 y: 6, 5, 2, 0	

Lineare Funktionen erkennen und darstellen

16 Welche Funktionsgleichung passt?
a) Ein Haar ist 12 cm lang. Es wächst pro Monat um 0,8 cm.
① $y = 12x + 0,8$ ② $y = 0,8x + 12$
b) Für eine Klassenfahrt wird ein Bus gemietet. Die Kosten für die Bereitstellung des Busses betragen 360 €. Zusätzlich werden pro km 0,55 € berechnet.
① $f(x) = 0,55x + 360$ ② $y = 55x + 360$

17 Frau Brücker möchte Erdbeermarmelade herstellen. Im Supermarkt kostet das kg Erdbeeren 2,50 €. Für ein 40 km entferntes Erdbeerfeld findet sie eine Anzeige:

Erdbeeren selber pflücken
Selbst der weiteste Weg lohnt sich!
Ganz frisch und ungespritzt
nur 1,80 € pro kg.
Erdbeerfeld Mühlenhof

Lohnt sich der Weg zum Erdbeerfeld?
a) Vergleiche die Preise für 5 kg, 10 kg, 15 kg und 20 kg Erdbeeren aus dem Supermarkt und vom Erdbeerfeld.
b) Wovon hängt es ab, ob der Weg zum Erdbeerfeld lohnt? Sammelt eure Überlegungen anschließend in der Klasse.
c) Für den Bus zum Erdbeerfeld zahlt Frau Brücker hin und zurück insgesamt 8,40 €. Wie viel kg Erdbeeren muss sie mindestens pflücken, damit sich die Fahrt lohnt?
d) Überschlage, ab wie viel kg es sich lohnt, mit dem Auto zum Erdbeerfeld zu fahren.

18 Taxi Weber verlangt 1,40 € pro gefahrenem Kilometer. Bei Taxi Reni zahlt man 2,50 € für die Anfahrt des Taxis und 1,30 € pro gefahrenem Kilometer.
Stelle für jedes Unternehmen eine Funktionsgleichung für die Fahrpreise auf.
a) Erstelle jeweils eine Wertetabelle. Wähle $x = 0$ km, 5 km, 10 km, ..., 30 km
b) Zeichne die Graphen zu beiden Gleichungen in dasselbe Koordinatensystem.
c) Ist eines der Taxiunternehmen günstiger? Begründe.
d) Bei welcher Streckenlänge sind die beiden Unternehmen gleich teuer?

19 Berechne jeweils den y-Wert für $x = -3$; $x = 0$; $x = 2$ und $x = 13$.
a) $f(x) = 3x + 4,5$ b) $y = 2x + 2$
c) $y = 4x - 3$ d) $f(x) = 8,2x - 4,2$

20 Frau Ates least einen Pkw. Sie zahlt 5000 € an und muss jeden Monat eine Leasingrate von 250 € zahlen.
a) Erstelle eine Wertetabelle und zeichne den Graphen.
b) Gib die Funktionsgleichung an.
c) Wie viel hat sie nach 3 Jahren gezahlt?

21 Nach einem Fußballspiel verlassen die 56000 Zuschauer das Stadion durch die vier Ausgänge. Pro Minute gehen durch jeden Ausgang etwa 220 Zuschauer.
a) Gib eine Funktionsgleichung an für die Anzahl der Zuschauer, die nach x Minuten noch im Stadion sind.
b) Wie viele Zuschauer befinden sich nach 25 Minuten noch im Stadion?

22 Zwei verschieden geformte Kerzen aus dem gleichen Material brennen ab. Wie sich die Höhe verändert, wird im Diagramm veranschaulicht.

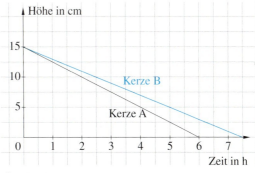

a) Gib die Brenndauer der Kerzen an.
b) Beschreibe die Form der beiden Kerzen.
c) Gib jeweils eine Funktionsgleichung der beiden Kerzen an.
d) Welche der Funktionsgleichungen beschreibt den Abbrennvorgang einer 18 cm hohen zylinderförmigen Kerze mit einer Brenndauer von 20 Stunden?
① $y = 18 - 20x$ ② $y = 20 - 18x$
③ $y = 18 - 0,9x$ ④ $y = 20 - 0,9x$
⑤ $y = 18 + 0,9x$ ⑥ $y = 18 - 0,2x$

NACHGEDACHT
Richtig oder falsch? Gib gegebenenfalls ein Gegenbeispiel an.
– Eine Funktion ist immer auch eine lineare Funktion.
– Eine Zuordnung ist immer auch eine Funktion.

Lineare Funktionen

ZUR INFORMATION
kWh ist die Abkürzung für Kilowattstunde. Eine kWh ist eine Energieeinheit.
Der Arbeitspreis gibt die Kosten je verbrauchter Einheit an elektrischer Arbeit in Cent pro kWh an.

 012-1

23 Familie Meier überlegt, ob sie statt Normalstrom Ökostrom wählen sollte.
Die Stadtwerke verlangen eine Grundgebühr von 69,02 € pro Jahr und 17,56 Cent pro kWh. Für Strom aus erneuerbaren Energien zahlt man 21,03 Cent pro kWh und 72,87 € Grundgebühr. Diese Preise beinhalten bereits die zu zahlenden Steuern.
Um zu berechnen, welche zusätzlichen Kosten entstehen würden, hat Herr Meier die Preise in ein Tabellenkalkulationsprogramm eingegeben und damit die Gesamtpreise für verschiedene Verbrauchswerte berechnet.

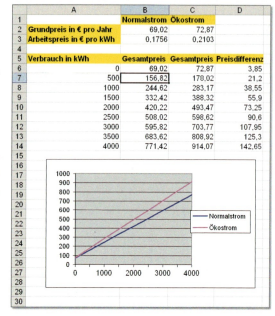

a) Welche Formeln musste er eingeben, um die Preise in den Zellen **B6** bis **B14** bzw. **C6** bis **C14** zu berechnen?
b) Mit welcher Formel wurde in Zelle **D6** gerechnet?
c) Suche im Internet die Tarife von Stromanbietern, die auch für deine Heimat Normalstrom und Ökostrom anbieten. Beachte die Linkliste unter dem in der Randspalte angegebenen Webcode.
d) Vergleiche drei verschiedene Tarife aus c), indem du selbst eine Tabelle mit einem Tabellenkalkulationsprogramm erstellst. Veranschauliche die Daten in einem Diagramm.

24 Familie Ritter hat ihre Wasserrechnung erhalten.

	Ihre Kosten im Zeitraum 01.01.2006 bis 31.12.2006				
Preisart	Preis-Zone	Verbrauch bzw. Anzahl	Preis	Anteil Tage	Betrag [5]
Geräte/Zähler	1	1 -	78,24 EUR/a	365/365	78,24 EUR
Arbeitspreis	1	142 m3	132,50 Ct/m3		188,15 EUR
				Nettosumme:	266,39 EUR
				USt. 7,0 %:	18,65 EUR
				Bruttosumme:	285,04 EUR

a) Erläutere die einzelnen Posten der Rechnung.
b) Gib eine Funktionsgleichung an, mit der man die Bruttokosten (inklusive 7 % Umsatzsteuer) für x m³ Wasser berechnen kann.
c) Die Nachbarn waren sparsamer und erhielten eine Rechnung über 250 €. Berechne mit der Funktionsgleichung, wie viel m³ Wasser sie verbraucht haben. Runde auf volle m³.

25 Bei der Erdgasversorgung stehen Familie Hohmann zwei Tarife zur Auswahl.
a) Erkunde mit einem Tabellenkalkulationsprogramm (ähnlich wie in Aufgabe 23), bei welchem Erdgasverbrauch sich welcher Tarif anbietet.
b) Stell dir vor, du musst einen Bericht für die Verbraucherzentrale schreiben, die ihren Kunden einen Tarif empfehlen möchte.
c) Erstelle für einen Bericht für die Verbraucherzentrale folgende Rechenbeispiele mit Empfehlungen für einen Tarif:
– Ein-Personen-Haushalt mit einem jährlichen Verbrauch von 1 000 kWh
– Vier-Personen-Haushalt mit einem jährlichen Verbrauch von 15 000 kWh jährlich an.

Tarif 1:
5 Cent pro kWh Grundgebühr
8,10 € pro Monat

Tarif 2:
5,4 Cent pro kWh keine Grundgebühr

Lineare Funktionen zeichnen und untersuchen

Erforschen und Entdecken

1 Daniel hat zu den vier Funktionsgleichungen die Funktionsgraphen gezeichnet.

① $y = \frac{3}{4}x - 2$ ② $y = -3x + 2$ ③ $y = -\frac{2}{3}x + 1$ ④ $y = 3x - 1$

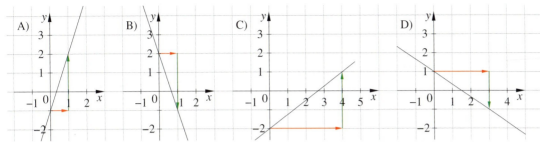

a) Ordnet den Funktionsgleichungen die Geraden zu.
b) Welche Gerade steigt und welche fällt?
c) Ordnet die Geraden von „steigt am stärksten" bis hin zu „fällt am stärksten".
   Wie kann man das in der Funktionsgleichung erkennen?
d) Grüner und roter Pfeil an den Geraden zeigen zusammen die Steigung der Geraden an.
   Erläutert, wie die Steigung in der Funktionsgleichung mit diesen Pfeilen zusammenhängt.

2 Eine Kerze brennt ab. Erkläre, wie du die Informationen abliest.

a) Wie hoch war die Kerze zu Beginn?
b) Um wie viel cm brennt die Kerze in einer Stunde ab?
c) Nach wie vielen Stunden ist die Kerze abgebrannt?
d) Warum endet der Graph beim Schnittpunkt mit der x-Achse?

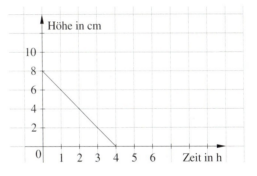

3 Die Schülerinnen und Schüler der 9a haben Funktionssteckbriefe erstellt.
a) Ordne die Funktionssteckbriefe den Funktionsgleichungen zu. Vergleicht eure Ergebnisse.

① Für 50 Gesprächsminuten betrug die Monatsrechnung 17,40 €. Pro Gesprächsminute sind 0,15 € zu zahlen.

② Eine kWh Strom kostet 0,17 €. Der Grundpreis beträgt 56 €.

③ Ein Tank ist mit 120 ℓ Wasser gefüllt. Bei gleichmäßiger Wasserentnahme ist er nach 48 Tagen leer.

④ Für 3 000 kWh Strom fallen 525 € Kosten an, für 5 500 kWh sind 900 € zu zahlen.

A) $0,17x + 56$
B) $0,15x + 75$
C) $7,50x + 9,90$
D) $-2,5x + 120$

ZUM WEITERARBEITEN
Denkt euch selbst Steckbriefe aus und lasst eure Mitschülerinnen und Mitschüler die Funktionsgleichungen finden.

b) Zeichnet die Graphen zu den Funktionsgleichungen und schreibt jeweils die Funktionsgleichung sowie den Funktionssteckbrief neben den richtigen Graphen.
c) Überlegt zu zweit, wie man die Funktionsgleichungen zu den Steckbriefen ermitteln könnte, wenn keine Vorgaben gemacht werden.
d) Erstellt ein Plakat oder eine Folie und notiert, wie man die Funktionsgleichungen in den verschiedenen Fällen bestimmen kann.

Lineare Funktionen

Lesen und Verstehen

Eine Bergstraße hat eine Steigung von 25 %, das heißt, dass sie auf 100 m horizontaler Strecke um 25 m bzw. auf 1 m horizontaler Strecke um 0,25 m ansteigt. Auch lineare Funktionen haben Steigungen. Die Funktionsgleichung $y = 0{,}25\,x + 1$ hat die Steigung 0,25. Das heißt, dass sich bei Erhöhung des x-Wertes um 1 der y-Wert um 0,25 erhöht.

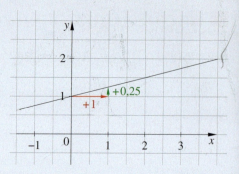

Bei Erhöhung des x-Werts um 1 erhöht sich der y-Wert in einer linearen Funktion immer um den gleichen Wert m. Diese Änderungsrate nennt man die **Steigung** der Funktion.

Steigung = $\dfrac{\text{Differenz der } y\text{-Koordinaten}}{\text{Differenz der } x\text{-Koordinaten}}$

Die Steigung lässt sich durch ein Steigungsdreieck veranschaulichen.

HINWEIS
Wenn jedem x-Wert derselbe y-Wert zugeordnet wird, spricht man auch von einer **konstanten Funktion**.

BEISPIEL 1
Graph I gehört zu der Funktionsgleichung $y = 1{,}5\,x + 1$.
Die Funktion hat die Steigung $m = 1{,}5$ und den y-Achsenabschnitt $n = 1$.
Die Gerade schneidet die y-Achse bei $y = 1$ und die x-Achse bei $x \approx -0{,}7$.

BEISPIEL 2
Graph II geht durch den Punkt $P(0{,}5\,|\,4)$ und hat die Steigung $m = -2$. Da die Steigung negativ ist, ist die Gerade fallend.
Sie schneidet die y-Achse bei $y = 5$ und die x-Achse bei $x = 2{,}5$.
Die Funktionsgleichung ist $y = -2x + 5$.

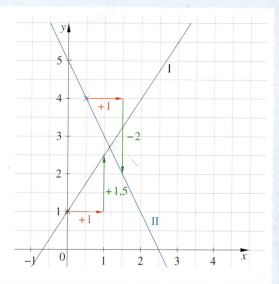

Die **Nullstelle** ist die x-Koordinate des Schnittpunkts des Graphen mit der x-Achse.
Die Nullstelle einer linearen Funktion erhält man, indem man $y = 0$ setzt, also die Lösung der Gleichung $0 = mx + n$ bestimmt.

BEACHTE
Den Schnittpunkt des Graphens einer Funktion mit der y-Achse nennt man y-Achsenabschnitt. Den Schnittpunkt mit der x-Achse nennt man Nullstelle. Am y-Achsenabschnitt ist der Wert für $x = 0$. An der Nullstelle ist der Wert für $y = 0$.

BEISPIEL 2
Die Nullstelle der linearen Funktion $y = 1{,}5\,x + 1$ ist abgelesen ungefähr $-0{,}7$.
Mit dem Gleichsetzen von y und 0 kann man die Nullstelle genau bestimmen.
$1{,}5\,x_0 + 1 = 0 \quad | -1$
$1{,}5\,x_0 = -1 \quad | :1{,}5$
$x_0 = -\tfrac{2}{3}$ Die Nullstelle liegt bei $x_0 = -\tfrac{2}{3}$

BEISPIEL 3
Die Nullstelle der Funktionsgleichung $y = -2x + 5$ wird ebenfalls durch Einsetzen von 0 für y bestimmt.
$-2x_0 + 5 = 0 \quad | -5$
$-2x_0 = -5 \quad | :(-2)$
$x_0 = 2{,}5$
Die Nullstelle liegt bei $x_0 = 2{,}5$.

Üben und Anwenden

1 Zeichne die folgenden Funktionen mit Hilfe eines Steigungsdreiecks.
a) $m = 2; n = 1$ b) $m = 4; n = 0{,}5$
c) $m = 0{,}5; n = 4$ d) $m = 2{,}5; n = -2$
e) $m = -2; n = 1$ f) $m = -3; n = 6$
g) $m = -1{,}5; n = 2\frac{1}{2}$ h) $m = -\frac{1}{2}; n = -1$

2 Lies aus der Funktionsgleichung die Steigung und den y-Achsenabschnitt ab und zeichne die Gerade.
a) $y = 4x - 1$ b) $y = 7x + 2$
c) $f(x) = -3x + 6$ d) $f(x) = -4x - 0{,}5$
e) $f(x) = -x + 3$ f) $y = \frac{1}{2}x - 1$
g) $y = 2x + 5$ h) $f(x) = -2x + 1$

3 Zeichne die drei Geraden in ein Koordinatensystem. Was fällt dir auf?
I $y = 1{,}5x + 3$; II $y = 1{,}5x + 1$; III $y = 1{,}5x - 1$

4 Zeichne eine Gerade, die durch den Punkt P geht und die Steigung m hat. Gib anschließend die Geradengleichung an.
a) $P(1|2); m = 1$ b) $P(2|3); m = 2$
c) $P(-1|3); m = -4$ d) $P(-2|0); m = 3$

5 Bestimme die Gleichung der Geraden.

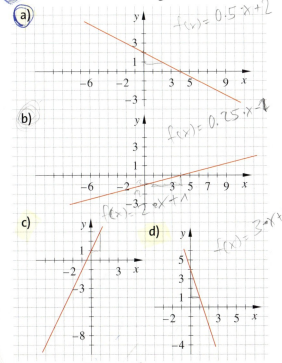

6 Kevin und Niklas haben die Funktion $f(x) = \frac{2}{5}x + 2$ gezeichnet.

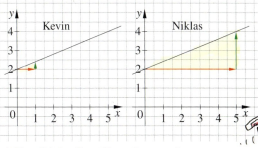

a) Vergleiche ihre Vorgehensweise.
b) Lassen sich mit beiden Methoden beliebige Brüche als Steigungen zeichnen? Welche ist genauer?

7 Alina meint: „Das mit den Steigungsdreiecken habe ich nicht ganz verstanden. m ist die Steigung. Bei Funktionen wie $y = 3x + 4$ ist auch alles klar, $m = 3$, da gehe ich eine Einheit nach rechts und drei Einheiten nach oben. Aber wie geht das bei $y = -3x + 4$? Und wie gehe ich vor, wenn m ein Bruch ist, zum Beispiel bei $y = \frac{2}{3}x + 2$?" Erkläre es an den Beispielen. Formuliere dazu einen Lerntagebucheintrag.

8 Zeichne die Graphen der linearen Funktionen und gib ihre Funktionsgleichungen an.
a) $m = \frac{1}{5}; n = 1$ b) $m = -\frac{5}{6}; n = 3$
c) $m = \frac{3}{4}; n = -2$ d) $m = -\frac{1}{3}; n = -\frac{1}{2}$

9 Berichtige mögliche Fehler in den Geradengleichungen.

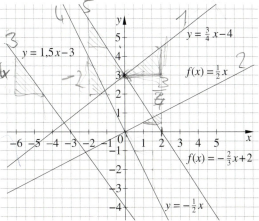

NACHGEDACHT
Wie lautet die Gleichung einer Geraden mit der Steigung m, die durch den Ursprung (0|0) verläuft?

Lineare Funktionen

Das Herz ...
ist der „Motor" des Kreislaufs. Es arbeitet wie eine Pumpe. In der Minute schlägt es ca. 70-mal und pumpt ca. 80 ml Blut pro Herzschlag. Pro Tag pumpt das Herz 6 000 bis 8 000 Liter Blut. Das entspricht etwa dem Volumen eines Tankwagens!

HINWEIS
Wenn jedem x-Wert derselbe y-Wert zugeordnet wird, spricht man auch von einer **konstanten Funktion**.

NACHGEDACHT
Welche der Funktionen in Aufgabe 14 sind steigend und welche sind fallend?

10 Martin führt bei der Polizei Alkoholkontrollen durch. Ein Fahrer hat 1,2 Promille. Nach welcher Zeit ist der Fahrer wieder nüchtern, wenn der Körper 0,1 Promille pro Stunde abbaut? Verdeutliche dies in einem Koordinatensystem.

11 Asra hat bei ihrer Krankenschwesterausbildung einen Merktext zum Herzen erhalten (siehe Randspalte).
a) Zeichne zu den Angaben eine Gerade in ein Koordinatensystem, die pro Minuten die gepumpte Blutmenge verdeutlicht.
b) Im Körper fließen ca. 5 l Blut. Nach welcher Zeit wurden diese einmal durch den Körper gepumpt? Lies an der Geraden ab.
c) Gib die Geradengleichung an.
d) Stimmt der Tankwagenvergleich?

12 Eine Gerade verläuft durch die Punkte A und B. Zeichne die Gerade und bestimme ihre Gleichung. Lies ihre Nullstelle ab.
a) $A(2|3); B(6|5)$ b) $A(-1|4); B(-2|6)$
c) $A(3|0); B(5|1)$ d) $A(0|-2); B(1|2)$
e) $A(0|0); B(2|3)$ f) $A(1|2); B(3|1)$

13 Der Graph einer Funktion verläuft parallel zur x-Achse und schneidet die y-Achse in $P(0|4)$. Wie lautet die Gleichung der Funktion? Ist die Funktion linear? Erfinde zum Graphen eine reale Situation.

14 Gib die Funktionsgleichungen und die Nullstellen der Funktionen an. Erfinde zu einer Geraden eine Realsituation. Vergleicht eure Ideen.

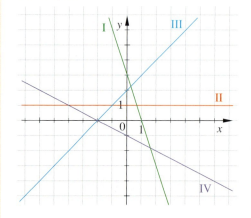

15 Gib mindestens fünf verschiedene Funktionen an, die durch den Punkt $P(1|1)$ gehen.

16 Mark und Kasim arbeiten in Handwerkerfirmen. Beide nehmen einen Stundensatz von 22 €. Bei Mark betragen die Anfahrtskosten 50 € und bei Kasim 75 €.
a) Wie werden die Graphen der zugehörigen Kostenfunktionen zueinander verlaufen? Zeichne sie in ein Koordinatensystem.
b) Wie verhält es sich, wenn Mark und Kasim unterschiedliche Stundenlöhne aber die gleichen Anfahrtskosten haben?

17 Bestimme rechnerisch die Nullstellen.
a) $f(x) = 4x - 5$ b) $y = 2,5x + 2$
c) $y = 2x + 4$ d) $f(x) = 3x - 4,5$
e) $f(x) = -3x + 4,5$ f) $f(x) = -0,5x + 2,2$
g) $y = 6x - 2,1$ h) $y = -\frac{3}{4}x + \frac{1}{2}$

18 Forme die Gleichung um und notiere sie in der Form $y = mx + n$. Gib die Steigung m an, den Schnittpunkt mit der y-Achse und berechne die Nullstelle.
a) $2x + y = 5$ b) $2x - y = 3$
c) $3y - x = 9$ d) $x - 2y = 6$
e) $2x + 3y = 0$ f) $4x - 3y = 12$
g) $5x = 2y$ h) $2x - 3y - 6 = 0$

19 Karina hat eine 22 cm lange Kerze angezündet. Nach 30 Minuten ist die Kerze nur noch 19,6 cm lang.
a) Bestimme eine Gleichung für die Berechnung der Kerzenlänge y nach x Minuten.
b) Berechne mit dem Funktionsterm die Kerzenlänge nach 75 Minuten, nach drei Stunden und nach 6 Stunden. Was fällt dir auf? Beurteile dein Ergebnis.
c) Wie lange brennt die Kerze insgesamt?

20 Ein 60-l-Tank ist leicht beschädigt. Pro Minute tropfen 8 ml heraus.
a) Gib eine Funktionsgleichung an, mit der man den Restinhalt des Tanks berechnen kann.
b) Wann sind noch fünf Liter enthalten?
c) Wann ist der Tank leer?

b Lineare Gleichungssysteme grafisch lösen

Erforschen und Entdecken

1 Frau Arndt geht mit ihren vier Kindern ins Kino und bezahlt 44 €.
Familie Berndt (3 Erwachsene, 1 Kind) geht in den gleichen Film und bezahlt auch 44 €.
Wie viel kostet eine Kinokarte für Erwachsene bzw. für Kinder?

Annika löst die Aufgabe durch Probieren. Sie überlegt, dass eine Kinokarte für Erwachsene teurer ist als eine Kinokarte für Kinder. Sie stellt eine Tabelle auf. Zuerst nimmt sie an, dass eine Karte für Erwachsene 10 € kostet und eine Karte für Kinder 5 €.

	Kinokarte Erw.	Kinokarte Kind	1 · Erw. + 4 · Kind (soll 44 ergeben)	3 · Erw. + 1 · Kind (soll 44 ergeben)
1. Versuch	10 €	5 €	1 · 10 € + 4 · 5 € = 30 €	3 · 10 € + 1 · 5 € = 35 €

Tatsächlich wurden aber beide Male 44 € bezahlt. Wie könnte Annika weiter vorgehen?

2 Jette und Marvin verkaufen ihre alten Spielsachen auf verschiedenen Flohmärkten. Jette zahlt 4 € Standgebühr und verkauft jedes Spielzeug für 1,00 €. Marvin zahlt 8 € Standgebühr und verkauft jedes Spielzeug für 1,50 €.

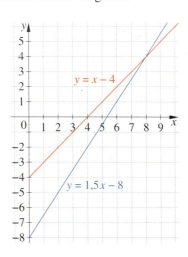

a) Ordne Jette und Marvin jeweils eine der Funktionsgleichungen zu, die die Einnahmen je nach Anzahl der verkauften Spielsachen bestimmen.
b) Beschreibe das Diagramm und interpretiere den Schnittpunkt der beiden Graphen.
c) Wer hat mehr Geld eingenommen, wenn er 10 Spielzeuge verkauft?
d) Was bedeuten die Schnittpunkte der Graphen mit der x-Achse.

3 Ben möchte sich im Winterurlaub einen Helm zum Snowboardfahren leihen.

① **Helmverleih „Be Prepared"**
Leihgebühr pro Tag: 2 €
Versicherung einmalig: 12 €

② **Helmverleih „Helmet"**
Leihgebühr pro Tag: 3 €
Versicherung einmalig: 7 €

a) Vergleiche die beiden Angebote. Wie gehst du vor?
b) Stelle die Kosten beider Helmverleihe in einer Grafik dar.
c) Bei welcher Leihdauer spielt es keine Rolle, welchen Anbieter Ben wählt?
d) Für welchen Anbieter sollte sich Ben entscheiden? Notiert mehrere Möglichkeiten, von denen die Entscheidung abhängig sein kann.

Lineare Funktionen

Lesen und Verstehen

Clara und Justin sammeln Autogrammkarten. Clara meint: „Zusammen haben wir schon 42 Autogrammkarten." Justin sagt: „Ich habe doppelt so viele Karten wie du."
Zu dieser Aufgabe gibt es zwei Gleichungen.
x ist die Anzahl von Claras Karten,   I $x + y = 42$
y ist die Anzahl von Justins Karten.   II $2x = y$

b Wenn mehrere lineare Gleichungen zum selben Problem bzw. zu einer Aufgabe gehören, so spricht man von einem **linearen Gleichungssystem**.
Jede Lösung eines linearen Gleichungssystems muss alle Gleichungen des Systems erfüllen.

Lineare Gleichungssysteme kann man durch **systematisches Probieren** mit Hilfe einer Tabelle lösen.

BEACHTE
Zur Probe sollte man die Lösung noch einmal in beide Gleichungen einsetzen. Nur wenn beide Gleichungen wahr sind, also erfüllt sind, ist die Lösung richtig.

BEISPIEL 1

	Anzahl von Claras Karten	Anzahl von Justins Karten (doppelt so viele wie Carlas) $2x = y$	Anzahl von Claras und Justins Karten (soll 42 sein) $x + y = 42$
1. Versuch	1	$2 \cdot 1 = 2$	$1 + 2 = 3$

Die Zahlen sind viel zu niedrig.
Im nächsten Versuch wird eine viel höhere Zahl für Carlas Karten genommen.

| 2. Versuch | 15 | $2 \cdot 15 = 30$ | $15 + 30 = 45$ |

Die Zahl ist etwas zu hoch.
Im nächsten Versuch wird eine etwas niedrigere Anzahl für Carlas Karten angenommen.

| 3. Versuch | 14 | $2 \cdot 14 = 28$ | $14 + 28 = 42$ |

HINWEIS
Die Probe mit $x = 14, y = 28$ ergibt:
I $14 + 28 = 42$
II $2 \cdot 14 = 28$
Beide Gleichungen sind erfüllt.

$x = 14$ und $y = 28$ sind Lösungen beider Gleichungen. Damit ist das Gleichungssystem gelöst.

Lineare Gleichungssysteme mit zwei Variablen kann man durch Zeichnen lösen.

b Zur **grafischen Lösung** eines Gleichungssystems mit zwei Variablen zeichnet man die Graphen zu den Gleichungen in das gleiche Koordinatensystem. Die Koordinaten des Schnittpunkts beider Graphen sind die Lösungen des Gleichungssystems.

HINWEIS
Die Probe mit $x = 1, y = 1,5$ ergibt:
I $2 \cdot 1,5 = 1 + 2$
     $3 = 3$
II $1,5 - 3 = -1,5 \cdot 1$
    $-1,5 = -1,5$
Beide Gleichungen sind erfüllt.

BEISPIEL 2

I $2y = x + 2$; II $y - 3 = -1,5x$
Beide Gleichungen werden so umgeformt,
dass y allein steht: I $y = 0,5x + 1$
                           II $y = -1,5x + 3$
Die beiden Graphen werden in das gleiche Koordinatensystem eingetragen. Aus ihrem Schnittpunkt $S(1|1,5)$ ergeben sich die Lösungen des Gleichungssystems. Der x-Wert ist 1; der y-Wert ist 1,5.

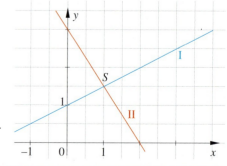

Lineare Gleichungssysteme grafisch lösen

Üben und Anwenden

1 Lea möchte das Gleichungssystem
I $y = 2x$; II $x + y = 15$ durch Probieren mit einer Tabelle lösen. Wie könnte sie fortfahren?

x	$y = 2x$	$x + y = 15$
1	$y = 2$	$1 + 2 = 3$

2 Das Gleichungssystem
I $3x + 1 = y$; II $y - x = 7$
wird durch Probieren gelöst. Fahre fort.

x	$y = 3x + 1$	$y - x = 7$
1	$y = 4$	$4 - 1 = 3$
2	$y = 7$	…

3 Löse die Gleichungssysteme durch systematisches Probieren mit einer Tabelle.
a) I $x + y = 19$; II $2x = y + 5$

x	y	$x + y = 19$	$2x = y + 5$
1	18	$1 + 18 = 19$	$2 \cdot 1 = 18 + 5$
2	17	$2 + 17 = 19$	$2 \cdot 2 = 17 + 5$

b) I $3x + y = 15$; II $8x + 2y = 38$
c) I $4x + y = 13$; II $10x + 2y = 30$
d) I $3x + 2y = 11$; II $2x + y = 6$

4 Löse die Gleichungssysteme durch systematisches Probieren.
a) I $2x + y = 23$; II $3x + 3y = 39$
b) I $3x - y = 11$; II $2x + y = 14$
c) I $5x + 2y = 24$; II $3x - y = 10$
d) I $7x - 2y = 15$; II $5x + y = 18$
e) I $x + y = 3$; II $y = x + 1$

5 Stelle jeweils zwei Gleichungen auf und löse sie durch systematisches Probieren. Leon sagt: „Zusammen haben wir 117 Aufkleber." Marie sagt: „Ich habe doppelt so viele Aufkleber wie du." Wie viele Aufkleber hat jeder?

6 Löse durch systematisches Probieren. Zwei Bauern treffen sich. Der erste sagt: „Zusammen haben wir 84 Kühe." Der andere sagt: „Wenn du mir zwei Kühe abgeben würdest, hätten wir gleich viele." Wie viele Kühe hat jeder der beiden?

7 Stelle jeweils zwei Gleichungen auf und löse sie durch systematisches Probieren. Frau Blüte ist Klassenlehrerin der 9a. Sie sagt zu ihrer Kollegin aus der 9b: „Zusammen haben wir 52 Schülerinnen und Schüler. In der 9a sind zwei Schüler mehr als in der 9b." Wie viele Schüler sind jeweils in Klasse 9a und Klasse 9b?

8 Zwei Kerzen werden zugleich angezündet. Die rote Kerze ist 8 cm hoch und brennt pro Stunde 1 cm herunter. Die blaue Kerze ist 5 cm hoch und brennt pro Stunde 0,5 cm ab.
a) Ordne die Gleichungen I $y = -\frac{1}{2}x + 5$ und II $y = -x + 8$ den Kerzen zu.
b) Nach welcher Zeit sind beide Kerzen gleich hoch? Bestimme die Höhe.
c) Welche Kerze ist zuerst abgebrannt?

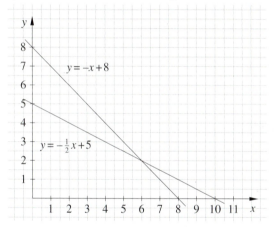

9 Übertrage die Gerade zur Gleichung $y = 0{,}25x + 3$ auf Millimeterpapier.

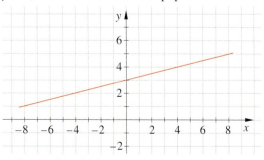

Zeichne die gegebene Gerade in dasselbe Koordinatensystem. Bestimme aus der Zeichnung die Koordinaten des Schnittpunkts.
a) $y = x$ b) $y = 2x$ c) $y = x + 2$

ZUM WEITERARBEITEN
Kannst du auch dieses Gleichungssystem durch systematisches Probieren lösen?
I $2{,}2x + y = 4{,}6$
II $x + y = 1$

Lineare Funktionen

10 Die Wertetabellen geben die Punkte zweier Geraden an. Trage die Punkte in ein Koordinatensystem ein. Zeichne die Geraden. Bestimme die Koordinaten des Schnittpunkts.

a)
x	−3	−2	−1	0	1	2	3
$y = x + 3$	0	1	2	3	4	5	6

x	−3	−2	−1	0	1	2	3
$y = 2x + 2$	−4	−2	0	2	4	6	8

b)
x	−3	−2	−1	0	1	2	3
$y = −x − 4$	−1	−2	−3	−4	−5	−6	−7

x	−3	−2	−1	0	1	2	3
$y = 2x − 1$	−7	−5	−3	−1	1	3	5

ZUM KNOBELN
Finde ein Gleichungssystem mit zwei Variablen, das die Lösung $x = 3$; $y = 4,5$ hat.

11 Stelle Wertetabellen mit ganzzahligen x-Werten von −3 bis +3 auf und zeichne die zugehörigen Geraden in ein Koordinatensystem. Bestimme den Schnittpunkt.
a) **I** $y = 10 − x$; **II** $y = 2x + 1$
b) **I** $y = −2x − 5$; **II** $y = x + 4$
c) **I** $y = 3x + 1$; **II** $y = x − 3$
d) **I** $y = 2x − 2$; **II** $y = −2x + 2$

12 Löse die Gleichungen nach y auf. Zeichne die zugehörigen Graphen in ein Koordinatensystem und bestimme die Koordinaten des Schnittpunkts.
a) **I** $x + 2y = 10$; **II** $x + y = 8$
b) **I** $2x − y = −5$; **II** $5x + y = −2$
c) **I** $x − y = 1$; **II** $x + y = 3$
d) **I** $6x + 3y = −9$; **II** $2x − 4y = −8$

13 Löse das Gleichungssystem grafisch.
a) **I** $−4x = y − 4$; **II** $2x + 2 = −2y + 1$
b) **I** $−2y − 2 = x$; **II** $2y = x + 2$
c) **I** $3x + 3y = 6$; **II** $4x − 2y = 2$
d) **I** $3x + y = −4$; **II** $−2,5x − y = 3$

14 Eine Firma kann bei zwei Anbietern Werbegeschenke bestellen (siehe Randspalte).
a) Stelle pro Anbieter eine Gleichung auf.
b) Zeichne die zugehörigen Graphen in ein Koordinatensystem.
c) Welchen Anbieter sollte die Firma wählen? Wovon kann die Wahl abhängen?

Kundenzieher
Kosten pro Geschenk 0,5 €; Versandkosten 10 €.

Clientfriend
Kosten pro Geschenk 0,7 €; Versandkosten inklusive.

15 Anna kauft auf einem Volksfest Wertmarken für Getränke. Es gibt Wertmarken zu 0,80 € und Wertmarken zu 1 €. Sie bezahlt 14 € für insgesamt 15 Marken. Wie viele Marken von jeder Sorte hat sie gekauft? Löse schrittweise.
– Stelle zwei Gleichungen mit x und y auf. Die Anzahl der Marken zu 0,80 € sei x. Die Anzahl der Marken zu 1 € sei y.
– Zeichne die zugehörigen Geraden in ein Koordinatensystem.
– Bestimme die Lösung für x und y.
– Schreibe die Antwort auf.

16 Familie Schneider (2 Erwachsene, 1 Kind) zahlt im Schwimmbad 11,50 € Eintritt. Familie Lehmann (2 Erwachsene, 2 Kinder) zahlt 14 € Eintritt. Wie viel kostet der Eintritt für einen Erwachsenen, wie viel für ein Kind?

17 Sarah kauft 12 Briefmarken und bezahlt 10,20 €. Wie viele Briefmarken zu 55 ct und zu 145 ct hat sie gekauft?

18 Betrachte das folgende Diagramm.

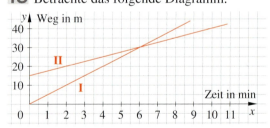

a) Erfinde zu dem Diagramm eine „Verfolgungsgeschichte".
b) Welche Geschwindigkeit müsste der „Verfolger I" haben, um II bereits nach vier Minuten einzuholen?
c) Löse die Verfolgungsaufgabe, wenn der Verfolgte nur 10 m Vorsprung hat, aber gleich schnell ist.

Lineare Gleichungssysteme grafisch lösen

19 In dieser Grafik werden zwei Kühlschränke und zwei Lampen miteinander verglichen.

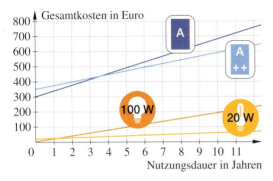

a) Nach wie vielen Jahren hat sich die Anschaffung des stromsparenden Kühlschranks gelohnt?
b) Stelle selbst mindestens drei Fragen zu der Grafik und beantworte sie.

20 Ein Rollerfahrer fährt um 11 Uhr ab mit einer Geschwindigkeit von $40\,\frac{km}{h}$. Um 12:30 Uhr fährt ein Motorradfahrer den gleichen Weg mit $60\,\frac{km}{h}$.

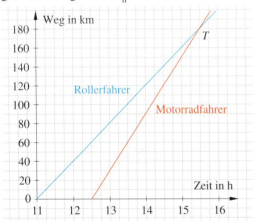

a) Wann holt der Motorradfahrer den Rollerfahrer ein?
b) Wie viel km hat am Treffpunkt T jeder Fahrer zurückgelegt?

21 Sofie fährt um 16 Uhr mit dem Fahrrad mit $30\,\frac{km}{h}$ von A nach B. Lukas bricht zum gleichen Zeitpunkt vom 100 km entfernten B nach A auf. Er fährt mit dem Mofa $50\,\frac{km}{h}$. Wann und in welcher Entfernung von A treffen sich die beiden?

22 Ein Motorradfahrer fährt um 8:30 Uhr mit einer Durchschnittsgeschwindigkeit von $60\,\frac{km}{h}$ in Köln los. Um 9:00 Uhr folgt ihm ein Pkw mit einer Durchschnittsgeschwindigkeit von $75\,\frac{km}{h}$.
Wann holt der Pkw das Motorrad ein? Wie viel km haben die beiden Fahrzeuge dann zurückgelegt?

23 Anna vergleicht zwei Angebote für Handytarife:
Angebot A: Grundgebühr 5,95 €, Minutenpreis 12 ct.
Angebot B: Grundgebühr 9,95 €, Minutenpreis 8 ct.
Zeichne zwei Graphen in ein Koordinatensystem und ermittle, ab welcher Minutenzahl sich Angebot B lohnt.

24 Die A-Bank bietet ein Konto für 3,50 € im Monat an. Für jede Buchung kommen 0,50 € dazu. Bei der B-Bank kostet ein Konto 5 € monatlich, dafür kostet eine Buchung nur 0,25 €.
Ermittle, ab welcher Anzahl von Buchungen sich Angebot B lohnt.

25 Zwei Aquarien werden gleichmäßig mit Wasser gefüllt. Im ersten Aquarium steht das Wasser bereits 16 cm hoch. Es steigt jede Minute um 1,5 cm. Im anderen Aquarium steht das Wasser 20 cm hoch. Es steigt jede Minute um 0,7 cm an.

a) Nach wie viel Minuten sind beide Aquarien gleich hoch gefüllt?
b) Wie hoch steht das Wasser dann?
c) Welches Aquarium hat eine größere Grundfläche? Begründe.

Lineare Funktionen

Methode: Funktionen untersuchen mit einem Funktionenplotter

022-1

HINWEIS
Unter dem Webcode findest du Funktionsplotter.

Ein **Funktionenplotter** ist ein Computerprogramm, das Graphen von Funktionen zeichnen kann. Muss man viele Funktionsgraphen zeichnen, ermöglicht einem ein Funktionenplotter einen schnellen Überblick über den Verlauf der Graphen. Einige Plotter geben auch direkt die Nullstellen von Funktionen oder die Schnittpunkte der Funktionsgraphen an.

Im Internet gibt es kostenlose dynamische Matematik-Software. Darunter sind auch Programme, mit denen man sowohl geometrische Objekte als auch Funktionen zeichnen kann.

In der **Eingabezeile** werden Objekte, wie z. B. Funktionen in der Form $f(x) = mx + n$ eingegeben. Es ist auch möglich, eine Gerade zu definieren als $g: y = mx + n$.
Die eingegebenen Objekte werden sowohl in einem **Algebrafenster** angezeigt, das die Terme wiedergibt, als auch in einem **Grafikfenster**, in dem die Objekte (z. B. die Funktionen) gezeichnet werden.

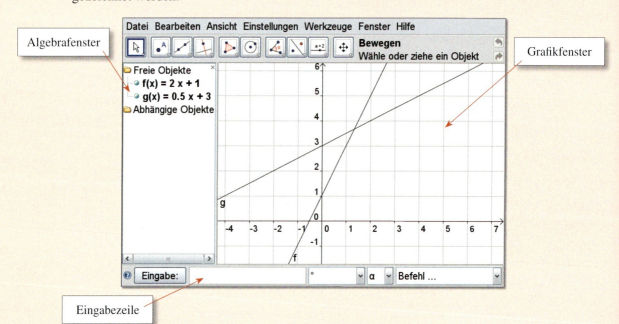

BEACHTE
Das Komma bei einer Dezimalzahl gibt man häufig als Punkt ein, z. B. 0.5.

1 Zeichne die Funktionen mit einem Funktionenplotter:
a) $f(x) = 3x + 4$ b) $g(x) = -2x + 5$ c) $h(x) = \frac{1}{3}x - 2$.

2 Gib je eine Gleichung einer linearen Funktion an, die durch die angegebenen Punkte geht. Überprüfe mit Hilfe des Funktionenplotters, ob die Funktionsgleichung richtig ist.
a) $P(0|3), Q(6|0)$ b) $R(1|2), S(3|6)$
c) $A(-2|0), B(4|-3)$

3 Zeichne das abgebildete Bild mit einem Funktionenplotter nach.

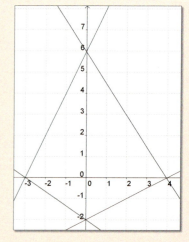

Methode: Funktionen untersuchen mit einem Funktionenplotter

Die Nullstellen oder Schnittpunkte von Funktionen kann man aus der Zeichnung ablesen. Es gibt aber auch die Möglichkeit, sie durch entsprechende Befehle bestimmen zu lassen.

Ganz rechts im Pull down Menü auf Höhe der Eingabezeile kann man einen Befehl auswählen, z. B. **Nullstelle**[*Funktion*] oder **Schneide**[*Funktion1, Funktion2*].
Die Koordinaten der Nullstelle der Funktion bzw. des Schnittpunkts der beiden Graphen werden dann links im Algebrafenster unter „Abhängige Objekte" angezeigt.
Durch einen Doppelklick auf die freien Objekte im Algebrafenster kann man die Funktionsterme verändern. Die Nullstellen und Schnittpunkte ändern sich dann ebenfalls.

4 Bestimme die Nullstellen der Funktionen.
a) $f(x) = 2x - 5$ b) $g(x) = -0{,}5x - 3$ c) $h(x) = \frac{3}{4}x + 4$

5 Bestimme den Schnittpunkt der beiden Funktionen.
a) $f(x) = 11 - 3x$; $g(x) = 7x - 9$ b) $f(x) = 3x + 5{,}4$; $g(x) = -5{,}5x + 2$

Mit einem Funktionenplotter kann man lineare Gleichungssysteme bequem lösen. Gibt man eine beliebige lineare Gleichung in der Eingabezeile ein, wird sie als Gerade dargestellt.
Die eingegebene Gleichung kann man nach y auflösen lassen. Dazu wählt man nach einem Rechtsklick auf die Gleichung im Algebrafenster „Gleichung $y = kx + d$" aus.
Gibt man eine zweite Gleichung ein, so erhält man die Lösung des Gleichungssystems, indem man den Schnittpunkt der Geraden bestimmen lässt.

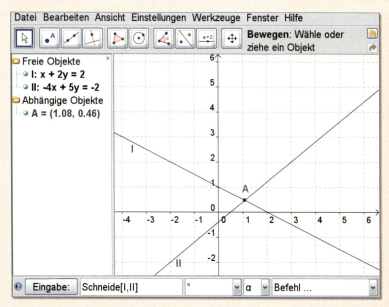

6 Stelle beide Gleichungen mit dem Funktionenplotter dar.
I: $x + 2y = 2$;   II: $4x + 5y = -2$
a) Verändere die Werte in der ersten Gleichung so, dass der Schnittpunkt bei $(-3\,|\,2)$ liegt.
b) Verändere die Werte in Gleichung I so, dass sich die Geraden auf der y-Achse schneiden.
c) Verändere Gleichung I so, dass sich die Geraden nicht schneiden.
d) Verändere Gleichung I so, dass die Geraden übereinander liegen.

Lineare Funktionen

Vermischte Übungen

1 Durch die Wertetabelle wird eine lineare Funktion beschrieben.

x	1	2	3	4	5	6	7	8
f(x)	5	7	9	11				

a) Übertrage die Tabelle in dein Heft und ergänze sie.
b) Zeichne den Graphen der Funktion.
c) Welche der folgenden Funktionsgleichungen passt zu der Tabelle?
① $f(x) = 4x + 1$ ② $f(x) = 4x - 1$
③ $f(x) = 2x + 3$ ④ $f(x) = 3x + 2$

2 ⇨ Entscheide, ob es sich um lineare Funktionen handelt.

a)
x	-3	-2	-1	0	1	2	3
y	29	22	15	8	1	-6	-13

b)
x	-3	-2	-1	0	1	2	3
y	9	4	1	0	1	4	9

c)
x	-15	-10	-5	0	5	10	15
y	-50	-35	-20	-5	10	25	40

3 Eine dünne Kerze brennt ab.

Zeit	0 min	10 min	20 min	30 min
Höhe	12 cm	10 cm	8 cm	6 cm

a) Wie hoch war die Kerze zu Beginn?
b) Nach wie viel Minuten ist die Kerze ganz abgebrannt?
c) Welche dieser Funktionsgleichungen passt zu der Situation?
① $f(x) = 2x + 12$ ② $f(x) = 12x - 2$
③ $f(x) = 12 - x$ ④ $f(x) = 12 - 0{,}2x$

4 Ein Eiswürfel schmilzt in der Sonne. Die Höhe des Eiswürfels wird regelmäßig gemessen.

Zeit	0 min	1 min	2 min	3 min
Höhe	8 cm	7,6 cm	7,2 cm	6,8 cm

a) Gib eine passende Funktionsgleichung an.
b) Wann ist der Eiswürfel geschmolzen?
c) Zeichne den Graphen der Funktion. Zeichne ein Steigungsdreieck ein.

5 Ein Fallschirmspringer springt aus 4000 m Höhe. Nach den ersten 300 m fällt er mit einer konstanten Geschwindigkeit von 200 $\frac{km}{h}$, das sind $55\frac{5}{9} \frac{m}{s}$, bis zu einer Höhe von 1000 m. Dort öffnet er den Fallschirm.
Welche der Gleichungen gibt seine jeweilige Höhe für den Bereich von 3700 m bis 1000 m an? x steht für Sekunden.
① $f(x) = 3700 + 200x$
② $f(x) = 3700 - 55\frac{5}{9}x$
③ $f(x) = 55\frac{5}{9}x - 3700$
④ $f(x) = 55\frac{5}{9}x$

6 Ergänze den Lückentext.
Der Mietpreis für einen Umzugslaster beträgt 80 €. Pro gefahrenem km müssen 0,25 € gezahlt werden.
Die Funktion ist ___, da sich die y-Werte jeweils um 0,25 erhöhen, wenn die x-Werte um 1 erhöht werden.
Die Steigung der Funktion ist m = ___.
Der Grundpreis liegt bei 80 €, daher ist n = ___. Die Gerade schneidet also die y-Achse bei P(_|_).
Die Funktionsgleichung lautet:
$y = f(x) =$ ___ $x +$ ___.

7 Welche der Geraden steigen?
a) $y = \frac{1}{3}x$ b) $y = 2x$
c) $y = -3x$ d) $y = \frac{5}{4}x$
e) $y = -2x + 1$ f) $y = 0{,}5x$

8 Ordne die Geraden nach ihrer Steigung. Beginne mit derjenigen, die am wenigsten steigt.
a) $y = 2x$ b) $y = 1{,}5x$
c) $y = \frac{2}{3}x$ d) $y = 4x$
e) $y = 172x + 2$ f) $y = 0{,}2x$

9 Gib jeweils drei Geradengleichungen für eine steigende Gerade und eine fallende Gerade an.

10 ⇨ Gibt es eine Funktion, die keine Steigung hat?

ZUM WEITERARBEITEN
Erfinde eine lustige Aufgabe zu diesem Foto.

Kanadisches Straßenschild

Vermischte Übungen

11 Ein Automodell wird bei einem Autohändler als Dieselfahrzeug und in einer Benzinversion angeboten.
Beide Versionen sind im Anschaffungspreis gleich.
Der Hersteller gibt folgende zu erwartende Kosten an:

	Benzin-motor	Diesel-motor
monatliche Fixkosten (Steuer, Versicherung; Wartung)	190 €	210 €
Durchschnittlicher Kraftstoffverbrauch pro 100 km	6,5 ℓ	5 ℓ

a) Vervollständige die Tabelle, indem du für beide Modelle die monatlich entstehenden Gesamtkosten berechnest (1 Liter Superbenzin kostet 1,30 € und ein Liter Diesel kostet 1,11 €).

monatlich gefahrene Strecke (in km)	400	600	800	1000
Gesamtkosten Benzinmotor				
Gesamtkosten Dieselmotor				

b) Bestimme für beide Motoren eine Funktionsgleichung zur Berechnung der monatlichen Gesamtkosten. Dabei soll x die Anzahl der monatlich gefahrenen Kilometer und $f(x)$ die monatlichen Gesamtkosten in € angeben.

c) Zeichne mit Hilfe der Ergebnisse aus a) und b) die zugehörigen Graphen in ein Koordinatensystem.

d) Für welchen Motor sollte man sich entscheiden, wenn man pro Monat 700 km fährt? Begründe.

e) Berechne, ab welcher monatlich zurückgelegten Strecke ein Dieselmotor günstiger ist.

f) Zu den monatlichen Festkosten zählt die Kraftfahrzeugsteuer.
Beschreibe, wie sich die Erhöhung der Kraftfahrzeugsteuer für Benzinfahrzeuge auf deine Antwort in Teil e) auswirken würde.

12 Sarah, Lea und Eva machten in den Sommerferien eine Radtour. Sie haben ihre Startzeit, die Pausen und die zurückgelegte Strecke notiert und in ein Diagramm eingezeichnet.

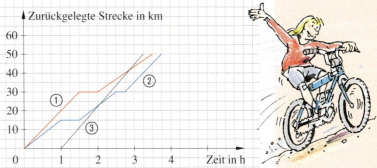

Sarah und Eva fuhren zusammen los.
Eva war jedoch langsamer und musste mehrere Pausen einlegen. Lea war gut durchtrainiert und fuhr ohne Pausen zügig durch.

a) Ordne den drei Mädchen jeweils den passenden Graphen zu und begründe dies.

b) Wie lange dauerten die Pausen von Eva?

c) Eva behauptet, sie sei stets mit der gleichen Geschwindigkeit gefahren. Stimmt das?

d) Überprüfe, ob sich Leas zurückgelegte Strecke durch die Funktionsgleichung $f(x) = 25x - 25$ für alle $x > 1$ berechnen lässt.

e) Gib jeweils eine Funktionsgleichung für den Streckenabschnitt vom Start bis zur ersten Pause von Sarah und Eva an.
Hätte Eva sie noch einholen können, wenn sie die 50 km lange Strecke ohne Pausen im gleichen Tempo weitergefahren wären?

13 Frank fährt auf der Autobahn mit einer ziemlich konstanten Geschwindigkeit.

Uhrzeit	8:00	9:00	10:00
Entfernung vom Wohnort	35 km	110 km	185 km

Marius fährt um 8.00 Uhr im Wohnort los und versucht ihn mit dem Motorrad einzuholen. Er fährt mit einer Geschwindigkeit von $90 \frac{\text{km}}{\text{h}}$.

a) Wann überholt er Frank?

b) Wie weit sind sie dann vom Wohnort entfernt?

Lineare Funktionen

14 Die Gerade mit der angegebenen Gleichung verläuft durch den Punkt P. Setze die Koordinaten des Punkts P in die Geradengleichung ein und berechne n.
a) $y = 2x + n$; $P(4|10)$
b) $y = 5x + n$; $P(-2|3)$
c) $y = -3x + n$; $P(-3|6)$
d) $y = 0{,}8x + n$; $P(6|-1{,}2)$

15 Bringe die Geradengleichung in die Form $y = mx + n$. Gib m und n an.
a) $3y - 5x = 3$
b) $2x + 3y = 15$
c) $3y - x = 12$
d) $x + y = 5$
e) $2x - y = -3$
f) $x - y = 4$

16 Zeichne mit Hilfe eines Steigungsdreiecks Graphen zu den folgenden Funktionen.
a) $m = 3$; $n = 1$
b) $m = 2{,}5$; $n = 4$
c) $m = -2$; $n = -0{,}5$
d) $m = 1$; $n = -3{,}5$
e) $m = -1{,}5$; $n = 1{,}5$
f) $m = 1{,}8$; $n = 0$

17 Gib eine Funktionsgleichung an, deren Graph durch die angegebenen Punkte verläuft. Gibt es mehrere Möglichkeiten?
a) $P(1|4)$; $Q(2|12)$
b) $P(1|4)$; $Q(5|0)$
c) $P(-2|1)$; $Q(2|-7)$
d) $P(3|6{,}5)$; $Q(5|9{,}5)$

18 Ben hat einen Handyvertrag mit einer Grundgebühr von 9€ monatlich. Für jede Minute Telefonat zahlt er 9 ct. Tim hat ein Handy ohne Grundgebühr. Für jede Minute Telefonat zahlt er 19 ct.
Ab wie viel Minuten Nutzungszeit monatlich würde sich für Tim ein Wechsel zum Vertrag lohnen?

19 Katrin und Thomas wollen sich treffen. Sie wohnen 12 km voneinander entfernt. Katrin fährt um 15 Uhr zu Hause mit dem Fahrrad mit $12\,\frac{km}{h}$ los. Thomas kommt ihr zu Fuß mit $6\,\frac{km}{h}$ entgegen. Um wie viel Uhr treffen sie sich?

20 Ein Radfahrer fährt von A nach B mit $16\,\frac{km}{h}$. Ein Wanderer geht ihm zur gleichen Zeit entgegen von B nach A mit $7\,\frac{km}{h}$. Wer ist, wenn sie sich treffen, weiter von A entfernt, der Radfahrer oder der Wanderer?

21 Herr Wendt möchte für einen Tagesausflug ein Auto mieten. Er kann wählen zwischen:
A) Funnycar: pro Tag 33€, 1,60€ pro km
B) Suncar: pro Tag 26€, 1,80€ pro km
Bei welcher Fahrstrecke würde man das Funnycar (Suncar) anmieten?

22 Lies aus den Geradengleichungen die Steigung und den y-Achsenabschnitt ab und zeichne die Geraden.
a) $y = 2x + 1$
b) $y = 4x - 3$
c) $y = -x - 1$
d) $f(x) = -2x + 1$
e) $y = \frac{3}{4}x - 2$
f) $f(x) = -\frac{1}{3}x - 1$
g) $y = -\frac{4}{5}x + 2$
h) $y = -\frac{2}{5}x + \frac{1}{2}$

23 Bestimme die Gleichungen der Geraden.

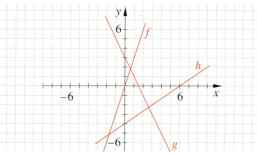

24 Gegeben ist die Funktion $f(x) = -4x + 5$.
a) Zeichne die Funktion.
b) Prüfe, ob der Punkt $A(2{,}5|15)$ auf dem Graphen liegt.
c) Bestimme die Nullstelle der Funktion.
d) Zeichne eine Funktion g, die parallel zur Funktion f durch den Punkt $B(0|3)$ geht.
e) Gib die Gleichung der Funktion g an.

25 Zeichne die beiden Punkte $A(2|5)$ und $B(3|7)$ in ein Koordinatensystem ein.
a) Zeichne eine Gerade durch die Punkte und gib die Geradengleichung an.
b) Bestimme die Nullstelle.
c) Erfinde eine Situation, die zu der Geradengleichung passt.

26 Eine Kerze hat eine Höhe von 14 cm. Nachdem sie 5 Stunden gebrannt hat, ist sie noch 10 cm lang. Welche Brenndauer hat die Kerze insgesamt?

Vermischte Übungen

27 Zeichne die Gerade durch die Punkte P und Q. Bestimme die Geradengleichung.
a) $P(3|2)$; $Q(-2|-3)$
b) $P(5|1)$; $Q(-1|-5)$
c) $P(2|4)$; $Q(-4|-2)$

28 Zeichne die Gerade. Markiere dazu den Schnittpunkt B der Geraden mit der y-Achse und zeichne von B aus ein Steigungsdreieck.
a) $y = 2x + 1$
b) $y = 4x - 3$
c) $y = -\frac{4}{5}x + 2$
d) $y = -2x + 1$
e) $y = \frac{3}{4}x - 2$
f) $y = -\frac{1}{3}x - 1$

29 Zeichne die Gerade.
a) $y = \frac{1}{2}x + 2$
b) $y = \frac{3}{4}x + 1$
c) $y = -\frac{3}{4}x + 2$
d) $y = -\frac{4}{5}x - 3$
e) $y = 5x - 3$
f) $y = -3x + 3$

30 Tim zahlt für eine Taxifahrt von 12 km 20,20 €. Gestern zahlte er für eine 8 km lange Fahrt 14,20 €.
a) Mit welcher Funktionsgleichung lassen sich die Kosten für eine Fahrt berechnen?
b) Wie viel muss er für eine 25 km lange Fahrt zahlen?

31 Alina hat eine Kerze angezündet. Nach 3 h ist die Kerze 12 cm lang. Nach 7 h ist sie abgebrannt.
a) Wie lang war die Kerze?
b) Welche Höhe hatte die Kerze nach 2 h?
c) Wann war die Kerze 10,5 cm lang?

32 Gib die Gleichung einer Geraden an, die durch den Ursprung und den Punkt $P(3|4)$ verläuft.

33 Zeichne eine Gerade, die die y-Achse bei $y = 4$ schneidet und die x-Achse bei $x = 5$. Wie lautet ihre Funktionsgleichung?

34 Ein Wassertank wird leer gepumpt. Nach 5 h befinden sich noch 54 m³ Wasser im Tank. Nach 15 h sind es noch 42 m³.
a) Wie viel m³ Wasser waren ursprünglich im Tank?
b) Wie lange dauert es, bis der Tank leer gepumpt ist?

35 Ein Fallschirm wird in einer Höhe von 1500 m bis 700 m über dem Erdboden geöffnet. Die Fallgeschwindigkeit beträgt dann noch 5 m/s. Ein Fallschirmspringer befindet sich 90 s nach dem Öffnen des Fallschirms noch in einer Höhe von 650 m. In welcher Höhe hat er den Schirm geöffnet? Wann wird er auf dem Boden landen?

36 In der Physik werden Temperaturen in Grad Kelvin (K) angegeben. 0 K bezeichnet den absoluten Nullpunkt, das sind $-273{,}16\,°C$. Bei 373,16 K siedet Wasser, also bei 100 °C.
a) Gib eine Funktionsgleichung an, mit der man °C in K umrechnen kann.
b) Gib eine Funktionsgleichung an, mit der man K in °C umrechnen kann.

37 Ein Fußgänger geht um 8:00 Uhr mit einer Durchschnittsgeschwindigkeit von $5\,\frac{km}{h}$ in Köln los.
Um 10:00 Uhr folgt ihm ein Radfahrer mit einer Durchschnittsgeschwindigkeit von $15\,\frac{km}{h}$. Wann holt der Radfahrer den Fußgänger ein? Wie viel km haben der Fußgänger und der Radfahrer dann zurückgelegt?

38 Daniela möchte sich mit ihrer Freundin Melanie, die 44 km entfernt wohnt, treffen. Sie fährt um 14:00 Uhr mit einer Geschwindigkeit von $16\,\frac{km}{h}$ los.
Melanie fährt ihr um 14:15 Uhr mit ihrem Mofa mit $24\,\frac{km}{h}$ entgegen.
a) Um wie viel Uhr treffen sich die beiden?
b) Welche der beiden ist dann weiter von ihrem Heimatort entfernt?

39 Aus zwei Schwimmbecken eines Freibads wird gleichmäßig das Wasser herausgelassen.
Im ersten Becken stand das Wasser 1,5 m hoch und sinkt jede Minute um 0,4 m. Im zweiten Becken stand das Wasser 0,8 m hoch und sinkt pro Minute um 0,2 m.
a) Welches Becken ist zuerst leer?
b) Nach wie vielen Minuten steht in beiden Becken das Wasser gleich hoch?
c) Nach welcher Zeit ist jedes Becken leer?

HINWEIS
Denke daran, zum Zeichnen von Funktionen eignet sich sehr gut ein Funktionenplotter.

ZUR INFORMATION
Die Kelvinskala wurde von dem englischen Physiker Lord Kelvin of Largs (1824–1907) aufgestellt.

Lineare Funktionen

40 Stephans Eltern wollen sich für einen Tag ein Auto leihen.
Sie haben drei Fahrzeuge mit folgenden Kosten zur Auswahl:

Fahrzeug	Leihgebühr pro Tag (in €)	Preis für jeden km (in €)
Bunto	32,00	0,50
Corso	46,00	1,00
Mondeus	62,00	1,50

a) Stelle für jedes Fahrzeug eine Funktionsgleichung $f(x)$ auf.
b) Zeichne alle drei Graphen in ein Koordinatensystem ein.
c) Wie viel müssen Stephans Eltern bezahlen, wenn sie einen Bunto leihen und damit 70 km fahren?
d) Wie viel müssen sie bezahlen, wenn sie mit einem Modeus 50 km fahren?
e) Wie weit können Stephans Eltern für 81 € mit einem Corso fahren?
f) Wie weit können sie für den gleichen Preis mit einem Bunto fahren?
g) Prüfe deine Ergebnisse, indem du die Werte in den Funktionsgraphen abliest.

HINWEIS
Angaben für Aufgabe 43:

Private Haushalte:
Pro kWh: 15,47 ct
Grundpreis pro Jahr: 30,60 €
Zählerbereitstellung: 30,60 €

Gewerbe:
Pro kWh: 15,4 ct
Grundpreis pro Jahr: 59,40 €
Zählerbereitstellung: 30,60 €

41 Die Firmen A, B und C vermieten Autos. Für den gleichen Wagentyp werden die in der Grafik angegebenen Mietkosten pro Tag berechnet.

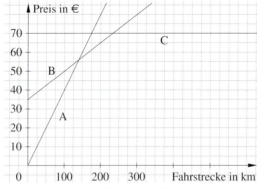

a) Bestimme jeweils die Funktionsgleichung *Fahrstrecke → Mietkosten*.
b) Welche Firma ist am günstigsten?
c) Zeichne einen Graphen zum Angebot der Firma D: Der Grundpreis beträgt 30 €. 100 km sind frei, danach kostet jeder km 0,20 €.

42 Man sieht den Graphen einer Funktion.

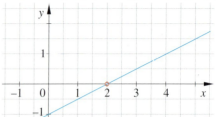

a) Gib die Steigung m und den y-Achsenabschnitt n an.
b) Gib die Funktionsgleichung an.
c) Erstelle eine Wertetabelle für $x = -5, -4, \ldots, 5$.

43 Bei den Stadtwerken gelten für den Bezug von Strom die in der Randspalte angegebenen Nettoverbrauchspreise.
a) Gib jeweils eine Funktionsgleichung für die beiden Tarife an.
b) Familie Berger hatte einen Verbrauch von 3 800 kWh. Wie hoch war ihre Stromrechnung inklusive 19 % Mehrwertsteuer?
c) Frau Hofer hat in ihrem Bastelgeschäft 12 400 kWh verbraucht. Wie viel musste sie inkl. 19 % Mehrwertsteuer zahlen?
d) Lampenladen Lichte hat Nettokosten von 3 167,68 €. Wie viel kWh verbrauchte er?
e) Herr Maler musste für seinen Zigarrenladen inkl. Mehrwertsteuer 1 707 € Stromkosten zahlen. Wie viel kWh hat er verbraucht?

44 Bestimme zeichnerisch die Lösung des Gleichungssystems.
a) **I** $y = -3x - 5$; **II** $y = x + 5$
b) **I** $y = 3x + 1$; **II** $y = 3x - 4$
c) **I** $y = 0,25x + 1,5$; **II** $y = 2x + 5$
d) **I** $y = 1,5x - 3$; **II** $y = \frac{2}{3}x + 2$

45 Ermittle den Schnittpunkt der beiden Geraden mit einem Funktionenplotter.

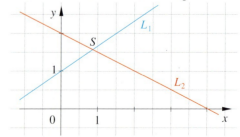

Teste dich!

a | b

1 Vervollständige die Wertetabelle für die Funktion und zeichne ihren Graphen in ein Koordinatensystem.

a) $y = f(x) = 2x - 3$

x	-3	-2	-1	0	1	2	3
y							

b) $y = f(x) = -2x + 3$

x	-3	-2	-1	0	1	2	3
y							

2 Zeichne den Graphen der Funktion $f(x) = -3x + 2$ mit Hilfe eines Steigungsdreiecks in ein Koordinatensystem.

2 Zeichne den Graphen der Funktion $f(x) = \frac{3}{4}x - 2$ mit Hilfe eines Steigungsdreiecks in ein Koordinatensystem.

3 In einem quaderförmigen Becken steht das Wasser 2,20 m hoch. Der Wasserspiegel sinkt pro Stunde um 0,3 m.
a) Stelle das Ablaufen des Wassers in einer Wertetabelle und durch eine Zeichnung dar.
b) Gib eine Funktionsgleichung an, mit der der Wasserstand berechnet werden kann.
c) Wie hoch steht das Wasser nach 3,5 h im Becken?
d) Wie lange dauert es, bis das Becken leer ist?

3 Aus einem quaderförmigen Becken wird das Wasser abgepumpt. Nach 2 h steht das Wasser 1,70 m hoch. Nach 5 h ist der Wasserspiegel auf 0,5 m gesunken.
a) Stelle das Ablaufen des Wassers in einer Wertetabelle und durch eine Zeichnung dar.
b) Gib eine Funktionsgleichung an, mit der der Wasserstand berechnet werden kann.
c) Wie hoch war der Wasserstand bevor mit dem Abpumpen begonnen wurde?
d) Wie lange dauert es, bis das Becken leer ist?

4 Die Stadtwerke verlangen pro m³ Wasser 1,60 €. Hinzu kommt ein Grundpreis von 35 € pro Jahr.
a) Wie hoch wird die Rechnung bei einem Verbrauch von 125 m³?
b) Herr Simonis hat eine Rechnung über 203 € erhalten. Wie viel Wasser hat er verbraucht?

4 Die Stadtwerke bieten zwei Tarife für den Frischwasserbezug an.
Tarif A: Grundpreis 35 €, 1,60 € pro m³
Tarif B: Grundpreis 40 €, 1,50 € pro m³
a) Welchen Tarif würdest du empfehlen, wenn man 120 m³ pro Jahr verbraucht?
b) Bei welchem Wasserverbrauch zahlt man bei beiden Tarifen den gleichen Betrag?

5 Gegeben sind die Geraden g und h.
$g: y = 2x - 3$ und $h: y = -x + 5$.
a) Die Punkte $P(-1|\ )$ und $Q(\ |2)$ liegen auf der Geraden g. Vervollständige ihre Koordinaten.
b) Zeichne beide Geraden in ein gemeinsames Koordinatensystem. Bestimme den Schnittpunkt der beiden Geraden.

5 Gegeben sind die Geraden g und h.
$g: y = 2x + 1$ und $h: y = -\frac{2}{3}x - 1$
a) Bestimme die Schnittpunkte der beiden Geraden mit der x-Achse.
b) Zeichne die beiden Geraden in ein Koordinatensystem ein.
c) Bestimme den Schnittpunkt der beiden Geraden.

HINWEIS
Brauchst du noch Hilfe, so findest du auf den angegebenen Seiten ein Beispiel oder eine Anregung zum Lösen der Aufgaben. Überprüfe deine Ergebnisse mit den Lösungen ab Seite 184.

Aufgabe	Seite
1	8
2	14
3	8, 14
4	14
5	14, 18

Lineare Funktionen

Zusammenfassung

Lineare Funktionen erkennen und darstellen

→ Seite 8

Eine Zuordnung, bei der jedem x-Wert genau ein y-Wert zugeordnet wird, nennt man eine **Funktion**.

Die Funktion kann man durch eine **Wertetabelle**, einen **Funktionsgraphen** oder eine **Funktionsgleichung** darstellen.

Eine Funktion mit der Funktionsgleichung $y = f(x) = mx + n$ heißt **lineare Funktion**.

m ist die **Steigung der Funktion**.

Der Graph einer linearen Funktion ist eine Gerade, die die y-Achse im Punkt $P(0;n)$ schneidet.
Daher nennt man n auch den **y-Achsenabschnitt**.

Funktionsgleichung
$y = f(x) = \frac{2}{5}x + 2$

Wertetabelle

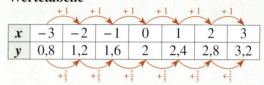

Funktionsgraph

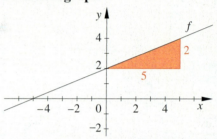

Die Funktion hat die Steigung $m = \frac{2}{5}$ und schneidet die y-Achse bei $P(0|2)$.

Lineare Funktionen zeichnen und untersuchen

→ Seite 14

Bei Erhöhung des x-Werts um 1, erhöht sich der y-Wert immer um den gleichen Wert m. Diese Änderungsrate nennt man die **Steigung** der Funktion.

Steigung = $\frac{\text{Differenz der } y\text{-Koordinaten}}{\text{Differenz der } x\text{-Koordinaten}}$

Den Schnittpunkt des Graphen mit der x-Achse nennt man **Nullstelle**. Die Nullstelle kann man durch Einsetzen von 0 für die Funktionsgleichung berechnen.

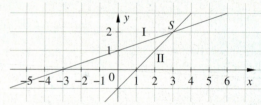

$\begin{aligned} \tfrac{1}{2}x + 1 &= 0 & |-1 \\ \tfrac{1}{2}x &= -1 & |\cdot 2 \\ x &= -2 \end{aligned}$ Die Nullstelle ist $x_0 = -2$.

Lineare Gleichungssysteme grafisch lösen

→ Seite 18

Gehören mehrere lineare Gleichungen zum selben Problem, spricht man von einem linearen Gleichungssystem. Dieses kann man z. B. durch **systematisches Probieren** oder zeichnerisch lösen.
Der Schnittpunkt der Graphen beider Gleichungen gibt die Lösung des Gleichungssystems an.

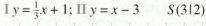

I $y = \tfrac{1}{3}x + 1$; II $y = x - 3$ $S(3|2)$

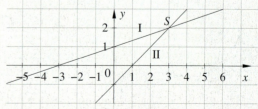

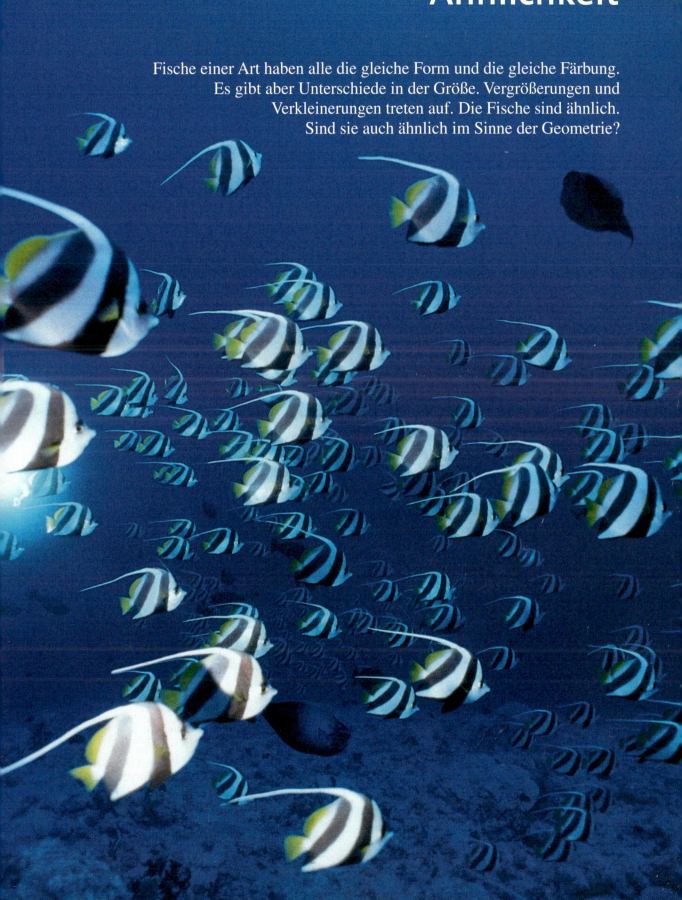

Ähnlichkeit

Fische einer Art haben alle die gleiche Form und die gleiche Färbung. Es gibt aber Unterschiede in der Größe. Vergrößerungen und Verkleinerungen treten auf. Die Fische sind ähnlich. Sind sie auch ähnlich im Sinne der Geometrie?

Ähnlichkeit

Noch fit?

ZUM WEITERARBEITEN
In welchem Maßstab wurden die Rechtecke gezeichnet?

1 Zeichne folgende Quadrate bzw. Rechtecke in einem geeigneten Maßstab. Gib den gewählten Maßstab an.
a) $a = 300$ m
b) $a = 4,5$ km
c) $a = 3$ mm
d) $a = 5$ m; $b = 13$ m
e) $a = 16$ km; $b = 30$ km
f) $a = 2$ mm; $b = 1,5$ mm

2 Zeichne zum Flächeninhalt die Quadrate im geeigneten Maßstab. Gib den Maßstab an.
a) $A = 36$ m²
b) $A = 144$ ha
c) $A = 400$ km²

3 Ergänze die Sätze. In welchem Bereich wird jeweils mit diesem Maßstab gearbeitet?
a) Bei einem Maßstab von 1 : 100 000 entsprechen 2 cm auf dem Papier …
b) Bei einem Maßstab von 1 : 250 000 entsprechen 50 km in Wirklichkeit …
c) Bei einem Maßstab von 18 : 1 entsprechen 11,5 cm im Modell …
d) Bei einem Maßstab von 1 : 20 entsprechen 55,4 cm auf dem Papier …

4 Konstruiere die folgenden Dreiecke.
a) $a = 3$ cm; $b = 4,5$ cm; $c = 7,3$ cm
b) $a = 4,3$ cm; $b = 4,8$ cm; $\gamma = 84°$
c) $c = 6,5$ cm; $\alpha = 32°$; $\gamma = 68°$
d) $\alpha = 40°$; $\beta = 15°$; $\gamma = 125°$
e) $c = 4,8$ cm; $\alpha = 70°$; $\beta = 45°$
f) $a = 5,8$ cm; $b = 4,3$ cm; $\beta = 50°$

5 Zeichne Kreise mit dem jeweils angegebenen Radius.
a) $r = 4$ cm
b) $r = 3,7$ cm
c) $r = 6,2$ cm

6 Zeichne das Schrägbild eines Würfels bzw. Quaders mit den angegebenen Kantenlängen.
a) $a = 3$ cm
b) $a = 6$ cm; $b = 4$ cm; $c = 2$ cm
c) $a = b = 5,6$ cm; $c = 1,4$ cm
d) $a = 3,7$ cm; $b = 2,8$ cm; $c = 8,5$ cm

7 Berechne.
a) $3,5 + 4,8 \cdot 2$
b) $7,6 \cdot \frac{1}{2} \cdot \frac{3}{8}$
c) $(1,7 - 0,3) : 7$
d) $\frac{1}{4} \cdot (-\frac{3}{7}) + 12 \cdot 0,2$
e) $\frac{3}{7} + \frac{2}{6} - \frac{2}{5}$
f) $-(1,6 + \frac{2}{3}) \cdot 324$

8 Entnimm aus den Zeichnungen die benötigten Größen und berechne den Umfang u und den Flächeninhalt A.

a)

b)
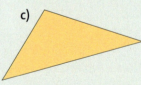

c)

Kurz und knapp
1. Erkläre den Begriff „Radius".
2. Erkläre den Zusammenhang zwischen Radius und Durchmesser. Schreibe als Formel.
3. Das Distributivgesetz lautet: …
4. Bei einem Schrägbild wird die Strecke, die senkrecht zur Zeichenebene steht, …
5. Wie verhalten sich die Flächeninhalte von Rechtecken, wenn die Seitenlängen verdoppelt werden?

Ähnlichkeit im geometrischen Sinn

Erforschen und Entdecken

1 Das links abgebildete Originalfoto hat das Format 4 cm mal 6 cm. Alle anderen Fotos sind dazu in gewisser Weise ähnlich. Aber nur eines davon ist zum Original auch geometrisch ähnlich, stellt also eine Verkleinerung dar.

①

②

③

④

a) Welches Foto ist im geometrischen Sinn ähnlich zum Original? Begründe.
b) Warum gehören die anderen nicht dazu?
c) Beschreibe, was Ähnlichkeit im geometrischen Sinn alles bedeuten kann.

2 Konstruiere die angegebenen fünf Dreiecke auf einem extra Blatt Papier so, dass sie sich nicht überschneiden. Nummeriere sie und schneide sie aus.

① $a = 3$ cm	② $a = 5$ cm	③ $a = 1{,}5$ cm	④ $a = 6$ cm	⑤ $a = 3$ cm
$c = 5$ cm	$b = 3$ cm	$c = 2$ cm	$c = 10$ cm	$b = 5$ cm
$\beta = 70°$	$c = 4$ cm	$\beta = 90°$	$\beta = 70°$	$c = 4$ cm

a) Sortiere die Dreiecke nach ihrer Ähnlichkeit. Vergleicht eure Ergebnisse in der Klasse.
b) Worin besteht ihre Ähnlichkeit? Was ist gleich, was verschieden? Beschreibe die einzelnen Merkmale.
c) Zeichne Dreiecke, die zu den ausgeschnittenen Dreiecken ähnlich sind.
   Wie bist du vorgegangen?
d) Du möchtest ein Dreieck vergrößern. Welche Werte musst du verändern und welche Angaben bleiben gleich?
e) Formuliere folgenden Satz zu Ende: „Stimmen zwei Dreiecke in zwei Winkeln überein, so …"

3 Versuche die Eiswaffeln größer zu zeichnen, ohne dass ein verzerrtes Bild entsteht. Wie gehst du dabei vor?

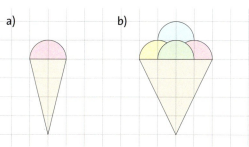

Ähnlichkeit

BEACHTE
Vereinfachte Darstellung des Holzpuzzles rechts

ERINNERE DICH
Zwei Figuren heißen zueinander kongruent oder deckungsgleich, wenn es eine Bewegung gibt, bei der die eine Figur das Bild der anderen Figur ist.

HINWEIS
Die ähnlichen Figuren in den Beispielen sind im Holzpuzzle enthalten.

Lesen und Verstehen

Lisas Hausaufgabe ist es, zu Hause geometrisch ähnliche Figuren zu suchen und sie in die Schule mitzubringen.
Lisa muss lange suchen. Sie findet erst nur Dinge, die nur im allgemeinen Sprachgebrauch ähnlich sind, wie z. B. Schlüssel oder Schuhe. Bei ihrem kleinen Bruder im Zimmer entdeckt sie schließlich das Holzpuzzle rechts und bringt es mit zur Schule.

Im geometrischen Sinn hat das Wort „ähnlich" eine ganz präzise Bedeutung:

> Zwei Figuren heißen zueinander **ähnlich**, wenn sie durch maßstäbliches Vergrößern oder Verkleinern auseinander hervorgehen. Auch kongruente Figuren sind zueinander ähnlich.

BEISPIEL 1 ähnliche Trapeze

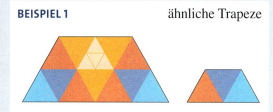

Beim maßstäblichen Vergrößern oder Verkleinern bleibt die Form erhalten. Für die Ähnlichkeit ohne Bedeutung sind Farbe, Lage und auch Größe.

Bei Dreiecken gilt folgender Satz:

> **Hauptähnlichkeitssatz**
> Zwei Dreiecke sind zueinander ähnlich, wenn sie in der Größe von zwei Winkeln übereinstimmen.

BEISPIEL 2 ähnliche Dreiecke

$\alpha = \beta = 60°$

Üben und Anwenden

1 Im geometrischen Sinn sind nur einige Buchstaben unseres Alphabets (Groß- und Kleinbuchstaben) zueinander ähnlich. Welche Buchstaben sind das? Begründe.

2 Welche Dreiecke sind zueinander ähnlich? Begründe.

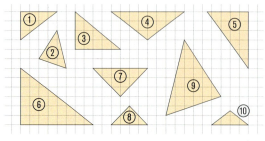

3 Welche Vierecke sind zueinander ähnlich? Begründe.

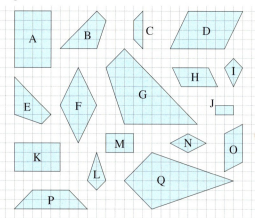

Ähnlichkeit im geometrischen Sinn

4 ➡ Beschreibe in deinen Worten, wie zwei zueinander ähnliche Dreiecke aussehen müssen.

5 ➡ Zeichne auf Karopapier ein Quadrat. Vergrößere und verkleinere es dann. Was fällt dir auf? Formuliere dazu einen Satz.

6 Welche zwei Figuren sind ähnlich?

7 Beschreibe in deinen Worten, wie zwei zueinander ähnliche Kreisausschnitte aussehen müssten. Betrachte dazu die folgende Abbildung.

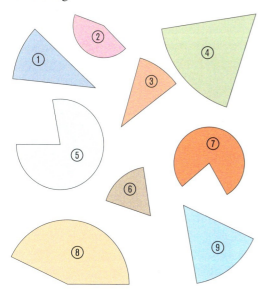

8 Zeichne den Anfangsbuchstaben deines Namens auf Karopapier und vergrößere ihn mit Hilfe der Kästchen.
a) Lass von deinem Nachbarn kontrollieren, ob deine Buchstaben wirklich ähnlich zueinander sind oder ob du verzerrt gezeichnet hast.
b) Woran kann man eine Verzerrung erkennen? Beschreibe.

9 Nimm dir ein Geobrett und spann ein beliebiges Rechteck. Zeichne es in dein Heft (1 LE soll 1 cm betragen und entspricht dem Abstand von Nagel zu Nagel).
a) Vergrößere das Rechteck am Geobrett einige Male, sodass die Bilder dem ersten Rechteck (Original) ähnlich sind. Zeichne deine jeweiligen Vergrößerungen in dein Heft.
b) Verkleinere das Rechteck ebenfalls mehrmals maßstabsgerecht. Zeichne die verkleinerten Rechtecke in dein Heft.
c) Worauf muss man beim Vergrößern und Verkleinern achten?
d) Paula behauptet, dass alle Rechtecke zueinander ähnlich sind, da sie in vier Winkeln übereinstimmen. Kannst du das mit Hilfe der Tabelle belegen?

	a	b
Original	4 cm	6 cm
1. Bild	6 cm	
2. Bild		
3. Bild		
…		

10 Beschreibe in deinen Worten, wie zwei zueinander ähnliche Rechtecke aussehen müssen.

11 Spanne auf dem Geobrett Dreiecke, die zueinander ähnlich sind.
a) Zeichne die jeweiligen Dreiecke ins Heft.
b) Sind die entstandenen Dreiecke wirklich ähnlich? Überprüfe das, indem du ihre Winkel misst.

12 ➡ Tom behauptet: „Wenn ich bei einem Rechteck die Länge und die Breite um die gleiche Streckenlänge verkürze oder verlängere, dann entsteht ein ähnliches Rechteck."
a) Überprüfe an mehreren Beispielen, ob Toms Behauptung richtig ist.
b) Bei welchen geometrischen Figuren würde Toms Behauptung stimmen? Überprüfe deine Vermutungen mit Hilfe von Zeichnungen.

TIPP
Solltest du kein Geobrett zur Hand haben, kannst du die Zeichnungen auch gleich in deinem Heft vornehmen.

Eine Bauanleitung für ein Geobrett findest du unter diesem Webcode.

 035-1

Ähnlichkeit

13 Übertrage die folgende Abbildung in dein Heft. Zeichne ein Vergrößerung und eine Verkleinerung davon. Notiere, welche Teile einfach und welche schwierig zu vergrößern bzw. zu verkleinern sind.

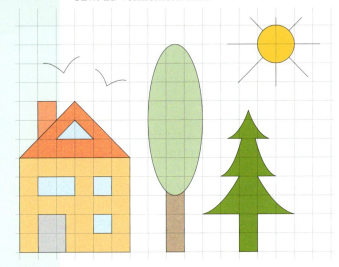

14 Aus dem Kunstunterricht kennst du vielleicht die weiter unten beschriebene Methode zur Vergrößerung eines Bildes. Führe folgende Arbeitsschritte durch:
1. Nimm ein Foto von dir oder ein anderes Bild und belege es mit einem Raster.
2. Zeichne auf ein Blatt Papier ein größeres Raster, dessen Zeilen- und Spaltenanzahl deiner Vorgabe entsprechen.
3. Übertrage nun Kästchen für Kästchen in das große Raster.

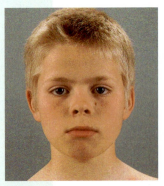 

a) Vergleiche das Ergebnis mit dem Original. Sieht die Zeichnung von dir deinem Foto bzw. dem Bild ähnlich?
b) Wie könntest du vorgehen, um ein noch besseres Ergebnis zu erhalten?

15 Eine Landkarte und das auf der Landkarte dargestellte Gebiet sind zueinander ähnlich.
a) Handelt es sich um eine Ähnlichkeit im geometrischen Sinn? Diskutiert darüber in eurem Kurs.
b) Informiere dich darüber, wie solche Landkarten entstehen.
c) Suche eine Luftaufnahme und eine Karte, die dein Wohngebiet oder das Gebiet um deine Schule zeigen.

16 Informiere dich über die DIN-Formate für Papier.
a) Welche Formate kennst du?
b) Welches ist das ursprüngliche Format, aus dem die anderen entstehen?
c) Miss die jeweiligen Seitenlängen eines Papiers in den Größen DIN A3 (Zeichenblock), DIN A4 (großes Heft) und DIN A5 (kleines Heft) und trage sie in eine Tabelle ein.

	lange Seite	kurze Seite
DIN A0		
DIN A1		
DIN A2		
DIN A3		
DIN A4		
DIN A5		
DIN A6		

d) Untersuche die Gesetzmäßigkeit, die den DIN-Formaten zugrunde liegt und ergänze so die restlichen Felder.
e) Wie entstehen die einzelnen Formate? Beschreibe in deinen eigenen Worten.
f) Ein Kopierer verkleinert mit dem Faktor 0,707, wenn ein DIN-A3-Blatt auf DIN-A4-Größe gebracht werden soll. Warum ist der Faktor nicht 0,5, obwohl das Blatt nur noch halb so groß ist?

17 Wahr oder falsch? Begründe.
Immer zueinander ähnlich sind zwei …
a) Rechtecke.   b) Kreise.
c) gleichschenklige Dreiecke.   d) Rauten.
e) Parallelogramme.   f) Trapeze.
g) gleichseitige Dreiecke.   h) Würfel.

Vergrößern und Verkleinern

Vergrößern und Verkleinern

Erforschen und Entdecken

1 Auf Karopapier lassen sich Figuren schnell vergrößern oder verkleinern.
Beim Verkleinern kann ein Quadrat aus mehreren Kästchen zu einem Kästchen zusammengefasst werden. Beim Vergrößern kann ein Kästchen zu einem Quadrat mit mehreren Kästchen ausgedehnt werden.

a) Zeichne die Figur in dein Heft ab. Ein Kästchen entspricht einem Kästchen im Heft und hat eine Seitenlänge von 5 mm.
b) Vergrößere die Figur auf eine Größe deiner Wahl. Vergleicht untereinander eure vergrößerten Figuren.
c) Verkleinere die Figur auf eine Größe deiner Wahl. Vergleicht untereinander eure verkleinerten Figuren.
d) Bestimme die Seitenlänge der Figur im Original sowie im vergrößerten und verkleinerten Bild. Welchen Maßstab hast du jeweils verwendet?

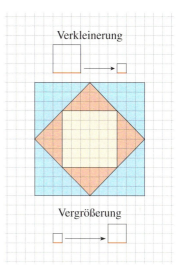

2 Zeichne ein schlichtes Haus auf Pappe und schneide es aus. Halte das Haus zwischen eine Lichtquelle (am besten eignet sich ein Halogenstrahler) und eine Wand und experimentiere mit dem Schatten des Hauses.

a) Wie verändert sich der Schatten, wenn das Haus näher an der Lichtquelle bzw. weiter von ihr entfernt ist?
b) Was passiert mit dem Schatten, wenn du die Lichtquelle auf die Wand zu bzw. von ihr weg bewegst?
c) Versuche deine Anordnung so zu stellen, dass die Seitenlängen deines Schattenhauses genau doppelt (dreifach, vierfach, …) so groß sind wie dein Originalhaus.
d) Skizziere den Versuchsaufbau von der Seite und versuche den Weg der Lichtstrahlen zu zeichnen. Es soll erkennbar sein, wie der Schatten entsteht und wie es zu der Veränderung der Größe kommt.

3 Vergrößere eine Figur mit dem Gummiband. Dazu benötigst du ein etwa 20 cm langes Stück Gummiband und eine Stecknadel. An das eine Ende knotest du einen Bleistift und genau in die Mitte steckst du eine Stecknadel, sodass du die Nadelspitze gut sehen kannst.

a) Wo steckt die Nadel, wenn du das Gummiband streckst?
b) Zeichne eine einfache Figur in dein Heft. Markiere links (als Linkshänder rechts) daneben ein Zentrum Z und halte das eine Ende des Gummis dort fest. Spanne und bewege das Gummi so, dass die Nadel genau den Linien deiner Figur folgt und zeichne eine vergrößerte Figur.
c) Experimentiere mit schwierigeren Figuren oder Bildern.
d) Stich die Nadel bei einem Drittel des Gummis ein. Wie verändert sich die Bildgröße?

Ähnlichkeit

Zentrische Streckung mit der DGS

1 Zu den Vierecken *ABCD* und *EFGH* sind die Bildvierecke *A'B'C'D'* bzw. *E'F'G'H'* dargestellt.

038-1

a) Ziehe an *Z* und an den Eckpunkten des Vierecks *ABCD*. Beobachte die Auswirkungen auf das Bildviereck *A'B'C'D'*. Nutze die Messwerkzeuge zum Messen einer Strecke und eines Winkels. Welche Eigenschaften hat die Abbildung?

b) Sind die beiden Vierecke *ABCD* und *EFGH* zueinander kongruent? Prüfe nach.

c) Das blaue Viereck *E'F'G'H'* ist das Bild des Vierecks *EFGH*. Untersuche wie in Aufgabenteil a) mit dem Zugmodus auch die Eigenschaften dieser Abbildung. Welche Wirkungen hat die Anwendung des Zugmodus auf das rote bzw. auf das blaue Viereck? Was ist unterschiedlich, was ist gleich?

BEACHTE
Du kannst an den grünen Punkten *Z*, *A*, *B*, *C* und *D* ziehen.

 038-2

2 Gegeben sind die Vierecke *ABCD* und *A'B'C'D'*. Die grünen Punkte sind beweglich.

a) Ziehe nacheinander an den Punkten *A*, *B*, *C* und *D*. Was stellst du fest?

b) Verschiebe *A'* und *B'* so, dass die Vierecke zueinander ähnlich sind. Ziehst du nun an *Z* oder an dem Schieberegler, wird diese Ähnlichkeit aber wieder zerstört.

c) Konstruiere *A'* und *B'* des Vierecks neu, sodass die Ähnlichkeit der beiden Vierecke auch im Zugmodus erhalten bleibt. Beschreibe deine Konstruktion.

d) Miss die Abstände von *Z* zu *D* und von *Z* zu *D'*, die Abstände von *Z* zu *C* und von *Z* zu *C'*. Welche Zusammenhänge kannst du hier feststellen? Überprüfe deine Konstruktion von *A'* und *B'* mit Hilfe der gefundenen Zusammenhänge.

038-3

3 Zum Dreieck *ABC* wurde mit einer zentrischen Streckung das ähnliche Dreieck *A'B'C'* konstruiert.

a) Beschreibe die Lage der Punkte *A*, *B*, *C* und *A'*, *B'*, *C'*, wenn sich *Z* außerhalb, innerhalb oder auf den Eckpunkten des Dreiecks *ABC* befindet.

b) Der Schieberegler zeigt den jeweils aktuellen Wert des zu der zentrischen Streckung gehörenden Streckungsfaktors an. Was passiert, wenn du diesen veränderst? Beschreibe die besondere Lage der Eckpunkte der Dreiecke. Was passiert, wenn der Streckungsfaktor negativ ist?

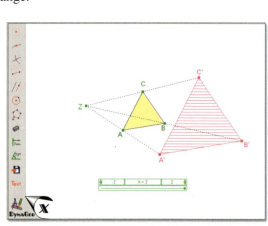

38

Vergrößern und Verkleinern

4 Was ist eine zentrische Streckung mit dem Streckungszentrum Z und dem Streckungsfaktor k? Versucht gemeinsam, anhand eurer Beobachtungen eine Definition zu formulieren. Besprecht diese Definition in der Klasse und mit eurer Lehrerin oder eurem Lehrer. Korrigiert und ergänzt eure Definition nötigenfalls.

5 Rückblick auf die Aufgaben 1 und 2.
a) Untersuche noch einmal deine Konstruktionsvorschrift aus Aufgabe 2 b). Handelt es sich um eine zentrische Streckung?
b) Handelt es sich bei den Abbildungen aus Aufgabe 1 um zentrische Streckungen?

6 Die Quadrate ABCD und A'B'C'D' sind zueinander ähnlich.
a) Ermittle den Flächeninhalt von ABCD und des Bildvierecks A'B'C'D' durch verschiedene Verfahren (z. B. Schätzen, Ausmessen der Figuren, Verwendung eines Termobjektes, …).
b) Ziehe an B und verändere den Streckungsfaktor der zentrischen Streckung. Wie ändern sich die Flächeninhalte der Figuren? Welcher Zusammenhang besteht zwischen beiden Flächeninhalten?
c) Konstruiere mit der DGS und einer zentrischen Streckung (Symbol:) zu anderen Figuren (Rechteck, Dreieck, …) die Bildfiguren. Lässt sich der bei b) entdeckte Zusammenhang auch auf diese Figuren übertragen? Schreibe diesen Zusammenhang allgemein auf.

www 039-1

HINWEIS
Konstruktion einer Bildfigur durch zentrische Streckung: Klicke nacheinander auf das Symbol der zentrischen Streckung, die Figur, Z und das Zahlobjekt.

7 Der Pantograph (auch Storchenschnabel genannt) ist ein Instrument zum Übertragen von Zeichnungen im gleichen, größeren oder kleineren Maßstab. Experimentiere mit einem echten Pantographen bzw. mit dem Pantographen aus der Datei zu dieser Aufgabe und beschreibe seine Funktionsweise.
a) Mit dem Werkzeug Ortslinie wurde zu einem Dreieck durch den DGS-Pantographen eine Ortslinie erzeugt. Welches Bild des gelben Dreiecks ergibt sich, wenn du die Ortslinie vervollständigst?
b) Welche Zusammenhänge erkennst du zwischen dem gelben Ausgangsdreieck und seiner Bildfigur?
c) Experimentierecke: Nutze für die folgenden Aufträge die im Onlineangebot unter dem Webcode 039-3 angegebenen Weblinks:
• Bastele selbst einen Pantographen.
• Experimentiere mit einem dynamischen Pantographen.
• Erkundige dich durch eine Internetrecherche, wozu ein Pantograph früher gebraucht wurde.

HINWEIS
„Pantograph" (griech.) bedeutet wörtlich übersetzt „Allesschreiber".

www 039-2

www 039-3

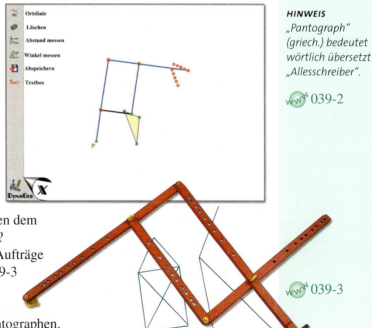

39

Ähnlichkeit

Lesen und Verstehen

Marie möchte verschieden große Drachen basteln. Sie hat eine Drachenschablone aus Papier, deren Form sie als Vorlage nimmt. Sie möchte die Drachenvorlage vergrößern und verkleinern und so verschieden große Drachen herstellen.
Die ursprüngliche Figur wird als **Original** bezeichnet. Die bei einer Vergrößerung oder Verkleinerung entstehende Figur ist das **Bild**.

Geometrische Figuren kann man maßstäblich vergrößern oder verkleinern.
Dazu multipliziert man die Seitenlängen des Originals mit dem **Streckungsfaktor (Maßstab)** k und zeichnet das Bild mit den neu berechneten Längen. Die Winkelgrößen ändern sich nicht.

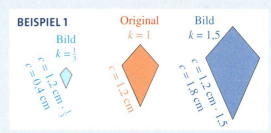

BEISPIEL 1

b Eine maßstäbliche Vergrößerung oder Verkleinerung einer Figur kann man mit Hilfe einer **zentrischen Streckung** durchführen.
Der **Streckungsfaktor** wird hierbei mit k bezeichnet, das **Streckungszentrum** mit Z.
Ist $k > 1$, spricht man von einer maßstäblichen Vergrößerung.
Ist $k = 1$, sind Original und Bild identisch.
Ist $0 < k < 1$, handelt es sich um eine maßstäbliche Verkleinerung.

HINWEIS
*Für die Vergrößerung oder Verkleinerung mit dem Streckungsfaktor k kann man auch den Maßstab angeben. Bei einer Vergrößerung mit z. B. $k = 3$ ergibt sich der Maßstab 3 : 1 (Bildlänge : Originallänge)
Bei einer Verkleinerung mit z. B. $k = \frac{1}{2}$ ergibt sich der Maßstab 1 : 2 (Bildlänge : Originallänge), da die Originallänge doppelt so lang ist wie die Bildlänge.*

BEISPIEL 2

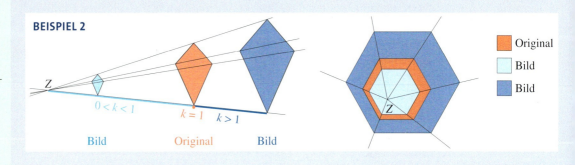

Üben und Anwenden

1 Zeichne ein Quadrat mit der Seitenlänge $a = 3\,\text{cm}$. Gib die neuen Seitenlängen an.
a) Vergrößere das Quadrat mit $k = 2$.
b) Vergrößere das Quadrat mit $k = 3$.
c) Verkleinere das Quadrat mit $k = \frac{1}{2}$.
d) Verkleinere das Quadrat mit $k = \frac{1}{3}$.

2 Verändere ein Rechteck mit $a = 2\,\text{cm}$, $b = 3\,\text{cm}$ mit folgendem Streckungsfaktor:
a) $k = 2$ b) $k = 3$ c) $k = 1{,}5$
d) $k = \frac{1}{2}$ e) $k = \frac{1}{4}$ f) $k = 0{,}6$

3 Zeichne ein gleichseitiges Dreieck mit $a = 6\,\text{cm}$. Verkleinere es mit:
a) $k = \frac{1}{2}$ b) $k = \frac{1}{3}$ c) $k = \frac{2}{5}$

4 Mit welchem Streckungsfaktor wurden die Dreiecke vergrößert bzw. verkleinert, wenn einmal I bzw. einmal II das Original ist? Gib den Maßstab an.

Vergrößern und Verkleinern

5 Zeichne ein Dreieck mit $a = 3\,\text{cm}$, $c = 5\,\text{cm}$ und $\beta = 80°$.
a) Vergrößere das Dreieck mit $k = 2$.
b) Vergrößere das Dreieck mit $k = 2{,}2$.
c) Vergrößere das Dreieck mit $k = 1{,}5$.
d) Verkleinere das Dreieck mit $k = \frac{1}{2}$.
e) Vergrößere das Dreieck so, dass $a' = 5{,}1\,\text{cm}$ lang ist. Wie groß ist dann k?

6 Zeichne ein beliebiges Dreieck ins Heft. Vergrößere und verkleinere das Dreieck mit Hilfe einer zentrischen Streckung.
a) Wähle Z innerhalb des Dreiecks.
b) Wähle Z außerhalb des Dreiecks.
c) Z liegt auf dem Punkt A des Dreiecks.

7 Übertrage die Zeichnungen in dein Heft und vergrößere die Zeichnungen mit $k = 2$. Du kannst dazu das Streckungszentrum Z nutzen.

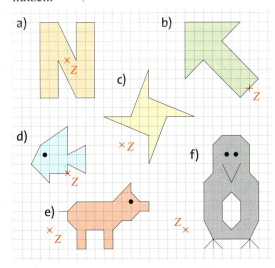

8 Zeichne mit Hilfe eines Kreises ein regelmäßiges Sechseck mit der Seitenlänge $a = 4\,\text{cm}$. Lege das Streckungszentrum Z auf den Kreismittelpunkt.
a) Welchen Radius musst du wählen?
b) Verkleinere die Seiten des Sechsecks mit einer zentrischen Streckung mit $k = \frac{1}{2}$.
c) Vergrößere die Seiten des Sechsecks mit $k = 1{,}5$.
d) Warum ist es in diesem Fall sinnvoll, wie auf Seite 40 in Beispiel 2 und nicht wie in Beispiel 1 zu vergrößern? Begründe.

9 Du möchtest die Größe eines Kreises verändern. Überlege dir vorher genau, wie du dabei vorgehst.
a) Zeichne einen Kreis und vergrößere und verkleinere ihn mit $k = 2$ und $k = \frac{1}{2}$.
b) Beschreibe, wie du vorgegangen bist.

10 Vergrößere die folgenden Figuren mit $k = 3$.

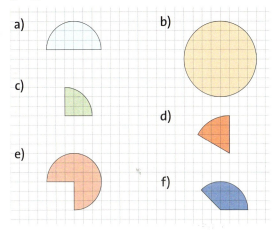

11 Übertrage die Buchstaben in dein Heft. Vergrößere die Buchstaben mit $k = 2$.

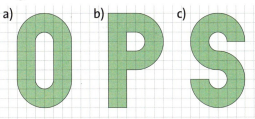

12 Bestimme den Faktor k. Wähle einmal die rote Figur als Original und einmal die blaue.

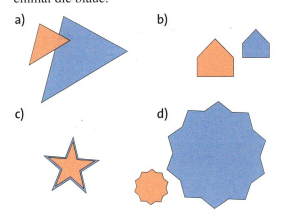

HINWEIS
Überlege dir vor dem Zeichnen immer genau, wie viel Platz die neue Figur benötigen wird, und platziere dementsprechend deine Originalfigur im Heft.

TIPP
Bei nicht geometrischen Figuren, also Figuren, die etwas komplexer sind (z. B. Buchstaben), empfiehlt es sich, mit Hilfe der zentrischen Streckung zu vergrößern bzw. zu verkleinern.

Ähnlichkeit

ZUM WEITERARBEITEN
In Aufgabe 18 hast du dich über den Begriff Fluchtpunkt informiert. Kannst du dein Zimmer in Fluchtpunktperspektive zeichnen?

13 Vergrößere die Figur im Heft, sodass sie im Maßstab 4:1 (3:1) vorliegt.

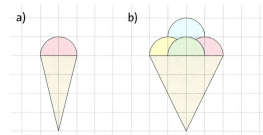

14 Die Firma Loewe stellt eine Fahne mit den Maßen 56 cm × 40 cm her. Welche Maße hat eine vergrößerte (verkleinerte) Fahne, wenn der Maßstab 3:2 (1:4) beträgt?

15 ▶ Von diesem Dia soll ein Fotogeschäft Fotoabzüge herstellen.

a) Bei einem Fotoabzug ist die längere Seite 15 cm lang. Wie lang kann die kürzere Seite des Abzugs werden? Vergleiche mit den gebräuchlichen Fotoformaten.
b) Das Fotogeschäft bietet auch Fotoabzüge in den Formaten 9×13, 13×18, 30×45 und 50×75 (Angaben in cm) an. Untersuche, ob diese Bildformate maßstabsgerechte Vergrößerungen des Dias sind.

 042-1

HINWEIS
Unter diesem Webcode befindet sich ein DGS-Arbeitsblatt zur zentrischen Streckung.

16 Zeichne mit Hilfe einer zentrischen Streckung Kreise, die immer größer werden und alle den gleichen Abstand voneinander haben, sodass es aussieht wie ein „3D-Tunnel".
a) Worauf musst du achten?
b) Wo sollte Z liegen, damit es „echt" aussieht? Probiere unterschiedliche Möglichkeiten und entscheide dann.

17 Zeichne einen „3D-Tunnel" wie in Aufgabe 16 aus anderen geometrischen Formen.

18 ▶ Informiere dich über den Begriff „Fluchtpunkt".
a) Beschreibe, wie und wo er eingesetzt wird.
b) Was hat dieser Begriff mit einer zentrischen Streckung zu tun? Erkläre.

19 Gegeben sind zwei Landkarten im Maßstab 1:20000 und 1:5000.
Wie groß ist bei den Karten jeweils der Streckungsfaktor k?

20 ▶ Zeichne ein Quadrat und vergrößere es mit dem Streckungsfaktor $k = 2$.
a) Wie verändert sich der Flächeninhalt?
b) Mit welchem Streckungsfaktor erhält man den neunfachen Flächeninhalt?
c) Welchen Streckungsfaktor muss man wählen, wenn man ein Quadrat mit dem doppelten Flächeninhalt erhalten möchte?
d) Gelten deine Beobachtungen auch bei anderen Vierecken und bei Dreiecken?

21 Zeichne das Schrägbild eines Würfels mit der Kantenlänge $a = 3$ cm.
a) Vergrößere den Würfel mit $k = 3,5$.
b) Verkleinere den Würfel mit $k = 0,5$.
c) Wie verhält sich das Volumen?

22 Die Beziehung von Flächen bei zueinander ähnlichen Figuren lässt sich durch folgende Formel angeben: $A' = k^2 \cdot A$.
a) Überprüfe die Formel zeichnerisch an verschiedenen einfachen Figuren und verschiedenen Streckungsfaktoren.
b) Untersuche die Zusammenhänge mit der DGS (s. Randspalte).
c) Zeige durch Umformungen, warum in der Formel k^2 steht.

23 ▶ Für ähnliche Körper gilt die Formel: $V' = k^3 \cdot V$.
a) Überprüfe die Formel, indem du den Quader ($a = 4$ cm, $b = 2,8$ cm, $c = 3$ cm) mit $k = 3$ vergrößerst.
b) Begründe, warum in der Formel k^3 steht.

b Strahlensätze

Erforschen und Entdecken

1 Diese zwei Dreiecke sind ähnlich zueinander.

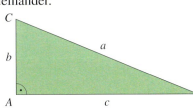
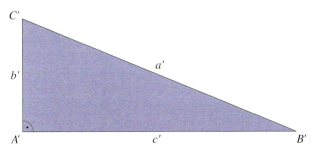

a) Ermittle den Streckungsfaktor k. Entnimm die Maße der Zeichnung. Notiere alle Möglichkeiten, k zu ermitteln. Wie bist du dabei vorgegangen?
b) Teile a durch b und anschließend a' durch b'. Kombiniere genauso andere Strecken und Bildstrecken miteinander. Was fällt dir auf?
c) Schreibe alle Kombinationen aus den Teilaufgaben a) und b), bei denen dies möglich ist, mit Gleichheitszeichen auf.

2 Julian ist auf Klassenfahrt in Paris. Damit sie die Stadt und ihre Sehenswürdigkeiten besser kennenlernen, hat die Lehrerin eine Stadtrallye entworfen. Nun steht Julian mit seiner Gruppe vor der Glaspyramide des Louvre und soll folgende Aufgabe lösen:

Wie lang ist eine Seite der Glaspyramide?
Benutzt für eure Berechnungen die Ähnlichkeit.
Tipp:
Die Streben verlaufen parallel.
Entnehmt notwendige Längenangaben aus der Information am Rand sowie aus der Zeichnung.

a) Vergleicht eure Ergebnisse und Vorgehensweisen in der Klasse.
b) Bestimmt auf anderen Wegen die Seitenlänge. Kontrolliert damit eure vorherige Lösung.

INFO
Die Glaspyramide im Innenhof des Louvre wurde im Jahr 1989 vom Architekten Ieoh Ming Pei aus New York erbaut. Sie besteht aus 603 rhombenförmigen und 70 dreieckigen Glassegmenten. Die Pyramide weist eine Höhe von 21,65 m auf, hat eine Basislänge von 35 m und einen Neigungswinkel von knapp 52 Grad. Insgesamt beträgt das Gesamtgewicht ca. 180 Tonnen. Als Vorbild diente die Pyramide von Gizeh.

3 Zeichne zwei zueinander ähnliche Dreiecke ABC und $A'B'C'$ auf Papier und schneide sie aus. Lege sie so aufeinander, dass A auf A', b auf b' und c auf c' liegt.

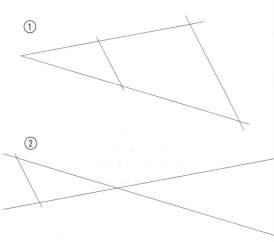

a) Vergleiche sie mit Zeichnung ①. Was findest du wieder? Welche Seiten entsprechen sich jeweils?
b) Drehe nun dein kleines Dreieck um 180° um A, sodass A' wieder auf A liegt und die Seiten vom kleinen und vom großen Dreieck eine gerade Linie bilden. Vergleiche mit Zeichnung ②. Welche Seiten entsprechen sich nun?
c) Notiere jeweils alle Kombinationen, die du in Aufgabe 1 gefunden hast (z. B. $\frac{a}{b} = \frac{a'}{b'}$), sodass sie für diese beiden Zeichnungen gültig sind.

Ähnlichkeit

Lesen und Verstehen

In der Umwelt lassen sich viele Strecken nicht messen. Vielfach ist das Gelände schwer zugänglich, zum Beispiel bei Flüssen und Schluchten, oder die Gebäude sind zu hoch.
Die Breite einer Bucht kann ermittelt werden, indem man eine Vergleichsstrecke misst und damit die Breite der Bucht berechnet. Dabei hilft der Strahlensatz.

Werden zwei sich schneidende Geraden von zwei parallelen Geraden geschnitten, so nennt man die sich bildende Figur **Strahlensatzfigur**.
Die Dreiecke ZAB und ZA′B′ sind zueinander ähnlich.

HINWEIS
Da die Dreiecke ZAB und ZA′B′ ähnlich zueinander sind, unterscheiden sich die entsprechenden Seiten um den Streckfaktor k und es gilt:
$\overline{ZA'} = k \cdot \overline{ZA}$
$\overline{ZB'} = k \cdot \overline{ZB}$
$\overline{A'B'} = k \cdot \overline{AB}$

b Strahlensätze

Werden zwei sich schneidende Geraden, von zwei Parallelen geschnitten, entstehen zueinander ähnliche Dreiecke ZAB und ZA′B′. Ihre entsprechenden Seitenlängen stehen im gleichen Verhältnis zueinander, das heißt, sie haben den gleichen Ähnlichkeitsfaktor k.

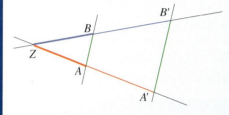
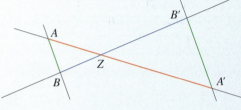

Es gilt: $\frac{\overline{ZA'}}{\overline{ZA}} = \frac{\overline{ZB'}}{\overline{ZB}} = \frac{\overline{A'B'}}{\overline{AB}} = k$, ebenfalls gilt: $\frac{\overline{ZA}}{\overline{AA'}} = \frac{\overline{ZB}}{\overline{BB'}}$ und $\frac{\overline{ZA'}}{\overline{AA'}} = \frac{\overline{ZB'}}{\overline{BB'}}$.

BEISPIEL

Die Dreiecke ZAB und ZA′B′ sind ähnlich. Berechne die Länge der vierten Strecke x. (Maße in cm)

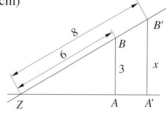
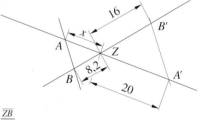

$\frac{\overline{ZB'}}{\overline{ZB}} = \frac{\overline{A'B'}}{\overline{AB}}$
$\frac{8}{6} = \frac{x}{3}$ $| \cdot 3$
$\frac{24}{6} = x$
$x = 4$

Die Strecke $\overline{A'B'}$ ist 4 cm lang.

$\frac{\overline{ZA}}{\overline{ZA'}} = \frac{\overline{ZB}}{\overline{ZB'}}$
$\frac{x}{20} = \frac{8{,}2}{16}$ $| \cdot 20$
$x = \frac{164}{16} = 10{,}25$

Die Strecke $\overline{ZA}$ ist 10,25 cm lang.

Alle weiteren Beziehungen, die du auf der vorherigen Seite herausgefunden hast, bleiben gültig und können ebenfalls zur Berechnung von fehlenden Strecken genutzt werden (z. B. $\frac{\overline{ZA}}{\overline{AB}} = \frac{\overline{ZA'}}{\overline{A'B'}}$).

Sie gehen durch Umformulierung aus den oben genannten Verhältnissen hervor.

Üben und Anwenden

1 Zeichne fünf Strahlensatzfiguren in dein Heft. Markiere wie beim Strahlensatz unter Lesen und Verstehen alle Streckenverhältnisse, die du zusätzlich gefunden hast.

2 Zeige durch Umformung der im Merksatz angegebenen Gleichungen, dass folgende Beziehungen ebenfalls gültig sind:

a) $\frac{\overline{ZA}}{\overline{AB}} = \frac{\overline{ZA'}}{\overline{A'B'}}$
b) $\frac{\overline{ZA}}{\overline{ZB}} = \frac{\overline{ZA'}}{\overline{ZB'}}$
c) $\frac{\overline{ZA}}{\overline{ZA'}} = \frac{\overline{ZB}}{\overline{ZB'}} = \frac{\overline{AB}}{\overline{A'B'}}$
d) Markiere die Verhältnisse ebenfalls an verschiedenen Strahlensatzfiguren.

3 Gib verschiedene Wege an, die Strecke $\overline{AB}$ ($\overline{ZA}$; $\overline{ZB'}$) zu berechnen. Nutze dazu die Strahlensatzfigur sowie die bekannten Sätze.

4 Berechne die Länge der Strecke x. (Maße in cm)

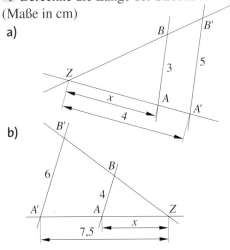

5 Berechne x (Angaben in m).

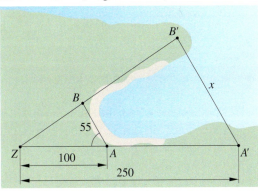

6 Berechne die fehlende Streckenlänge. (Maße in cm)

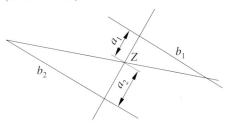

	a_1	a_2	b_1	b_2
a)	1,5	2		7
b)		2	2,5	4
c)	2	3	4	
d)	3,2		5	9,6

7 Die Höhe eines Strommastes lässt sich bei Sonnenschein einfach ermitteln. Dazu wird direkt neben den Mast ein Stab gesteckt, der wie der Strommast einen Schatten wirft. Zum gleichen Zeitpunkt hängt die Länge des jeweiligen Schattens nur von der Höhe des Gegenstandes ab. Berechne die Höhe des Strommastes.

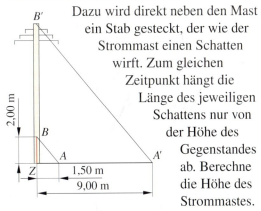

8 Man kann die Flussbreite bestimmen, wenn die drei Strecken a, b und c bekannt sind (siehe Zeichnung).

c ist parallel zum Ufer, an dem b verläuft. Berechne die Flussbreite x.

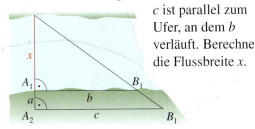

a) $a = 17\,\text{m}$; $b = 75\,\text{m}$; $c = 125\,\text{m}$
b) $a = 20\,\text{m}$; $b = 65\,\text{m}$; $c = 100\,\text{m}$
c) $a = 22\,\text{m}$; $b = 83\,\text{m}$; $c = 100\,\text{m}$
d) $a = 14\,\text{m}$; $b = 90\,\text{m}$; $c = 120\,\text{m}$
e) $a = 19,5\,\text{m}$; $b = 80\,\text{m}$; $c = 136,5\,\text{m}$

Ähnlichkeit

Methode: Strecken teilen

Unter Verwendung einer Strahlensatzfigur lässt sich mit Zirkel und Lineal eine Strecke in beliebig viele gleich lange Teilstrecken oder in beliebige Streckenverhältnisse exakt unterteilen.

1. Fall: Eine Strecke $\overline{AB}$ = 5,3 cm soll in 5 gleiche Streckenabschnitte unterteilt werden.

Konstruktionsbeschreibung:

HINWEIS
Gleich lange Strecken kann man mit dem Zirkel sauber abtragen.

1. Zeichne $\overline{AB}$ = 5,3 cm.
2. Zeichne von *A* aus einen Hilfsstrahl.
3. Trage von *A* aus auf dem Hilfsstrahl fünf gleich lange Strecken mit den Endpunkten T_1, T_2, T_3, T_4, T_5 ab.
4. Verbinde T_5 mit dem Endpunkt der Strecke $\overline{AB}$.
5. Zeichne durch T_1, T_2, T_3 und T_4 Parallelen zu $\overline{T_5B}$.

Die Punkte *C*, *D*, *E*, *F* teilen die Strecke $\overline{AB}$ in 5 gleiche Teile.

2. Fall: Eine Strecke $\overline{AB}$ = 5,5 cm soll im Verhältnis 1 : 2 geteilt werden.

Konstruktionsbeschreibung:

1. Zeichne $\overline{AB}$ = 5,5 cm.
2. Zeichne von *A* aus einen Hilfsstrahl.
3. Trage auf dem Hilfsstrahl die Strecken $\overline{AT_1}$ = 1 cm und $\overline{T_1T_2}$ = 2 cm ab.
4. Verbinde T_2 mit dem Endpunkt der Strecke $\overline{AB}$.
5. Zeichne durch T_1 die Parallele zu $\overline{T_2B}$.

Der Punkt *C* teilt die Strecke $\overline{AB}$ im Verhältnis 1 : 2.

9 Gegeben ist die Strecke $\overline{AB}$ = 13 cm.
a) Teile $\overline{AB}$ mit Hilfe des 1. Falls oben in drei gleich große Abschnitte.
b) ▶ Wäre deine Streckeneinteilung genauer, wenn du sie mit dem Taschenrechner berechnet und dann gezeichnet hättest? Begründe.

10 Konstruiere ein Trapez, dessen Diagonalenschnittpunkt *S* die Diagonale $\overline{BD}$ im Verhältnis 5 : 3 teilt. Beschreibe, wie du vorgegangen bist.

11 Teile die gegebenen Strecken.
a) Teile $\overline{AB}$ = 10 cm in 7 gleiche Teile.
b) Teile $\overline{CD}$ = 8 cm in 11 gleiche Teile.
c) Teile $\overline{EF}$ = 5,7 cm in 4 gleiche Teile.
d) Teile $\overline{ZB}$ = 7,5 cm in 9 gleiche Teile.

12 Eine Strecke $\overline{AB}$ = 11 cm soll in folgenden Verhältnissen geteilt werden:
① 3 : 1   ② 1 : 3
a) Würdest du die Verhältnisse 1 : 3 und 3 : 1 unterscheiden oder nicht? Begründe.
b) ▶ Vergleiche die Verhältnisse beim Streckenabschnitt mit dem Größenverhältnis beim Maßstab. Wie unterscheiden sich dort die Verhältnisse 1 : 3 und 3 : 1?

Thema: Höhenbestimmung durch Anpeilen

Mit einfachen Mitteln und mit Hilfe des Strahlensatzes kann man die Höhe von Gebäuden, Masten, Bäumen, ... ermitteln. Dazu benötigt ihr Folgendes.

Material:
Stäbe unterschiedlicher Länge (mindestens 30 cm lang), farbiges Klebeband, Zollstock, Meterschnur oder Maßband.

Bauanleitung und Vorgehensweise:
Wie auf dem Foto peilt ihr mit dem Stab in der Hand aus einem bestimmten Abstand ein Gebäude an.
Vor dem Einsatz solltet ihr noch einige Fragen klären. Diese beziehen sich auch darauf, wie ihr den Stab richtig vorbereitet:

1. In welchem Winkel sollte der Arm ausgestreckt werden und warum?
2. Wieso befindet sich die rote Markierung von der Hand gemessen auf Augenhöhe?
3. Welchen Abstand habt ihr zum Gebäude?
4. Welche Maße werden benötigt?
5. Welche Maße sind nach einem Mal Messen bekannt und welche müssen immer wieder neu ermittelt werden?

ZUR INFORMATION
Auch heute noch werden solche Peilmethoden angewendet. Zum Beispiel bestimmt der Förster so die Höhe von Bäumen.

Findet euch in Gruppen zusammen und geht mit eurem Material auf den Schulhof.
Baut eure Stäbe in den Maßen, die zu euch passen und mit denen ihr auf dem Schulhof die Höhen der Schulgebäude gut messen könnt. Probiert durch Anpeilen erst einmal mit verschieden langen Stäben ohne Markierung aus, welche Stablängen günstig sind.

1 Schaut euch die Zeichnung genau an. Überlegt gemeinsam.
a) Wie wird die Höhe des Baums bestimmt? Worauf muss geachtet werden?
b) Erklärt, warum nicht der Boden angepeilt wird.

2 Fertigt eine Skizze mit einer Strahlensatzfigur an, sodass erkennbar wird, wie ihr die Höhe berechnen wollt.

3 Entwerft eine Tabelle, in der ihr die für die Höhenbestimmung benötigten Maße eintragen könnt. Peilt verschiedene Gebäude oder Bäume an.
Tragt alle ermittelten Maße in einer Tabelle zusammen. Berechnet daraus die noch fehlenden Höhen.

4 ➡ Ein Gebäude wurde mit einem Stab angepeilt und die Höhe mit Hilfe des Strahlensatzes berechnet. Die Höhe betrug nach den Berechnungen 10,80 m. Die tatsächliche Höhe betrug 12,30 m.
Erkläre den möglichen Fehler.

5 ➡ Fasst sämtliche Ergebnisse aus den Aufgaben 1 bis 4 zusammen. Stellt sie im Kurs vor.

HINWEIS
Aufgabe 3 kannst du auch mit einem Tabellenkalkulationsprogramm lösen. Erstelle eine geeignete Tabelle, die auch eine Spalte für die ermittelten Gebäudehöhen enthält. Wenn du dort in der obersten Zelle die Formel für die Berechnung der Höhe eingibst und diese auf die anderen Zellen überträgst, rechnet der Computer. Drucke für die Arbeit auf dem Hof die Tabelle aus und übertrage später die ermittelten Höhen in dein Programm.

Der Goldene Schnitt

Der Goldene Schnitt gibt ein Verhältnis an, in dem eine bestimmte Strecke geteilt wird. Alle Strecken, die nach dem Goldenen Schnitt geteilt sind, sind zueinander ähnlich.
Dieses Verhältnis taucht in ganz unterschiedlichen Bereichen auf: in der Malerei und Architektur, aber auch in der Natur, zum Beispiel am menschlichen Körper oder an Blütenblättern.

Was ist der Goldene Schnitt für ein Verhältnis?

Wenn eine Strecke c so geteilt wird, dass sich der kleinere Streckenabschnitt a zum größeren Streckenabschnitt b so verhält wie der größere Streckenabschnitt b zur ganzen Strecke c, kurz: $a : b = b : c$ (lies: a zu b wie b zu c), dann sagt man, die Strecke $\overline{AB}$ sei nach dem Goldenen Schnitt geteilt.

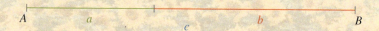

Dieses Verhältnis beträgt ungefähr 1 zu 1,618. Es wird oft als besonders ausgewogen, harmonisch und schön empfunden.

1 Miss die Längen der eingezeichneten Strecken an der Sonnenblume. Gib ihr Verhältnis als Dezimalzahl an. Ist das Verhältnis ungefähr im Goldenen Schnitt?

2 Näherungsweise kann man sagen, dass das Streckenverhältnis im Goldenen Schnitt wie $3:5$; $5:8$, $13:21$ oder $31:50$ ist.
a) Gib das jeweilige Zahlenverhältnis als Dezimalzahl an.
b) Finde weitere Verhältnisse.

3 In der nebenstehenden Abbildung wird gezeigt, wie man mit Hilfe von zwei Kreisen eine Strecke a im Goldenen Schnitt teilen kann.

a) Beschreibe die dargestellte Vorgehensweise.
b) Teile diese Strecken im Goldenen Schnitt: $\overline{AB} = 1{,}25\,\text{cm}$; $\overline{CD} = 2{,}5\,\text{cm}$; $\overline{EF} = 5\,\text{cm}$; $\overline{GH} = 7\,\text{cm}$; $\overline{IJ} = 10\,\text{cm}$.

Wendet man den Goldenen Schnitt auf die Seitenverhältnisse von Rechtecken und Dreiecken an, ergeben sich so genannte goldene Rechtecke und goldene Dreiecke.

4 Im goldenen Rechteck entspricht das Verhältnis von Breite zu Länge genau dem Goldenen Schnitt.
a) Erkläre die Konstruktion des goldenen Rechtecks mit Hilfe der Zeichnung.
b) Zeichne eine Strecke von 5 cm Länge. Ergänze die Strecke mit Hilfe eines Zirkels zu einem goldenen Rechteck.

5 Zeichne mit Hilfe der Konstruktionsanleitung rechts ein goldenes Rechteck. Teile jetzt an einer Seite ein möglichst großes Quadrat von dem Rechteck ab.
Ein Rechteck bleibt übrig. Was fällt dir an den Seitenverhältnissen in diesem Rechteck auf?
Diskutiert zu zweit darüber und stellt eure Ergebnisse der Klasse vor.

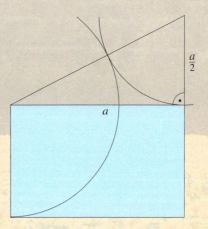

Der goldene Schnitt in der Malerei

6 Der Kupferstich „Adam und Eva" wurde von dem deutschen Maler Albrecht Dürer im Jahr 1504 entworfen.
Arbeitet in kleinen Gruppen. Beantwortet folgende Fragen und stellt eure Entdeckungen auf einem Plakat zusammen.
a) Die meisten Menschen sehen beim Betrachten des Bildes zuerst auf die beiden Feigenblätter. Die wichtigste Stelle des Bildes ist allerdings durch den Goldenen Schnitt festgelegt. Welche Stelle ist gemeint?
b) Recherchiert die Geschichte, die auf dem Bild dargestellt ist. Warum wird der Blick des Betrachters mit Hilfe des Goldenen Schnitts auf genau diese Stelle geführt?
c) Ist bei den Proportionen der Körper der Goldene Schnitt beachtet worden? Untersucht verschiedene Verhältnisse.

Ähnlichkeit

Vermischte Übungen

1 Zwei amerikanischen Forschern zufolge sind sich Hund und Besitzer tatsächlich ähnlich. Jedoch werden sich Mensch und Hund nicht immer ähnlicher, sondern der Mensch sucht sich einen ihm ähnlichen Hund aus.

a) Beschreibe die Ähnlichkeiten, die du jeweils feststellen kannst.
b) Nenne die Kriterien, die für die Ähnlichkeit im geometrischen Sinn gelten.

2 Finde ähnliche Figuren.

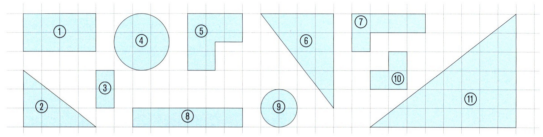

3 Zeichne ein Rechteck mit $a = 4{,}2$ cm und $b = 5{,}4$ cm in dein Heft.
a) Vergrößere das Rechteck mit $k = 2$ und verkleinere anschließend das Bild mit $k = \frac{1}{3}$.
b) Verkleinere das Rechteck mit $k = \frac{1}{2}$ und vergrößere das Bild anschließend mit $k = 4$.
c) Vergrößere zunächst mit $k = 1{,}5$ und anschließend das Bild wieder mit $k = 1{,}5$.
d) Führe die Schritte bei a) bis c) in umgekehrter Reihenfolge durch. Erhältst du das gleiche zweite Bild? Begründe.
e) Zeichne direkt das zweite Bild. Welchen Faktor k musst du wählen?
f) Formuliere eine Regel, wie das zweite Bild direkt entstehen kann.

4 „Die Kongruenz ist ein Spezialfall der Ähnlichkeit."
Nimm Stellung zu der Aussage. Zeige deine Ergebnisse anhand einer Zeichnung und verfasse eventuell einen Eintrag darüber in deinem Lerntagebuch.

5 Beschreibe Fehler, die bei folgenden Tätigkeiten auftreten können:
• Vergrößern und Verkleinern von Figuren
• Überprüfen, ob zwei Figuren ähnlich sind.

6 Vergrößere ein Original mehrmals hintereinander mit immer dem gleichen Faktor, sodass das jeweils entstandene Bild immer wieder vergrößert wird.
a) Gib den Faktor k vom Original bis zum letzten Bild nach 2 (3; 4; 5) Schritten an.
b) Der Faktor k sei a. Wie groß ist der Faktor k vom Original zum 2. (3.; 4.; 5.; n-ten) Bild?

7 Ein Modellauto ist im Maßstab 1 : 18 gebaut.
a) Die Höhe des Modellautos beträgt 7,9 cm. Wie hoch ist das Original?
b) Das Original ist 1,62 m breit. Wie breit ist das Modell?
c) Zeichne ein vereinfachtes Auto und vergrößere es mit $k = 3{,}5$.

Vermischte Übungen

8 Zeichne die Figur in dein Heft. Achte beim Zeichnen darauf, dass $\overline{AC}$ und $\overline{DE}$ parallel verlaufen. Die Größe der Winkel und die Länge der Strecken sind beliebig.

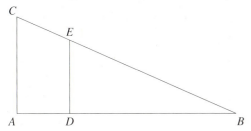

a) Miss die einzelnen Strecken und notiere ihre Länge.
b) Berechne die Quotienten und vergleiche sie. Was fällt dir auf?
① $\frac{\overline{AC}}{\overline{AB}}$ und $\frac{\overline{DE}}{\overline{BD}}$ ② $\frac{\overline{BC}}{\overline{BE}}$ und $\frac{\overline{AB}}{\overline{BD}}$
③ $\frac{\overline{AC}}{\overline{DE}}$ und $\frac{\overline{AB}}{\overline{BD}}$ und $\frac{\overline{BC}}{\overline{BE}}$
c) Zeichne ein weiteres Dreieck, bei dem $\overline{AC}$ und $\overline{DE}$ wieder parallel verlaufen, und berechne erneut die angegebenen Quotienten.

9 Übertrage die Figuren in den originalen Maßen in dein Heft. Zeichne jeweils eine dazu ähnliche Figur. Du kannst sie vergrößern oder verkleinern. Zeichne wie im Beispiel die Figuren so ineinander, dass immer zwei Seiten aufeinander liegen.
Bei welcher Figur können die Seiten nicht aufeinander liegen? Begründe.

BEISPIEL

a) b)

c) d)

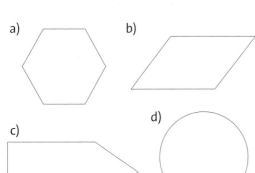

10 Ein Overhead-Projektor wird benutzt, um Dinge zu vergrößern.
a) Probiert die unterschiedlichen Einstellungen aus (scharf stellen, näher zur Wand etc.) und beobachtet, was passiert.
b) Projiziert eine Folie mit einer anderen Lichtquelle an die Wand. Vergleicht die Vorgehensweise und das Ergebnis mit der Projektion des Overhead-Projektors.
c) Fertigt eine beschriftete Skizze von der Arbeitsweise des Overhead-Projektors an.
d) Wie verlaufen die Strahlen zur Vergrößerung? Was ist hier anders?
e) Erklärt die Funktionsweise des Projektors schriftlich.
f) Tragt eure Ergebnisse im Kurs vor.

11 Mit einfachen Möglichkeiten kann man ein Schattentheater aufführen. Dabei kann man wie im Bild vor einer Wand oder auch hinter einer Leinwand – für den Zuschauer also nur als Schatten sichtbar – agieren.

a) Experimentiert mit einer Wand, einer Lichtquelle (am besten eignet sich ein Halogenstrahler) und eurem Schatten.
b) Lasst einen „Zwerg" und einen „Riesen" miteinander agieren.
c) Verfasst eine kleine Szene und spielt diese eurem Kurs vor.

HINWEIS
Löst die Aufgabenteile a) und b) gemeinsam in der Klasse.
Arbeitet danach zu zweit oder in kleinen Gruppen weiter.

Ähnlichkeit

12 ➡ Kennst du auch den Spruch „Über den Daumen peilen"?
Versuche den Durchmesser des Mondes mit Hilfe deines Daumens zu ermitteln. Die mittlere Entfernung von der Erde zum Mond beträgt 384 400 km.

052-1

HINWEIS
Über den Webcode gelangt man zu Seiten im Internet, die die nötigen Informationen zum Sonnensystem enthalten.

a) Informiere dich darüber, warum die Entfernung von der Erde zum Mond als „mittlere" Entfernung angegeben wird.
b) Plane, wie du den Durchmesser mit dem Daumen ermitteln möchtest und fertige eine Zeichnung an.
c) Ermittle den Durchmesser des Mondes mit diesen einfachen Mitteln. Vergleiche deinen Wert mit einem Wert aus dem Internet, einem Lexikon oder deinem Tafelwerk.
d) Wie groß war deine Abweichung in Prozent?
e) Wie erklärst du dir die Abweichung?

13 ➡ „Die Sonne ist 400-mal so weit weg von der Erde wie der Mond.
Der Durchmesser der Sonne ist 400-mal so groß wie der des Mondes."
a) Übersetze diesen Text in eine (nicht maßstabsgerechte) zentrische Streckung.
b) Wie lang müsste das Papier sein, wenn der Mond mit 2 mm Durchmesser gezeichnet würde und die Zeichnung maßstabsgerecht sein sollte?
c) Der Monddurchmesser beträgt 3 476 km und die mittlere Entfernung (schaue den Begriff im Internet nach) von der Erde zum Mond beträgt 384 400 km.
Berechne den Durchmesser der Sonne sowie ihre Entfernung zur Erde.

14 ➡ Der Monddurchmesser beträgt 3 476 km.

a) Wie kann man mit Hilfe des Monddurchmessers den Durchmesser der Sonne ermitteln? Welche Daten werden dazu noch benötigt? Eine Hilfe gibt dir das abgebildete Foto.
b) Informiere dich im Internet über die fehlenden Daten.
c) Fertige eine Skizze an, die du deiner Berechnung zu Grunde legst und ermittle den Sonnendurchmesser.

15 ➡ Informiere dich über die Durchmesser der Planeten und ihren Abstand zur Sonne. Trage die Werte wie folgt in einer Zeichnung zusammen:
1. Beginne auf einer Strecke von mindestens 31 cm Länge links mit der Sonne. Zeichne dann jeden Planeten auf der Strecke mit dem entsprechenden Abstand ein (Maßstab: 1 AE [Astronomische Einheit = der Abstand von der Erde zur Sonne] entspricht 1 cm).
2. Trage die Durchmesser der einzelnen Planeten als Senkrechte ein (1 000 km sollen 1 mm entsprechen).
a) Gibt es Planeten, die annähernd das gleiche Verhältnis von Abstand zur Sonne zu Durchmesser bzw. Radius haben? Überprüfe das, indem du versuchst, den einen Planeten auf den anderen von der Sonne aus zentrisch zu strecken.
b) Ist die Größe der Planeten auf dem Foto links maßstabsgerecht? Vergleiche mit deiner Zeichnung.
c) Wieso wird sich oft für eine nicht maßstabsgerechte Darstellung entschieden? Nenne mehrere Gründe.

Ähnlichkeit

Teste dich!

a

b

1 Welche Figuren sind zueinander ähnlich?

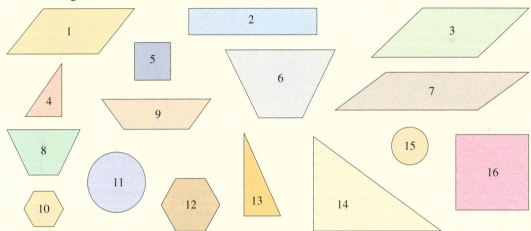

2 Ergänze die Sätze:
a) Zwei Figuren heißen zueinander ähnlich, …
b) Zwei Dreiecke sind zueinander ähnlich, … (Hauptähnlichkeitssatz).

3 Vergrößere und verkleinere das jeweilige Rechteck.
a) $a = 2$ cm; $b = 3$ cm; $k = 2$
b) $a = 4{,}5$ cm; $b = 3$ cm; $k = \frac{1}{3}$

a) $a = 4$ cm; $b = 3$ cm; $k = 1{,}5$
b) $a = 9{,}6$ cm; $b = 6{,}4$ cm; $k = \frac{1}{4}$

4 Zeichne zu dem Dreieck mit den Maßen $\alpha = 35°$, $\beta = 30°$ und $c = 7$ cm jeweils zwei ähnliche Dreiecke.

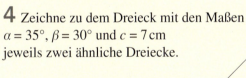

5 Ein Modellauto ist im Maßstab 1 : 25 gebaut.
a) Die Höhe des Modellautos beträgt 6,8 cm. Wie hoch ist das Original?
b) Das Original ist 3,20 m lang. Wie lang ist das Modell?
c) In welchem Maßstab wäre das Auto gebaut, wenn das Original 1,70 m breit wäre und das Modell 3,4 cm?

5 Ein Fachwerkträger hat die gegebene Form. Die Stäbe b und c sind Füllstäbe.

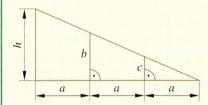

Die Längen $a = 2{,}4$ m und $h = 3{,}4$ m sind bekannt.
a) Berechne die Längen b und c.
b) Gib b und c prozentual in Abhängigkeit von h an.

HINWEIS
Brauchst du noch Hilfe, so findest du auf den angegebenen Seiten ein Beispiel oder eine Anregung zum Lösen der Aufgaben. Überprüfe deine Ergebnisse mit den Lösungen ab Seite 184.

Aufgabe	Seite
1	34
2	38
3	44
4	44
5	44

53

Ähnlichkeit

Zusammenfassung

→ Seite 34

Ähnlichkeit im geometrischen Sinn

Zwei Figuren heißen zueinander **ähnlich**, wenn sie durch maßstäbliches Vergrößern oder Verkleinern auseinander hervorgehen. Auch kongruente Figuren sind zueinander ähnlich.
Beim maßstäblichen Vergrößern oder Verkleinern bleibt die Form erhalten. Unbedeutend sind Farbe, Lage und Größe.

ähnliche Trapeze:

Hauptähnlichkeitssatz
Zwei Dreiecke sind zueinander ähnlich, wenn sie in der Größe von zwei Winkeln übereinstimmen.

ähnliche Dreiecke:

$\alpha = \beta = 60°$

→ Seite 40

Vergrößern und Verkleinern

Um Figuren maßstäblich zu vergrößern oder zu verkleinern, multipliziert man die Seitenlängen des Originals mit dem **Streckungsfaktor (Maßstab) k** und zeichnet das Bild mit den neu berechneten Längen.
Die Winkelgrößen ändern sich nicht.

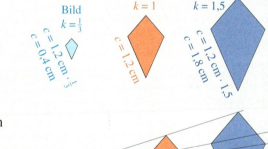

■ Maßstäbliches Vergrößern oder Verkleinern mit Hilfe einer **zentrischen Streckung**:
Das **Streckungszentrum** wird mit **Z** bezeichnet, der **Streckungsfaktor** mit **k**.
$k > 1$: maßstäbliche Vergrößerung
$k = 1$: Original und Bild identisch
$0 < k < 1$: maßstäbliche Verkleinerung

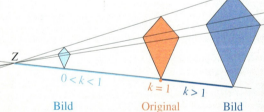

→ Seite 44

■ Strahlensätze

Bei sich schneidenden Geraden, die von Parallelen geschnitten werden, stehen alle entsprechenden Seiten im gleichen Verhältnis zueinander.
Es gilt:

$\frac{\overline{ZA'}}{\overline{ZA}} = \frac{\overline{ZB'}}{\overline{ZB}} = \frac{\overline{A'B'}}{\overline{AB}} = k$,

ebenfalls gilt:

$\frac{\overline{ZA}}{\overline{AA'}} = \frac{\overline{ZB}}{\overline{BB'}}$ und

$\frac{\overline{ZA'}}{\overline{AA'}} = \frac{\overline{ZB'}}{\overline{BB'}}$.

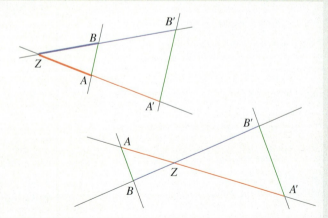

Satz des Pythagoras

Der Philosoph und Mathematiker Pythagoras wurde um etwa 570 v. Chr. auf der griechischen Insel Samos geboren. Er war einer der ersten, die Mathematik als Wissenschaft zum Zwecke einer höheren Welterkenntnis betrieben. Das Pythagoras-Denkmal in der nach ihm benannten Hafenstadt Pythagorio auf Samos wurde im Jahre 1988 errichtet.

Satz des Pythagoras

Noch fit?

1 Unterscheide folgende Dreiecke einmal nach ihren Seiten und einmal nach ihren Winkeln.

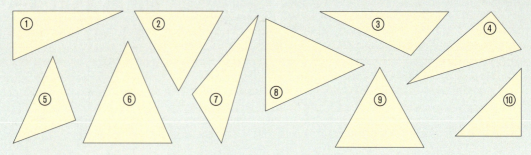

2 Fülle die Tabelle aus und gib das Ergebnis, wenn erforderlich, in der kleineren Einheit an.

a)
+	6 000 km	45 cm	36 dm
3 m			
0,098 km			
825,5 m			
$\frac{2}{5}$ km			
906,1 dm			

b)
+	45 cm²	5,1 dm²	7,2 m²
1,5 dm²			
400 cm²			
1,2 m²			
$\frac{1}{4}$ m²			
3,5 m²			

ZUR INFORMATION

Das Produkt aus zwei Summen berechnet man wie folgt:

$(a + b) \cdot (c + d)$

$= ac + ad + bc + bd$

Binomische Formeln:
$(a + b)^2$
$= a^2 + 2ab + b^2$

$(a - b)^2$
$= a^2 - 2ab + b^2$

$(a + b)(a - b)$
$= a^2 - b^2$

3 Konstruiere folgende Dreiecke. Gib die fehlenden Größen an. Entscheide, welche Dreiecksart jeweils konstruiert wurde.

a) gegeben: $a = 4$ cm, $b = 7,5$ cm, $c = 8,5$ cm

b) gegeben: $a = 7,3$ cm, $\beta = 45°$, $\gamma = 62°$

c) gegeben: $h_c = 3,9$ cm, $c = 8,9$ cm, $\beta = 47°$

4 Löse die Klammern auf.

a) $(a + b)^2$
b) $(x + y)^2$
c) $(x - 4)^2$
d) $(2a + 2b)^2$
e) $(5a - 4b)(5a + 4b)$
f) $(2x + 3y)(2x - 3y)$

5 Löse folgende Gleichungen.

a) $8,5 + x = 13$
b) $x - 2,7 = 5$
c) $5x + 4 = 49$
d) $6x - 5 = 43$
e) $4x + 3 = 2x + 19$
f) $11x - 5 = 7x + 47$
g) $\frac{x}{3} = 7,5$
h) $8 + \frac{x}{5} = 18$

6 Gib die Seitenlänge des Quadrats mit dem gegebenen Flächeninhalt an.

a) $A = 4$ cm²
b) $A = 1$ mm²
c) $A = 25$ km²
d) $A = 81$ cm²
e) $A = 36$ dm²
f) $A = 10 000$ cm²
g) $A = 196$ m²
h) $A = 0,09$ cm²

KURZ UND KNAPP

1. Setze die Klammern so, dass das Ergebnis 3 192 ist: $45 + 12 \cdot 16 - 8 \cdot 7$
2. Eine Miete wird von 419 € um 9 % erhöht. Wie viel Euro beträgt die Erhöhung?
3. Wie lang ist die Seite eines Quadrats, das einen Flächeninhalt von 169 cm² besitzt?
4. Das Dreifache und das Fünffache einer Zahl ergeben zusammen 184. Wie heißt die Zahl?
5. Wenn man die Seite eines Quadrats um 6 cm verlängert, so wird der Flächeninhalt um 312 cm² größer. Welche Länge hat die Seite des Quadrats?
6. Nenne alle Viereckarten, die auch Trapeze sind.

Quadratzahlen und Quadratwurzeln

Erforschen und Entdecken

1 Die Zahlen in der Tabelle wurden immer nach der gleichen Vorschrift gebildet.
a) Formuliere mit eigenen Worten, durch welche Rechenvorschrift diese Zahlen entstehen.
b) Die Zahlen wurden bewusst so dargestellt. Was fällt dir in den Zeilen und Spalten auf?
c) Kannst du noch andere Rechenvorschriften entdecken?

1	4	9	16	25	36	49	64	81	100
121	144	169	196	225	256	289	324	361	400
441	484	529	576	625	676	729	784	841	900
961	1024	1089	1156	1225	1296	1369	1444	1521	1600
1681	1764	1849	1936	2025	2116	2209	2304	2401	2500
2601	2704	2809	2916	3025	3136	3249	3364	3481	3600
3721	3844	3969	4096	4225	4356	4489	4624	4761	4900
5041	5184	5329	5476	5625	5776	5929	6084	6241	6400
6561	6724	6889	7056	7225	7396	7569	7744	7921	8100
8281	8464	8649	8836	9025	9216	9409	9604	9801	10000

2 Arbeitet zu viert. Schaut euch die Quadrate genau an. Ihr Flächeninhalt ist angegeben.
a) Gebt jeweils die Seitenlänge der Quadrate an.
b) Es sei $c = a_1 + a_2$ und $A_c = A_1 + A_2$.
Gehört dann auch zum Quadrat mit dem Flächeninhalt A_c die Seitenlänge c? Begründe dies oder erläutere, warum es nicht so sein kann.
c) Gib zu Aufgabenteil b) zum Quadrat mit der Seitenlänge c den zugehörigen Flächeninhalt sowie zum Quadrat mit dem Flächeninhalt A_c die zugehörige Seitenlänge an. Stelle beide Lösungen zeichnerisch dar. Nimm dazu das blaue und das gelbe Quadrat zu Hilfe.
d) Nils fragt sich: „$(-3) \cdot (-3)$ ist ja auch 9 und $(-4) \cdot (-4)$ ist auch 16. Gibt es dann auch Quadrate mit einer Seitenlänge von (-3) cm oder (-4) cm?"
Begründe deine Antwort.

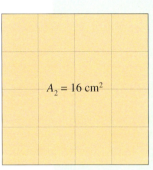

$A_1 = 9\ cm^2$

a_1

$A_2 = 16\ cm^2$

a_2

 057-1

BEACHTE
Unter dem obigen Webcode wird die Methode „Schreibgespräch" erklärt.

3 Familie Hubertus möchte ihr Bad neu fliesen. Im Baumarkt wählen sie eine quadratische Fliese mit einer Kantenlänge von 15 cm.
a) Wie groß ist der Flächeninhalt von einer Fliese?
b) Wie viele Fliesen benötigen sie mindestens, wenn ihr quadratisches Bad einen Flächeninhalt von $9\ m^2$ hat?
c) Hätten sie halb so viele Fliesen benötigt, wenn sie eine Fliese mit doppelt so langer Kantenlänge gewählt hätten?

4 Ordne die Zahlen der gelben und blauen Tafel nach einer gleich bleibenden Vorschrift einander zu und notiere deine Zuordnung. Beschreibe, wie du dabei vorgehst. Welche Zahlen kannst du nicht zuordnen? Begründe. Gib eventuell fehlende Zahlen an.

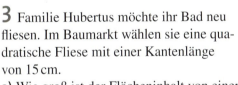

0,3   5
1,4   17 $\frac{1}{10}$
19   2,5
13   12   −16
−5   0,4
$\frac{4}{9}$

0,09   0,04
1,96   289
25   400
$\frac{1}{100}$ 6,25
144   0,16
0   −25

Satz des Pythagoras

Lesen und Verstehen

CD-Cover sind quadratisch. Sie sind 12 cm lang und 12 cm breit. Julia und ihre Schwester Mia wollen ihre CD-Cover in einem Riesenquadrat an ihrer Zimmerwand befestigen.

HINWEIS
Eine Zahl mit sich selbst zu multiplizieren nennt man auch „quadrieren".

Multipliziert man eine Zahl a mit sich selbst, erhält man das Produkt $a \cdot a = a^2$. Es ist a^2 die **Quadratzahl** von a.

BEISPIEL 1
Julia hat 49 CD-Cover. Sie könnte ein Quadrat aus $7 \cdot 7 = 49$ CD-Covern legen.
Man schreibt: $7^2 = 49$
Man liest: 7 hoch 2 gleich 49
Im Taschenrechner tippt man z. B.:
[7] [x²] [=]

Bei der Berechnung der Quadratzahlen kannst du die Quadrattaste [x²] deines Taschenrechners benutzen.

Die Umkehrung des Quadrierens nennt man Quadratwurzelziehen bzw. Wurzelziehen.

BEACHTE
Berechnet man die Seitenlänge eines Quadrats mit $A = 64\,cm^2$, so ist die Lösung nur 8. Obwohl $(-8) \cdot (-8)$ auch 64 ist, wird -8 als Lösung von $\sqrt{64}$ nicht zugelassen, da es keine negative Seitenlänge eines Quadrats gibt.

Zerlegt man eine positive Zahl a in zwei gleiche positive Faktoren x, so erhält man die Gleichung: $a = x \cdot x = x^2$.

Man nennt x die **Quadratwurzel** von a.
Für die Quadratwurzel x von a schreibt man auch $\sqrt{a}$.
Es gilt: $x = \sqrt{a}$

Den Term unter der Wurzel nennt man **Radikand**, er darf nicht negativ sein.

BEISPIEL 2
Mia gibt 15 Cover dazu. Mit 64 Covern legen sie ein Quadrat. Wie viele Cover liegen in einer Reihe? $x^2 = 64$
Man schreibt: $x = \sqrt{64}$
Man rechnet: $\sqrt{64} = 8$
Man liest: Wurzel aus 64 ist 8
Probe: $8 \cdot 8 = 64$

Quadratwurzel
$\sqrt{64} = 8$ ← Wert der Quadratwurzel
Radikand (darf nicht negativ sein)
Im Taschenrechner tippt man z. B.:
[√] [6] [4] [=]

Quadratwurzeln berechnet man im Taschenrechner mit der Taste [√].

HINWEIS
Man sagt: 8 ist die Quadratwurzel aus 64, da $8 \cdot 8 = 64$ ist, kurz $8^2 = 64$. Wir sagen auch: Die Quadratwurzel aus 64 ist 8, also die Zahl, die mit sich selbst multipliziert 64 ergibt.

Rechnen mit Quadratwurzeln
- Beim *Addieren (Subtrahieren)* von Quadratwurzeln darf man die Radikanden nicht addieren (subtrahieren).
- Gleiche Radikanden dürfen mit dem Distributivgesetz zusammengefasst werden.
- Beim *Multiplizieren* von Quadratwurzeln darf man die Radikanden multiplizieren.

BEISPIEL 3
$\sqrt{9} + \sqrt{16} = 3 + 4 = 7$ [√][9][+][√][1][6][=]
aber:
$\sqrt{9 + 16} = \sqrt{25} = 5$ [√][(][9][+][1][6][)][=]
$5\sqrt{6} - 2\sqrt{6} = (5-2)\sqrt{6} = 3\sqrt{6} \approx 7{,}35$
[3][×][√][6][=]
$\sqrt{a} \cdot \sqrt{a} = \sqrt{a \cdot a} = \sqrt{a^2} = a$
$\sqrt{a} \cdot \sqrt{b} = \sqrt{a \cdot b}$
$\sqrt{3} \cdot \sqrt{12} = \sqrt{3 \cdot 12} = \sqrt{36} = 6$
[√][(][3][×][1][2][)][=]

Quadratzahlen und Quadratwurzeln

Üben und Anwenden

1 Quadriere die Zahlen von 0 bis 25 und präge dir die Ergebnisse ein. Lass dich von deinem Tischnachbarn abfragen.

2 Bestimme die Quadratwurzel.
a) $\sqrt{16}$ b) $\sqrt{49}$ c) $\sqrt{169}$ d) $\sqrt{361}$
e) $\sqrt{625}$ f) $\sqrt{441}$ g) $\sqrt{900}$ h) $\sqrt{2500}$

3 Ergänze die Tabelle im Heft.

a)
Quadratzahl	64	81	324	529	625
Quadratwurzel					

b)
Quadratzahl					
Quadratwurzel	11	17	21	32	40

c)
Quadratzahl	169		484		361
Quadratwurzel		26		50	

4 Berechne. Was stellst du fest?
a) $11^2 = $; $1{,}1^2 = $; $0{,}11^2 = $
b) $17^2 = $; $1{,}7^2 = $; $0{,}17^2 = $
c) $21^2 = $; $2{,}1^2 = $; $0{,}21^2 = $
d) $6^2 = $; $0{,}6^2 = $; $0{,}06^2 = $

5 Berechne im Kopf.
a) $\sqrt{0{,}04}$ b) $\sqrt{0{,}25}$ c) $\sqrt{0{,}09}$ d) $\sqrt{0{,}49}$
e) $\sqrt{1{,}21}$ f) $\sqrt{0{,}009}$ g) $\sqrt{0{,}0036}$ h) $\sqrt{0{,}0144}$

6 Bestimme die Quadratwurzel.
a) $\sqrt{1{,}44}$ b) $\sqrt{1{,}69}$ c) $\sqrt{2{,}25}$ d) $\sqrt{2{,}89}$
e) $\sqrt{0{,}01}$ f) $\sqrt{0{,}04}$ g) $\sqrt{0{,}25}$ h) $\sqrt{0{,}09}$

7 Berechne. Beachte die Randspalte.
a) 1^2; 10^2; 100^2; 1000^2; 10000^2
b) $(-2)^2$; $(-7)^2$; $(-12)^2$; $(-21)^2$; 0^2
c) $(\frac{3}{4})^2$; $\frac{3^2}{4}$; $\frac{3}{4^2}$; $(-\frac{3}{4})^2$; $-(\frac{3}{4})^2$
d) $(-11)^2$; -11^2; $-(-11)^2$; $\frac{19^2}{13}$

8 Berechne im Kopf. Welche Aufgaben haben keine Lösung? Beachte die Randspalte.
a) $\sqrt{16}$; $\sqrt{36}$; $\sqrt{361}$; $\sqrt{225}$; $\sqrt{81}$
b) $\sqrt{0}$; $\sqrt{1}$; $\sqrt{\frac{4}{9}}$; $\frac{\sqrt{4}}{9}$; $\frac{4}{\sqrt{9}}$
c) $\sqrt{25}$; $\sqrt{-25}$; $-\sqrt{25}$; $-\sqrt{-25}$; $\sqrt{-(-25)}$
d) $\sqrt{0{,}16}$; $\sqrt{\frac{4}{81}}$; $\sqrt{\frac{9}{625}}$; $\sqrt{\frac{81}{400}}$; $\sqrt{\frac{324}{361}}$
e) $\sqrt{1600}$; $\frac{\sqrt{-1}}{9}$; $\sqrt{0{,}01}$; $\frac{\sqrt{-4}}{81}$; $\frac{-\sqrt{4}}{81}$

9 Überprüfe, ob die Additionsmauern richtig ausgefüllt sind.

a)   b)

10 Überprüfe, ob die Multiplikationsmauern richtig ausgefüllt sind.

a)    b)

11 Vervollständige die angegebenen Zahlenmauern mit Quadratzahlen.
Additionsmauern
a) 5^2 12^2 b) 3^2 c)

Multiplikationsmauern
d) 8^2 14^2 e) 16^2 f)

12 Eine Zahl wie 703 hat besondere Eigenschaften. Quadriert man die Zahl $703^2 = 494209$ und teilt die Quadratzahl in 494 und 209 auf, so ist die Summe $494 + 209$ wieder 703. Überprüfe, ob diese Regel für die folgenden Zahlen gilt:
9; 45; 55; 99; 297; 999; 2223; 2728; 4879; 4950; 5050; 5292; 7272; 7777 und 9999

13 Eine quadratische Fliese hat eine Kantenlänge von 12,5 cm.
a) Wie groß ist ihr Flächeninhalt?
b) Wie viele Fliesen benötigt man für eine quadratische Terrasse von $6{,}25\,m^2$?

14 Wie verändert sich die Fläche eines Quadrates, wenn seine Seitenlänge verdoppelt (verdreifacht) wird?

15 Eine $1\,m^2$ große Fläche wird mit 2500 quadratischen Steinen ausgelegt.
a) Welche Kantenlänge hat ein Stein?
b) Wie viele Steine benötigt man für eine Fläche von $72{,}75\,m^2$?

AUFGEPASST
Quadriert man den Bruch $\frac{a}{b}$, so gilt:
$(\frac{a}{b})^2 = \frac{a}{b} \cdot \frac{a}{b} = \frac{a^2}{b^2}$

BEISPIEL
$(\frac{4}{5})^2 = \frac{4^2}{5^2} = \frac{16}{25}$

AUFGEPASST
Bei der Division von Quadratwurzeln gilt folgende Regel:
$\frac{\sqrt{a}}{\sqrt{b}} = \sqrt{\frac{a}{b}}$

BEISPIEL
$\frac{\sqrt{4}}{\sqrt{16}} = \sqrt{\frac{4}{16}}$

Satz des Pythagoras

16 ➡ Korrigiere den Fehler. Erkläre, was falsch gemacht wurde.
a) $6{,}8^2 = 46{,}25$ b) $-71^2 = 5041$
c) $2{,}7^2 = 2{,}79$ d) $435^2 = 1925$
e) $0{,}8^2 = 6{,}4$ f) $1{,}2^2 = 14{,}4$

17 ➡ Finde mindestens drei Beispiele zu den Fragen.
a) Bei welchen Zahlen erhält man beim Wurzelziehen eine kleinere Zahl?
b) Bei welchen Zahlen erhält man beim Wurzelziehen eine größere Zahl?

18 Gibt es Zahlen, aus denen man die Wurzel zieht und das Ergebnis wieder die gleiche Zahl ergibt?

19 ➡ Finde Begründungen, warum einige Zahlen die gleiche Endziffer haben wie ihre Quadratwurzeln. Beispielsweise hat das Ergebnis der Quadratwurzel von 625 auch die Endziffer 5.

20 Ordne die Endziffern zu.

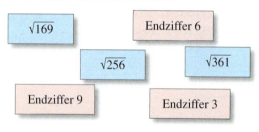

AUFGEPASST
Quadriert man ein Produkt, so wird jeder Faktor quadriert:
$(ab)^2 = a^2 b^2$

BEISPIEL
$(2 \cdot 3)^2 = 2^2 \cdot 3^2$

21 ➡ Begründe oder widerlege folgende Aussagen.
a) Die Summe des Quadrats zweier Zahlen ergibt den gleichen Wert wie das Quadrat der Summe dieser beiden Zahlen.
b) Das Produkt des Quadrats zweier Zahlen ergibt den gleichen Wert wie das Quadrat des Produkts dieser beiden Zahlen.

22 Berechne mit dem Taschenrechner.
a) $-11{,}45^2$ b) $(-265{,}11)^2$
c) $-(-3{,}045)^2$ d) $-0{,}0022^2$
e) $7{,}43^2 \cdot 6$ f) $2{,}8 \cdot 5{,}6^2$
g) $2{,}4^2 \cdot 5{,}6^2$ h) $(2{,}3 \cdot 8{,}7)^2$
i) $23{,}8^2 + 12{,}89$ j) $22{,}3^2 - 12{,}5^2$
k) $(15{,}1 + 67{,}9)^2$ l) $(3{,}7^2 - 1{,}2^2) \cdot 4{,}5$

23 Berechne mit dem Taschenrechner. Runde die Ergebnisse auf zwei Stellen nach dem Komma.
a) $\sqrt{3{,}1}$ b) $\sqrt{21}$
c) $\sqrt{0{,}045}$ d) $\sqrt{300}$
e) $\sqrt{3{,}69} \cdot 1{,}45$ f) $7{,}59 \cdot \sqrt{2{,}67}$
g) $431{,}9 + \sqrt{7394{,}1}$ h) $\sqrt{8{,}9} - \sqrt{1{,}8}$
i) $\sqrt{2{,}9} \cdot \sqrt{3{,}1}$ j) $\sqrt{0{,}3} + \sqrt{1{,}8}$
k) $\sqrt{8{,}4} - \sqrt{2{,}3}$ l) $\sqrt{1{,}94} + 2{,}6$

24 ➡ Viele Taschenrechner verfügen über ein „Natural display". Damit werden z. B. Brüche und Quadratwurzeln auf die gleiche Weise eingegeben und angezeigt, wie sie in einem Mathematikbuch erscheinen.

a) Gibt man $\sqrt{75}$ ein, zeigt der Rechner $5\sqrt{3}$ an. Findet zu zweit heraus, wie der Taschenrechner gerechnet hat.
b) Überprüfe, ob $2\sqrt{6} = \sqrt{24}$ ist. Finde eine Erklärung.
c) Erfinde weitere Aufgaben dieser Art. Lass dir deine Aufgaben von deinem Partner erklären und umgekehrt.

25 Berechne, ohne den Taschenrechner zu benutzen. Beachte die Randspalte.
a) $(\sqrt{64})^2$ b) $(-\sqrt{37})^2$ c) $\sqrt{8{,}5^2}$
d) $(\sqrt{0{,}00125})^2$ e) $(2\sqrt{7})^2$ f) $4\sqrt{0{,}5^2}$

26 ➡ Was fällt dir auf?
a) Berechne.
$(\sqrt{9})^2;\ \sqrt{9^2};\ \sqrt{14^2};\ (\sqrt{14})^2$
b) Vergleiche.
$(\sqrt{6})^2;\ \sqrt{6^2};\ (\sqrt{-6})^2;\ \sqrt{(-6)^2}$
c) Wie würdest du vorgehen, um $(\sqrt{5})^2$ zu berechnen?

27 ➡ Warum ist $\sqrt{9} + \sqrt{16}$ nicht gleich $\sqrt{9+16}$? Begründe.
Finde eine ähnliche Aufgabe, die dann dein Tischnachbar begründen soll.

Quadratzahlen und Quadratwurzeln

28 ➡ Im Buch „Konrad oder das Kind aus der Konservenbüchse" von Christine Nöstlinger erklärt Konrad seiner Mutter Berti Bartolotti das Wurzelziehen. Sie hat allerdings von der Wurzel einer Zahl überhaupt keine Ahnung.

> Berti Bartolotti: „Bäume haben Wurzeln, Blumen haben Wurzeln. Und aus der Wurzel vom gelben Enzian macht man Enzianschnaps. […] Und eine Hundertvierundvierzigerwurzel soll es auch geben? Macht man aus der auch Schnaps?"
> „Die Wurzel aus vier ist zwei" erklärte ihr der Konrad, „und die Wurzel aus neun ist drei, und die Wurzel aus sechzehn ist vier."
> „Dann sind also zwei und drei und vier unter der Erde!" rief die Frau Bartolotti fröhlich. Der Konrad wollte die Wurzeln weiter erklären, doch da klingelte es an der Wohnungstür.

a) Lest den Auszug aus dem Roman mit verteilten Rollen laut vor.
b) Wie hätte Konrad die Wurzeln noch erklären können? Schreibt einen kurzen Text.
c) Stellt eure Texte der Klasse vor. Korrigiert die Texte gegebenenfalls.

29 ➡ Eine Zahl quadrieren heißt, die Zahl mit sich selbst zu multiplizieren. Begründe durch das Finden von Beispielen bzw. Gegenbeispielen.
a) Bei welchen Zahlen ergibt das Quadrieren eine größere Zahl?
b) Bei welchen Zahlen ergibt das Quadrieren eine kleinere Zahl?
c) Gibt es Zahlen, die sich beim Quadrieren nicht ändern?
d) Kann man beim Quadrieren negative Zahlen erhalten?

30 Ein Rechteck soll in ein flächengleiches Quadrat umgewandelt werden. Welche Seitenlänge hat das Quadrat?
a) $a = 24$ m; $b = 6$ m
b) $A = 90{,}25$ m^2; $b = 50$ cm
c) $a = 700$ cm; $b = 28$ m
d) $a = 0{,}27$ m; $A = 8100$ cm^2
e) $a = 30{,}25$ cm; $b = 1{,}6$ dm

31 ➡ Berechne im Kopf. Was fällt dir auf? Formuliere anschließend eine allgemeine Regel in Bezug auf die Nachkommastellen.
a) 13^2; $1{,}3^2$; $0{,}13^2$; $0{,}013^2$
b) $0{,}2^2$; $0{,}02^2$; $0{,}002^2$; $0{,}0002^2$
c) 15^2; $1{,}5^2$; $0{,}15^2$; $0{,}015^2$
d) $\sqrt{400}$; $\sqrt{4}$; $\sqrt{0{,}04}$; $\sqrt{0{,}0004}$
e) $\sqrt{900}$; $\sqrt{9}$; $\sqrt{0{,}09}$; $\sqrt{0{,}0009}$
f) $\sqrt{1600}$; $\sqrt{16}$; $\sqrt{0{,}16}$; $\sqrt{0{,}0016}$

32 Ein Wohnzimmer von 5,5 m Länge und 4,8 m Breite wird mit quadratischen Fliesen ausgelegt, die eine Kantenlänge von 30 cm (25 cm) haben.
a) Wie viele Fliesen sind nötig?
b) Begründe, warum die berechnete Anzahl eine Mindestzahl angibt.

33 In einem Partyraum soll eine quadratische Fläche mit 144 kleinen Spiegelkacheln der Größe 15 cm × 15 cm beklebt werden.

a) Wie viele Spiegelkacheln bilden den Rand der beklebten quadratischen Fläche?
b) Wie lang ist die Seitenlänge der beklebten quadratischen Fläche?
c) Wie groß ist der Flächeninhalt der beklebten quadratischen Fläche?

34 Herr Schmidt hat neun Kartons mit jeweils vier Fliesen gekauft, die eine Größe von 15 cm × 15 cm haben.
a) Welche Flächengröße kann er damit fugenlos fliesen?
b) Gib die Maße der größten quadratischen Fläche an, die er mit den Fliesen verlegen kann.

HINWEIS
Christine Nöstlinger: „Konrad oder das Kind aus der Konservenbüchse"; 1975, Oetinger, Hamburg.

ZUM KNOBELN
Ein Mann sagte: „Ich bin x Jahre alt im Jahre x^2 des 20. Jahrhunderts." Wann wurde der Mann geboren? Haben Menschen im 21. Jahrhundert die Chance, einen ähnlichen Satz zu sagen?

Satz des Pythagoras

ZUR INFORMATION
Das Wurzelzeichen ist aus einem kleinen „r" entstanden. Das war die Abkürzung für „radix" (lateinisch: Wurzel).
Im 13. Jahrhundert schrieb Leonardo Fibonacci noch für die Quadratwurzel einer Zahl folgendes Zeichen, in dem ein großes „R" und ein „x" erkennbar sind.

Die heutige Schreibweise stammt aus dem 16. Jahrhundert.

35 Im Thronsaal des Schlosses Neuschwanstein ist der Fußboden mit einem Mosaik geschmückt, das das Leben der Tiere auf unserer Erde darstellt.

a) Wie viele quadratische Steinchen mit 1,2 cm Kantenlänge werden benötigt, wenn der Thronsaal 20 m breit und 23 m lang ist?
b) Wie ändert sich die Anzahl der Steinchen pro m², wenn die Kantenlänge eines Steinchens verdoppelt wird?

36 ▶ Es gibt Quadratzahlen, die kleiner als ihre Quadratwurzel sind.
a) Nenne fünf Beispiele.
b) Formuliere eine allgemeine Regel.

37 ▶ In den Taschenrechner mit „Natural Display" wird in die obere Zeile die Aufgabe eingetippt. Unten rechts erscheint das Ergebnis.
a) Erkläre, wie der Taschenrechner zu diesen Ergebnissen kommt.

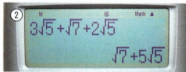

b) Finde einen Rechenweg. Beschreibe ihn.

38 Zahlenmauern
a) Überprüfe, ob die Zahlenmauern richtig ausgefüllt sind. Korrigiere, wenn nötig, und vervollständige sie im Heft.

① Additionsmauer

② Multiplikationsmauer

b) Erstelle zu ① und zu ② jeweils zwei weitere Zahlenmauern mit Wurzelzeichen.
c) Beschreibt, wie ihr vorgegangen seid. Notiert eure Ergebnisse und Vermutungen auf einem Plakat oder einer Folie.

39 Man kann 400 geschickt quadrieren, indem man erst 4 und dann 100 quadriert. Berechne wie im Beispiel.
BEISPIEL $400^2 = (4 \cdot 100)^2 = 4^2 \cdot 100^2$
$= 16 \cdot 10000 = 160000$
a) 30^2 b) 80^2 c) 600^2 d) 700^2 e) 130^2

40 Rechne vorteilhaft.
BEISPIEL $\sqrt{2} \cdot \sqrt{8} = \sqrt{2 \cdot 8} = \sqrt{16} = 4$
a) $\sqrt{5} \cdot \sqrt{20}$ b) $\sqrt{6} \cdot \sqrt{24}$ c) $\sqrt{8} \cdot \sqrt{32}$
d) $\sqrt{5} \cdot \sqrt{45}$ e) $\sqrt{6} \cdot \sqrt{54}$ f) $\sqrt{8} \cdot \sqrt{98}$

41 Aus einem Produkt kann man die Wurzel ziehen, indem man aus jedem Faktor die Wurzel zieht.
Berechne wie im Beispiel.
BEISPIEL $\sqrt{400} = \sqrt{4 \cdot 100} = \sqrt{4} \cdot \sqrt{100}$
$= 2 \cdot 10 = 20$
a) $\sqrt{900}$ b) $\sqrt{8100}$ c) $\sqrt{62500}$
d) $\sqrt{0,09}$ e) $\sqrt{0,36}$ f) $\sqrt{1,21}$

42 Lässt man einen Stein von einem Turm fallen, so kann man anhand der Zeit, die der Stein benötigt, die Turmhöhe mit der Faustformel $s = 5\,t^2$ (s = Höhe in m, t = Zeit in s) bestimmen. Berechne die Turmhöhe.
a) $t = 3$ s b) $t = 6,5$ s c) $t = 11$ s

43 Weiß man die Höhe eines Turms, so kann man berechnen, wie lange ein Stein fällt. Berechne mit der Faustformel die Fallzeit.
$t^2 = \frac{s}{5}$ (t = Zeit in s, s = Höhe in m)
a) $s = 20$ m b) $s = 85$ m c) $s = 250$ m

Der Satz des Pythagoras

Erforschen und Entdecken

1 Der Künstler Max Bill verwendete für dieses Kunstwerk „Thema 3:4:5" einen mathematischen Zusammenhang aus der Geometrie. Arbeitet zu zweit.
a) Betrachtet das Bild und beschreibt es.
b) Was meint der Künstler mit „Thema 3:4:5"?
c) Kann man ein solches Bild aus Quadraten auch zum Thema 4:5:6 oder 5:12:13 finden?
d) Findet andere geeignete Zahlenkombinationen und erklärt, wie sie aufgebaut sind. Begründet.
e) Sucht in dem Bild des Künstlers Max Bill verschieden große Quadrate und vergleicht sie miteinander.
f) Findet Möglichkeiten, die Größe (den Flächeninhalt) der verschiedenen Quadrate miteinander zu vergleichen. Versucht herauszufinden, wie viele der kleinen bunten Quadrate jeweils auf die größeren Quadrate passen. Könnt ihr auch herausfinden, wie viele der kleinen bunten Quadrate auf eines der schwarzen Dreiecke passen?

063-1

BEACHTE
Über den Webcode kann mit einer DGS erkundet werden, ob Max Bill das innere Quadrat auch anders in das äußere hätte einbauen können.

Pythagoras

2 Teilt euch in drei Gruppen ein. Jede Gruppe bearbeitet ein Thema. Erstellt zum Thema eine Präsentation. Tragt diese anschließend in der Klasse vor.

Thema 1: Bringt ein langes Seil mit. Die Länge sollte sich durch 12 teilen lassen, z. B. 6 m, 2,40 m, 1,80 m. Stellt euch vor, ihr befindet euch im alten Ägypten. Jährlich nach der großen Nilüberschwemmung war das Problem zu lösen, rechtwinklige Felder neu zu vermessen und neu zu konstruieren. Das gelang mit einem Harpedonaptenseil. Stellt dieses Seil selbst her.
- Stellt eine Knotenschnur mit 12 Längeneinheiten (z. B. 1 LE = 6 cm) her. Spannt verschiedene Dreiecke auf.
- Findet heraus, wie sich mit Hilfe des Seils rechte Winkel konstruieren lassen. Welches rechtwinklige Dreieck entsteht? Wie lang sind die Seiten dieses Dreiecks?
- Funktioniert dies auch mit Seilen, die andere Knotenanzahlen besitzen?

Thema 2: Konstruiert rechtwinklige Dreiecke mit Hilfe einer dynamischen Geometrie-Software. Messt jeweils die Seitenlängen. Konstruiert auch rechtwinklige Dreiecke mit nur ganzzahligen Seitenlängen.

Thema 3: Bereitet ein Quadratpuzzle vor, das die Entdeckung des Satzes des Pythagoras ermöglicht. Recherchiert dazu nach Beweisen in Büchern oder im Internet (siehe Randspalte).

063-2

BEACHTE
Unter dem Webcode ist eine Linkliste zu den Puzzle-Beweisen zum Satz des Pythagoras hinterlegt.

Satz des Pythagoras

Lesen und Verstehen

In der „Mitmach-Welt" im Potsdamer Exploratorium ist ein drehbares Ausstellungsstück zum Satz des Pythagoras zu sehen. Im Zentrum befindet sich ein rechtwinkliges Dreieck. In Bild ① ist das größte Quadrat mit Sand gefüllt. Dreht man die Konstruktion um 180°, rieselt der gesamte Sand in die beiden anderen Quadrate (Bild ②), bis sie vollständig gefüllt sind (Bild ③).

HINWEIS
Dreht man nach Bild 3 die Konstruktion wieder um, so füllt sich wieder das Hypotenusenquadrat.

Für die Seiten eines rechtwinkligen Dreiecks gilt Folgendes:

> In einem rechtwinkligen Dreieck wird die Seite, die dem rechten Winkel gegenüberliegt, Hypotenuse genannt.
> Sie ist die längste Seite im Dreieck.
> Die beiden Seiten, die den rechten Winkel einschließen, heißen Katheten. Sie sind die beiden kürzeren Seiten im Dreieck.

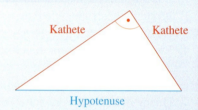

Satz des Pythagoras
Bei allen rechtwinkligen Dreiecken ist die Summe der Flächeninhalte der Kathetenquadrate gleich dem Flächeninhalt des Hypotenusenquadrats.
Ist das Dreieck wie im Bild bezeichnet, gilt:
$a^2 + b^2 = c^2$
Umgekehrt gilt: Wenn in einem Dreieck mit den Seiten a, b, c die Beziehung $a^2 + b^2 = c^2$ besteht, dann ist das Dreieck rechtwinklig. Die Hypotenuse ist c.

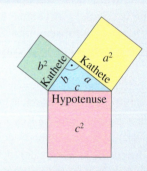

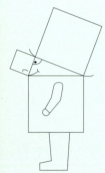

Mit dem Satz des Pythagoras lässt sich eine fehlende Seitenlänge berechnen.

BEISPIEL
In einem Dreieck sind $a = 3\,\text{cm}$, $b = 4\,\text{cm}$, $\gamma = 90°$ gegeben. Berechne c.
Lösung: $c^2 = a^2 + b^2$
$c^2 = (3\,\text{cm})^2 + (4\,\text{cm})^2$
$c^2 = 9\,\text{cm}^2 + 16\,\text{cm}^2$
$c^2 = 25\,\text{cm}^2 \qquad |\sqrt{}$
$c = \sqrt{25\,\text{cm}^2}$
$c = 5\,\text{cm}$

Planfigur

Berechne die fehlende Kathete b.
gegeben: $a = 9\,\text{cm}$, $c = 15\,\text{cm}$, $\gamma = 90°$
Lösung: $a^2 + b^2 = c^2 \qquad |-a^2$
$\qquad\qquad b^2 = c^2 - a^2$
$b^2 = (15\,\text{cm})^2 - (9\,\text{cm})^2$
$b^2 = 225\,\text{cm}^2 - 81\,\text{cm}^2$
$b^2 = 144\,\text{cm}^2 \qquad |\sqrt{}$
$b^2 = \sqrt{144\,\text{cm}^2}$
$b = 12\,\text{cm}$

Planfigur
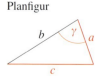

ZUM WEITERARBEITEN
Zeichne selbst so ein Pythagorasmännchen.

Üben und Anwenden

1 Übertrage das „Pythagoraspuzzle" auf ein Blatt Papier. Schneide die farbigen Teile aus und lege sie zum Hypotenusenquadrat zusammen. Präsentiere dein Ergebnis in geeigneter Form der Klasse.

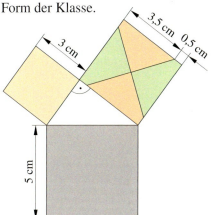

2 Der Satz des Pythagoras kann mit Hilfe der dynamischen Geometrie-Software erkundet werden. Nutze den Webcode.

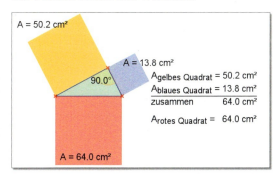

3 Gib die Katheten und die Hypotenuse an. Notiere die Gleichung, die sich nach dem Satz des Pythagoras ergibt.

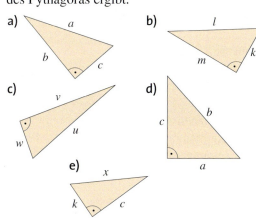

4 Zeichne das Dreieck. Ist die längste Seite Hypotenuse eines rechtwinkligen Dreiecks? Überprüfe durch eine Rechnung.
a) $a = 5\,cm$; $b = 6{,}5\,cm$; $c = 9\,cm$
b) $a = 3{,}5\,cm$; $b = 6{,}5\,cm$; $c = 4{,}5\,cm$
c) $a = 4\,cm$; $b = 3{,}4\,cm$; $c = 2{,}4\,cm$

5 Gib die Katheten und die Hypotenuse an. Berechne die fehlende Seitenlänge des rechtwinkligen Dreiecks.

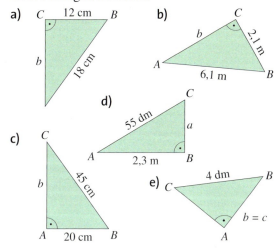

6 Suche rechtwinklige Dreiecke. Schreibe alle Gleichungen auf, die sich nach dem Satz des Pythagoras ergeben.

① 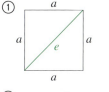 ②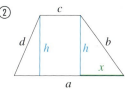

③   ④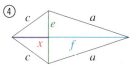

7 Berechne im Dreieck ABC mit $\gamma = 90°$ …
a) die fehlende Hypotenuse c.
  ① $a = 1{,}5\,cm$, $b = 2\,cm$
  ② $a = 1{,}5\,cm$, $b = 3{,}6\,cm$
  ③ $a = 2{,}5\,cm$, $b = 6\,cm$
b) die fehlende Kathete.
  ① $a = 1{,}2\,cm$, $c = 2\,cm$
  ② $b = 12\,cm$, $c = 37\,cm$
  ③ $a = 8\,cm$, $c = 17\,cm$

Der Satz des Pythagoras

🌐 **065-1**

BEACHTE
Unter dem Webcode gibt es das Puzzle zu Aufgabe 1 zum Ausdrucken und Ausschneiden.

🌐 **065-2**

BEACHTE
Über den Webcode kann Aufgabe 2 mit einer DGS erkundet werden.

AUFGEPASST
Mit einer beschrifteten Planfigur, in der die gegebenen Stücke farbig eingezeichnet sind, ist es leichter, die Pythagoras-Gleichung aufzustellen.

65

Satz des Pythagoras

HINWEIS
Pythagoräische Zahlentripel, wie z. B. (3, 4, 5), bestehen aus drei natürlichen Zahlen, die als Seitenlängen ein rechtwinkliges Dreieck ergeben. Nenne weitere solcher Zahlentripel, mit denen ein rechter Winkel hergestellt werden kann.

8 Ist das Dreieck rechtwinklig?
a) $a = 3{,}2\,cm$; $b = 2{,}4\,cm$; $c = 4\,cm$
b) $a = 2{,}5\,cm$; $b = 6{,}5\,cm$; $c = 6\,cm$
c) $a = 5{,}2\,cm$; $b = 2\,cm$; $c = 4{,}8\,cm$

9 Der rechte Winkel des Dreiecks ABC liegt im gegebenen Eckpunkt. Berechne die fehlende Seite.

	90° bei	Seite a	Seite b	Seite c
a)	A		3 cm	4 cm
b)	B	8 cm		18 cm
c)	C		4,5 cm	8,5 cm
d)	A	1 dm	6 cm	
e)	B		15 cm	128 mm

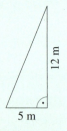

10 „Rasenlatscher" sind Fußgänger, die gerne Wege abkürzen (siehe Randspalte).
a) Wie viel Meter werden gespart?
b) Wie viele Schritte benötigt man für jeden der beiden Wege (Schrittlänge 80 cm)?

11 Berechne Umfang und Flächeninhalt der Raute mit: $e = 1{,}4\,cm$, $c = 1{,}5\,cm$.

12 Wie weit steht eine 4 m lange Leiter von einer senkrechten Wand ab, wenn das obere Ende der Leiter 3,90 m hoch liegen soll?

13 Wie hoch reicht eine 5 m lange Leiter, die 1,71 m von der Wand entfernt steht, wenn der Winkel $\alpha = 70°$ betragen soll?

14 Die als Pylon bezeichneten rot-weißen Kegel haben in der Standardgröße eine 51 cm lange Seitenlinie s und am Fuß einen Durchmesser von 19 cm. Berechne ihre Höhe.

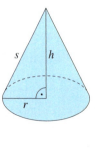

15 In einigen handwerklichen Berufen muss man aus Latten ein Maßwerkzeug für rechte Winkel herstellen können.

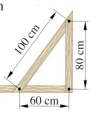

Finde weitere natürliche Zahlen, mit denen ein rechter Winkel hergestellt werden kann.

16 Sind die gegebenen drei Zahlen Pythagoräische Zahlentripel (siehe Randspalte)?
Erkläre, wie man das herausfindet.
a) 20, 21, 29   b) 19, 180, 181
c) 20, 100, 101   d) 20, 99, 101

17 ➡ Wenn $a^2 + b^2 = c^2$ ist, ist dann $a + b = c$? Erkläre.

18 ➡ Welche der folgenden Aussagen ist zutreffend? Begründe.
a) Die Summe der Katheten kann nicht genauso groß sein wie die Hypotenuse.
b) Die Summe der Katheten kann ebenso groß sein wie die Hypotenuse.
c) Die Summe der Katheten kann größer sein als die Hypotenuse.
d) Die Summe der Katheten kann kleiner sein als die Hypotenuse.

19 Bei einem Herbststurm wurde ein Baum abgeknickt. Die Höhe des noch stehenden Stamms beträgt 4,8 m. Die Baumkrone liegt in 5,5 m Entfernung zum Fuß des Baumes. Wie hoch war der Baum?

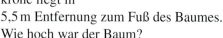

20 Aus einem kreisrunden Baumstamm soll ein Balken mit einem Querschnitt von 14 cm mal 22,5 cm gesägt werden. Welchen Durchmesser muss der Baumstamm dafür mindestens haben? Fertige eine Skizze an.

21 Nils möchte mit seinem Mountainbike den Berg hinunterfahren. Zur Bergstation gelangt er mit der Gondel.

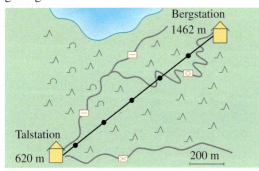

a) Welche Strecke legt die Gondel in Wirklichkeit zurück?
b) Welche Steigung hat die Gondel durchschnittlich?
c) Welche Strecke legt Nils ungefähr mit dem Mountainbike zurück?

22 Die Fluggesellschaft Martin Air hat einen besonderen Kaffeelöffel herstellen lassen. Er ragt genau bis zum Tassenrand. Die Tasse hat einen Durchmesser von 7,3 cm und eine Höhe von 4,3 cm. Wie lang ist der Löffel?

23 Ein Einfamilienhaus hat ein Satteldach.

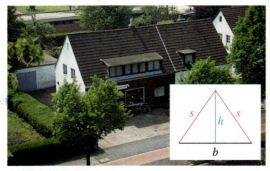

a) Wie lang sind die Dachsparren s, wenn die Dachhöhe $h = 6$ m und dessen Breite $b = 11$ m betragen?
b) Wie hoch ist ein Dach mit der Dachsparrenlänge 7,50 m und der Breite 9,40 m?
c) Wie breit ist das Haus, wenn 6 m lange Sparren eine Höhe von 4,8 m ergeben?

24 Ein Radfahrer möchte von A nach B fahren. Spart er über die Abkürzung Zeit, wenn er dort durchschnittlich $10 \frac{km}{h}$ und auf den Hauptstraßen $25 \frac{km}{h}$ fahren kann?

25 Zwei Radfahrer fahren an einer Straßenkreuzung in verschiedene Richtungen. Der eine fährt mit $20 \frac{km}{h}$ nach Norden, der andere mit $18 \frac{km}{h}$ nach Osten. Wie weit sind sie nach einer halben Stunde voneinander entfernt?

26 Ein kegelförmiges Dach hat einen Durchmesser von $d = 6,8$ m und eine Dachschräge von $s = 8,4$ m. Wie hoch ist dieses Dach?

27 Ein Grundstück hat den in der Zeichnung gegebenen Grundriss. Berechne die Länge für eine komplette Umzäunung und die Größe der Grundstücksfläche.

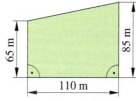

28 Beim Haus vom Nikolaus muss man alle Linien genau einmal zeichnen, ohne abzusetzen. Berechne die Länge dieses Streckenzuges. Das grüne Rechteck ist 5 cm breit und 4 cm hoch. Das Dach ist 2,5 cm hoch.

29 Die Drehleiter eines Feuerwehrwagens wurde entsprechend der Zeichnung links ausgefahren. In welche Höhe reicht die Leiter?

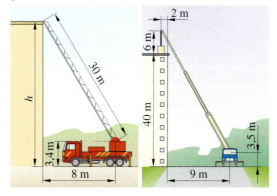

30 Eine Funkstation wird auf ein Hochhaus gehoben. Berechne die notwendige Kranlänge aus den Angaben der Zeichnung oben rechts.

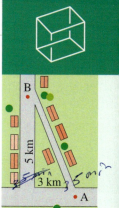

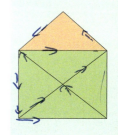

Satz des Pythagoras

31 Berechne die Länge des gesamten Streckenzuges innerhalb des Rechtecks, wenn e 3 cm lang ist.

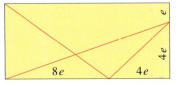

32 Ein Gummiband wird waagerecht so gespannt, dass es 10 cm lang ist. In der Mitte wird ein Gewicht angehängt. Dadurch dehnt sich das Band auf eine Länge von 12 cm aus. Wie viel cm tiefer hängt nun die Mitte des Gummibandes im Gegensatz zu vorher?

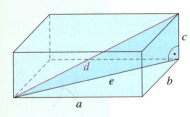

33 Passt der 23 cm lange Stift in die Quader-Verpackung mit den Kantenlängen $a = 18$ cm, $b = 14$ cm und $c = 6$ cm?
Tipp: Gesucht ist d.
Zur Berechnung von d fehlt die Länge von e.

34 Passt ein 1,20 m langer Stab in einen Quader mit den Maßen 1 m; 80 cm; 60 cm? Fertige zunächst eine Sizze an.

35 Bei den Puzzles in Würfelform müssen alle Kugeln auf den gefärbten Flächen „eingelocht" werden. Das erfordert große Geschicklichkeit.

a) Berechne von der blauen Fläche die Länge der längeren Seite, wenn der Würfel 8 dm³ Volumen hat.
b) Die gelbe Fläche ist eine Raute (Rhombus). Berechne die Längen der kürzeren Diagonale e und der längeren Diagonale f für einen Würfel mit 8 cm Kantenlänge.
c) Stelle für einen würfelförmigen Hohlkörper mit 1 dm³ Volumen, der oft als Lehrmittel an Schulen vorhanden ist, beide Flächen aus Tonpapier her.

36 Anna schaut vom Strand aufs Meer. Wie weit könnte sie bis zum Horizont sehen? Ihre Augenhöhe h beträgt 1,60 m.
Die Erde hat einen mittleren Erdradius von 6 371 km.

x Sichtweite
r Erdradius
h Augenhöhe

37 Reiseflugzeuge haben eine durchschnittliche Flughöhe von 10 km. Wie weit könnte man bei klarer Sicht aus dieser Höhe bis zum Horizont schauen? (Erdradius: 6 371 km)

38 Ein Schilfrohr ragt 5 m vom Ufer eines Sees entfernt 1 m über die Wasseroberfläche. Zieht man die Spitze ans Ufer, berührt sie gerade den Wasserspiegel. Wie tief ist der Teich? Fertige eine Skizze an.

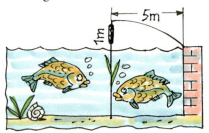

39 Am Kap São Vincente in Portugal überragt eine 60 m hohe Steilküste das Meer. Das Leuchtfeuer des lichtstärksten europäischen Leuchtturms warnt aus 25 m Höhe über dem Erdboden die Schiffe vor gefährlichen Klippen. In welcher Entfernung vom Leuchtturm kann man das Leuchtfeuer auf dem Meer noch sehen? (Erdradius: 6 371 km)

b Thema: Satz des Thales

Wer in der Mathematik **Behauptungen** aufstellt, sucht zunächst oft Beispiele, die die Behauptung stützen sollen. Eine Behauptung muss aber noch nicht wahr sein, wenn mehrere zutreffende Beispiele gefunden wurden.
Es muss vielmehr gezeigt werden, dass die Behauptung grundsätzlich richtig ist.
Dies ist der Fall, wenn sie bewiesen werden kann.

Für den **Beweis** werden geeignete Argumente gesucht und in eine logische Reihenfolge gebracht. Dabei wird auf Aussagen zurückgegriffen, die bereits bewiesen sind.

Die Methode „Beweisen durch logisches Folgern" wird im Folgenden am Beispiel des „**Satzes des Thales**" näher erläutert:

ZUR INFORMATION
*Ein Satz ist in der Mathematik eine neue **Erkenntnis**, die ausgehend von bereits bekannten wahren Aussagen formuliert wird.*

Satz des Thales:
Konstruiert man ein Dreieck aus den beiden Endpunkten des Durchmessers eines Halbkreises (dem Thaleskreis) und einem weiteren Punkt dieses Halbkreises, so erhält man immer ein rechtwinkliges Dreieck.

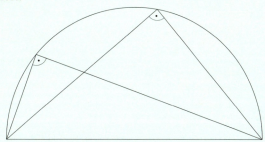

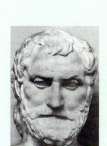

Thales von Milet (624 bis 547 v.Chr.)

Um den Satz des Thales zu beweisen, werden zwei bereits bekannte Sätze benötigt:
1. Die beiden Winkel an der Grundseite (Basiswinkel) eines gleichschenkligen Dreiecks sind gleich groß.
2. Die Innenwinkelsumme im Dreieck beträgt 180°.

Beweis:

① Um den Satz zu beweisen, wird zunächst die Hilfslinie $\overline{MC}$ eingezeichnet. Die Hilfslinie teilt den Winkel γ in ___ und ___.
Es entstehen die beiden Teildreiecke _____ und ____.

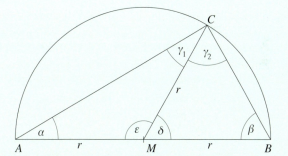

② Weil die Strecken _____ und____ Radien des Kreises sind, ist das Dreieck AMC _____.
Da die Strecken _____ und ____ ebenfalls Radien des Kreises sind, ist das Dreieck BMC auch _____.

HINWEIS
Unter
069-1
findest du einen weiteren Beweis zum Satz des Thales.

③ In _____ Dreiecken sind die Basiswinkel gleich groß.
Deshalb gilt: _____ = _____ und _____ = _____.

④ Die Innenwinkelsumme eines Dreiecks beträgt ___.
Es gilt deshalb in Dreieck ABC: $\alpha + \beta + \gamma_1 + \gamma_2 = $ _____.

⑤ Weil $\alpha = $ _____ und $\beta = $ _____ ist, gilt: $\gamma_1 + $ ___ $ + \gamma_1 + \gamma_2 = $ _____

⑥ Also ist $2 \cdot ($ _____ $+$ _____ $) = $ _____ und somit ist ____ $+$ ____ $= \gamma = 90°$.
Damit ist bewiesen, dass der Winkel γ des Dreiecks ABC rechtwinklig ist.

Pythagoras gestern und heute

Pythagoras wurde etwa im Jahr 570 v. Chr. auf der griechischen Insel Samos geboren, die ihm zu Ehren 1955 eine kleine Stadt in Pythagorio umbenannte. Dort am Hafen steht heute ein großes modernes Denkmal, das seinen berühmten Satz symbolisiert.

Sein Leben verbrachte Pythagoras an vielen anderen Orten. In der von Griechen bewohnten Stadt Croton in Süditalien gründete er eine religiös-philosophische Schule. Ihre Mitglieder waren die **Pythagoräer**, die nach strengen Vorschriften über Kleidung und Nahrung lebten.

Ein großes Interesse der Pythagoräer galt der Erforschung der Zahlen. Ein Kernsatz der pythagoräischen Lehre lautete: „Alles ist Zahl."

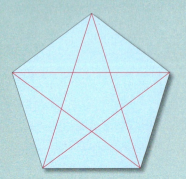

Das Ordenszeichen dieses Geheimbundes der Pythagoräer wurde das Pentagramm, das im Mittelalter als „Drudenfuß" magische Bedeutung erhielt.

Pythagoras starb etwa im Jahre 500 v. Chr. Nach Pythagoras' Tod entdeckten die Pythagoräer, dass es nicht messbare, irrationale Zahlen gibt. Dies widersprach ihrer Auffassung „alles ist Zahl, alles ist Harmonie" und führte schließlich gegen Ende des 4. Jahrhunderts v. Chr. zur Auflösung des Geheimbundes.

Eine weitere bedeutende Entdeckung der Pythagoräer ist der Zusammenhang zwischen natürlichen Zahlen und musikalischen Harmonien. Erzeugt man einen bestimmten Ton durch Zupfen einer Saite, so erzeugt man den Ton, der genau eine Oktave tiefer liegt, wenn man die Saite doppelt so lang spannt. Das bedeutet, eine Oktave entspricht einem Saitenverhältnis von $1:2$ ($=\frac{1}{2}$). Für eine Quinte beispielsweise gilt das Verhältnis $2:3$, für die Quarte $3:4$. Die Pythagoräer glaubten sogar, dass die Planeten auf ihren Bahnen ganzzahlige himmlische Harmonien erzeugen, die „Sphärenmusik".

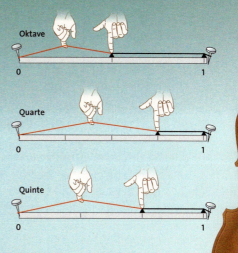

In vielen Kulturen hat man sich mit dem Satz des Pythagoras beschäftigt.
Figuren zum Beweis des Satzes von Pythagoras:

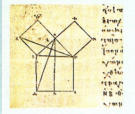

griechische Darstellung aus dem 8. Jahrhundert n. Chr.

französische Darstellung aus dem 16. Jahrhundert n. Chr.

chinesische Darstellung aus dem 17. Jahrhundert n. Chr.

Die **Internationale Bauausstellung (IBA) Emscher Park**, die von 1989 bis 1999 im Ruhrgebiet stattfand, verwendete als Logo eine stilisierte Grafik des Satzes des Pythagoras. An Ausstellungsorten in Bottrop und Duisburg findet man Plastiken, die ganz deutlich den Satz des Pythagoras symbolisieren.

Projekt

Recherchiert in Gruppen weitere Daten zu Pythagoras, seinem Leben und Mathematikern, die ihm in seinem Leben begegnet sind. Sortiert eure Informationen, wählt geeignete aus und fertigt ein Plakat über Pythagoras an. Stellt es in der Klasse vor.

Satz des Pythagoras

Vermischte Übungen

ZUM WEITERARBEITEN
Wie viele sechsstellige Quadratzahlen gibt es?

1 Bestimme die beiden benachbarten Zahlen mit einer (zwei) Stellen hinter dem Komma.
a) $\sqrt{5}$ b) $-\sqrt{7}$ c) $\sqrt{12}$ d) $-\sqrt{15}$

2 Trage auf einer Zahlengeraden ein.
a) $\sqrt{2}$ b) $\sqrt{5}$ c) $\sqrt{10}$ d) $\sqrt{300}$

3 Stelle dir 100 aufeinander folgende natürliche Zahlen vor. Gibt es unter ihnen mehr Quadratzahlen oder mehr Zahlen, die keine Quadratzahlen sind? Vermute und begründe.

4 Formuliere die Rechenregel für die Multiplikation von Quadratwurzeln. Gibt es auch eine Regel für die Addition? Nenne auch geltende Rechengesetze.

5 Stelle mit den Kästchen Gleichungen auf. Jedes Kästchen muss in mindestens einer der Gleichungen vorkommen. Vergleicht und kontrolliert eure Gleichungen untereinander.

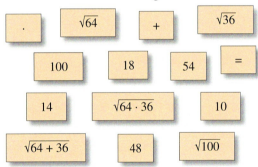

6 Kontrolliere die Rechenwege ohne Taschenrechner.
Erläutere, was falsch gemacht wurde, indem du die richtige Rechnung in dein Heft schreibst.
a) $\sqrt{64} + \sqrt{36} = \sqrt{100} = 10$
b) $\sqrt{16} + \sqrt{9} = 7$
c) $\sqrt{169} - \sqrt{25} = 14 - 5 = 9$
d) $\sqrt{81} + \sqrt{144} = \sqrt{225} = 15$
e) $\sqrt{100} - \sqrt{64} = 6$
f) $\sqrt{16 + 9} = 5$
g) $\sqrt{169 - 25} = 13 - 5 = 8$
h) $\sqrt{81 + 144} = \sqrt{256} = 16$
i) $\sqrt{100 - 64} = 2$

7 Rechne ohne Taschenrechner.
a) $\sqrt{4 \cdot 100 \cdot 25}$ b) $\sqrt{4} \cdot \sqrt{100} \cdot \sqrt{25}$
c) $\sqrt{900}$ d) $\sqrt{90000}$
e) $\sqrt{5} \cdot \sqrt{?} = \sqrt{10}$ f) $\sqrt{25} \cdot \sqrt{?} = 20$

8 Fasse, wenn möglich, zusammen. Berechne das Ergebnis. Runde auf Hundertstel.
a) $\sqrt{8} + \sqrt{8}$ b) $4\sqrt{7} - \sqrt{7}$
c) $5\sqrt{5} - 8\sqrt{5}$ d) $11\sqrt{3} + 9\sqrt{3}$
e) $2\sqrt{20} - \frac{1}{3}\sqrt{20}$ f) $3{,}5\sqrt{32} - \sqrt{32}$
g) $8\sqrt{7} - 12{,}4\sqrt{7}$ h) $\sqrt{3} + \sqrt{4}$
i) $2\sqrt{5} - 3\sqrt{6}$ j) $7\sqrt{9} - 1{,}4\sqrt{8}$
k) $6{,}4\sqrt{13} + 7{,}2\sqrt{12}$ l) $0{,}5\sqrt{20} + 0{,}5\sqrt{21}$

9 Fasse zusammen und vereinfache.
a) $\sqrt{2a} \cdot \sqrt{18a}$ b) $\sqrt{20x} \cdot \sqrt{5y}$
c) $\sqrt{28m} \cdot \sqrt{7mn}$
d) $\sqrt{5a} \cdot \sqrt{15b} \cdot \sqrt{27ab}$

10 Schreibe die Wurzel als Produkt aus einer Zahl und einer Wurzel.
BEISPIEL $\sqrt{20} = \sqrt{4 \cdot 5} = 2\sqrt{5}$
a) $\sqrt{12}$ b) $\sqrt{18}$ c) $\sqrt{45}$
d) $\sqrt{150}$ e) $\sqrt{60a}$ f) $\sqrt{50b}$
g) $\sqrt{300xy}$ h) $\sqrt{147ab^2}$ i) $\sqrt{108x^2y}$

11 Der Fußboden eines Badezimmers wird mit quadratischen Fliesen der Kantenlänge 15 cm ausgelegt.
a) Wie viele Fliesen sind für das Badezimmer mindestens nötig, wenn es 4,0 m lang und 3,2 m breit ist?
b) Wie viele Fliesen benötigt man, wenn man einen Verschnitt von 15 % hinzurechnet?

12 Ein Fliesenleger soll eine quadratische Fläche für eine Terrasse fugenlos fliesen. Ihm stehen 8 Kartons mit jeweils 8 Fliesen zur Verfügung. Die Fliesen haben eine Größe von 25 cm × 50 cm. Wie groß kann die Terrasse höchstens werden und wie viele Fliesen werden benötigt?

13 Nimm zwei beliebige Quadratzahlen. Ergibt ihr Produkt wieder eine Quadratzahl? Finde mehrere Beispiele oder ein Gegenbeispiel und begründe die Tatsache.

Vermischte Übungen

14 ➡ Beweise den Satz des Pythagoras. Zeichne vier kongruente rechtwinklige Dreiecke. Zeichne ein Quadrat, dessen Seitenlänge der Summe der beiden Kathetenlängen der Dreiecke entspricht.

- Schneide die Dreiecke aus. Platziere sie in dem Quadrat so, dass die gesamte freibleibende Fläche innerhalb des Quadrats wieder ein Quadrat ist. Zeichne eine Skizze davon.
- Platziere nun die Dreiecke so, dass die freibleibende Restfläche genau aus zwei Quadraten besteht. Skizziere.
- Vergleiche anschließend beide Figuren. Begründe, warum der Satz des Pythagoras dadurch bewiesen ist.

15 Bestimme für diesen „Pythagorasbaum" die Maßzahlen für die Flächeninhalte der grünen Quadrate und die Maßzahlen der Längen der roten Strecken.

16 Zeichne das Dreieck nach den gegebenen Maßen. Ist es rechtwinklig? Überprüfe deine Entscheidung durch eine Rechnung.
a) $a = 4{,}5$ cm; $b = 2{,}7$ cm; $c = 3{,}6$ cm
b) $a = 5{,}9$ cm; $b = 4{,}6$ cm; $c = 3{,}6$ cm
c) $a = 6{,}5$ cm; $b = 15{,}6$ cm; $c = 16{,}9$ cm

17 Ist das Dreieck rechtwinklig? Berechne.
a) $a = 4$ cm; $b = 7{,}5$ cm; $c = 8{,}5$ cm
b) $a = 3{,}6$ cm; $b = 4{,}8$ cm; $c = 6$ cm
c) $a = 9{,}4$ cm; $b = 4{,}6$ cm; $c = 8{,}1$ cm

18 Gegen Ende der 1980er Jahre wurde das europäische Projekt des hochauflösenden Fernsehens gegründet – High Definition Television (HDTV).
Der HDTV-Bildschirm hat das Seitenverhältnis 16:9 und mindestens eine Bilddiagonale von 110 cm. Welche Abmessungen hat dieser Schirm?

19 Eine 7,5 m lange Leiter wird an eine Hauswand gelehnt. Wie hoch reicht sie, wenn ihr unteres Ende 1,8 m von der Hauswand entfernt ist?

20 Eine 4,5 Meter lange Eiche steht von einer Hauswand 1,8 Meter entfernt.
Bei Sturm kippt die Eiche gegen die Wand. In welcher Höhe berührt sie die Hauswand?

21 In einem Hotel brennt es im Dachgeschoss, das sich 14 m über dem Boden befindet. Die Feuerwehrleiter wird in 4 m Entfernung ausgefahren.
Wie lang muss die Leiter ausgefahren werden?

22 Autos parken am Straßenrand hintereinander. Das mittlere Auto hat eine Länge von 4,20 m und eine Breite von 1,60 m. Zwischen dem vorderen und dem hinteren Auto wurden jeweils 25 cm Platz gelassen. Kann das mittlere Auto ausparken?

23 Berechne den Flächeninhalt des Quadrats mit der Diagonalenlänge $\sqrt{98}$ cm.

24 ➡ Ein Rechteck hat eine Diagonale der Länge $\sqrt{208}$ cm.
a) Wie lang sind die beiden Seiten? Beschreibe deine Vorgehensweise.
b) Stelle das Problem mit einer DGS dar.

Satz des Pythagoras

25 Ein 13 cm langer Strohhalm steht in einem 12,5 cm hohen Glas. Das Glas hat einen Durchmesser von 6 cm und eine Sockelhöhe von 1,5 cm.
a) Entwirf eine Skizze und bezeichne sie.
b) Wie viel cm des Strohhalms befinden sich innerhalb des Glases?
c) Berechne die Länge des Strohhalms, die sich außerhalb des Glases befindet.

26 Die Füße einer Klappleiter stehen 1,20 m auseinander. Wie lang ist eine Leiterseite, wenn die Leiter 3 m hoch reicht?

27 ➡ Udo sucht sich für sein Zimmer einen neuen Schrank aus. Welche Maße kann der Schrank maximal haben? Die Teile des zerlegten Schrankes sollten durch die Zimmertür passen und man muss den Schrank nach dem Zusammenbauen auch noch aufstellen können. Die Zimmertür ist 78 cm breit und 2 m hoch. Die Deckenhöhe des Zimmers beträgt 2,5 m.

28 Das Dreieck ABC ist gleichseitig. Ergänze die Tabelle im Heft.

	a	h	A
a)	10 cm		
b)		6 cm	
c)			32 cm²
d)			43 cm²

29 Wie weit kann man von einem 40 m hohen Leuchtturm sehen? Stelle dir die Erde als Kugel vor. Verwende den Radius 6371 km.

30 In Yokohama steht der höchste Leuchtturm der Welt. Er ist 106 m hoch. Wie weit ist sein Leuchtfeuer zu sehen?

31 Kann es sein, dass die Lichter des Empire-State-Buildings (332 m hoch) 32 km weit zu sehen sind? Fertige eine Skizze an und rechne nach.

32 Ein rechteckiger Sportplatz ist 100 m lang und 50 m breit. Steffen läuft diagonal zur gegenüberliegenden Ecke. Robin läuft entlang der Außenlinie.
a) Wie viel Prozent des Weges spart Steffen?
b) Angenommen, beide laufen gleich schnell. Wie viel Meter muss Robin noch bis zum Ziel laufen, wenn Steffen ankommt?
c) Wie schnell müsste Robin laufen, um gleichzeitig mit Steffen anzukommen?

33 ➡ Beim Elfmeter schießt der Fußballer direkt ins obere rechte Eck des Tores.
a) Welchen Weg legte der Ball bis dahin zurück, wenn das Tor innen eine Breite von 7,32 m und eine Höhe von 2,44 m hat? Fertige eine Skizze an.
b) Wie viele Sekunden fliegt der Ball bis dahin, wenn er mit $100 \frac{km}{h}$ geschossen wurde?

34 Solarzellen wandeln die Energie des Sonnenlichts direkt in elektrische Energie um. Mit jedem Quadratzentimeter der Solarzelle im direkten Sonnenlicht können 0,01 Watt elektrische Leistung erreicht werden. Eine Solarzelle in Gestalt eines regelmäßigen Sechsecks soll 4 Watt liefern. Welche minimale Seitenlänge muss sie haben?

35 ➡ Das rechtwinklige Dreieck ABC hat die Seitenlängen $a = 5,6$ cm, $b = 3,3$ cm und $c = 6,5$ cm. An allen drei Seiten wurden Rechtecke angetragen, deren eine Seite halb so lang ist wie die andere.
a) Berechne die Flächeninhalte der Rechtecke und vergleiche sie miteinander. Was fällt auf? Stelle eine Vermutung auf.
b) Kontrolliere deine Vermutung an einem anderen rechtwinkligen Dreieck.
c) Zeichne gleichseitige Dreiecke an ein rechtwinkliges Dreieck. Berechne und vergleiche ihre Flächeninhalte. Welche Vermutung ergibt sich?
d) Präsentiert eure Vermutungen der Klasse.

Satz des Pythagoras

Teste dich!

a

b

1 Berechne, runde gegebenenfalls auf Hundertstel.
a) $2(\sqrt{5})^2$ b) $\sqrt{16}-4$ c) $0{,}5\sqrt{17}$ d) $\frac{4}{\sqrt{11}}$ e) $\sqrt{50}:\sqrt{2}$ f) $\frac{\sqrt{8}}{3\sqrt{2{,}5}}$

2 Berechne die fehlende Seitenlänge des rechtwinkligen Dreiecks.
a) $a = 9\,\text{cm}$; $b = 16\,\text{cm}$; $\gamma = 90°$
b) $b = 9{,}8\,\text{cm}$; $c = 4{,}5\,\text{cm}$; $\alpha = 90°$
c) $a = 3{,}1\,\text{cm}$; $c = 6{,}7\,\text{cm}$; $\beta = 90°$

3 Ein Rechteck hat die Seitenlängen $a = 7\,\text{cm}$ und $b = 4\,\text{cm}$. Berechne die Länge der Diagonale e.

3 Ein Quadrat hat eine Diagonale der Länge $\sqrt{450}$ cm. Berechne seine Seitenlänge und seinen Flächeninhalt.

4 Ein Funkmast wird durch drei 75 m lange Spannseile gesichert, die 15 m vom Fußpunkt des Mastes im Erdboden verankert sind. In welcher Höhe wurden die Seile am Mast befestigt?

4 Miriam (Augenhöhe 1,70 m) steht auf dem 11 m hohen Pier und schaut übers Meer zum Horizont. Wie weit kann sie sehen? Der Erdradius beträgt 6 371 km. Fertige zunächst eine Skizze an.

5 Ein Fesselballon ist an einem Seil befestigt. Durch starken Wind wird er 18 m weit abgetrieben und hat dann nur noch eine Höhe senkrecht über dem Boden von 80 m. Wie lang ist das Seil?

5 Ein Fesselballon ist an einem Seil befestigt. Durch starken Wind wird er 32 m weit abgetrieben und verliert dadurch 5 m an Höhe. Wie lang ist das Seil, das bei Windstille lotrecht über dem Erdboden steht?

6 Bestimme mit Hilfe der Zeichnung die Tiefe des Grabens.

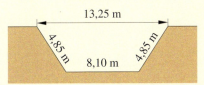

6 Bei einem Segelboot bricht der Mast so, dass die Mastspitze in 2,20 m Entfernung vom Mastfuß auf dem Deck auftrifft. In welcher Höhe ist die Bruchstelle?

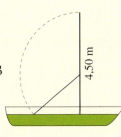

7 Die Kantenlänge des Würfels ist $a = 9\,\text{cm}$.
a) Berechne die Länge der Flächendiagonalen e.
b) Berechne die Länge der Raumdiagonalen d.

7 Die Raumdiagonale beträgt $d = 22{,}5\,\text{cm}$.
a) Berechne die Länge der Kante a.
b) Zeige, dass für die Länge der Raumdiagonalen im Würfel stets gilt: $d = a\sqrt{3}$.

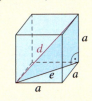

HINWEIS
Brauchst du noch Hilfe, so findest du auf den angegebenen Seiten ein Beispiel oder eine Anregung zum Lösen der Aufgaben. Überprüfe deine Ergebnisse mit den Lösungen ab Seite 184.

Aufgabe	Seite
1	58
2	64
3	64
4	64
5	64
6	64
7	64, 67

Satz des Pythagoras

Zusammenfassung

→ Seite 58

Quadratzahlen und Quadratwurzeln

Multipliziert man eine Zahl a mit sich selbst, erhält man das Produkt $a \cdot a = a^2$. Es ist a^2 die **Quadratzahl** von a.
Zerlegt man eine positive Zahl a in zwei gleiche positive Faktoren x, so ist x die **Quadratwurzel** von a. Es gelten die Gleichungen: $x^2 = a$ und $x = \sqrt{a}$ (für $a > 0$).
Den Term unter der Wurzel nennt man **Radikand**.
Er darf nicht negativ sein.

$(-8)^2 = (-8) \cdot (-8) = 64$

$\sqrt{16} = 4$, denn $4 \cdot 4 = 16$
$\sqrt{-16}$ ist nicht lösbar.
$-\sqrt{16} = -4$

Rechengesetze:
- Beim *Addieren (Subtrahieren)* von Quadratwurzeln darf man die Radikanden nicht addieren (subtrahieren).
- Es gilt das Distributivgesetz: $a\sqrt{b} + c\sqrt{b} = (a + c)\sqrt{b}$
- Beim *Multiplizieren* von Quadratwurzeln darf man die Radikanden multiplizieren: $\sqrt{a} \cdot \sqrt{b} = \sqrt{a \cdot b}$ ($a, b \geq 0$)

$\sqrt{9} + \sqrt{16} = 3 + 4 = 7$ aber
$\sqrt{9 + 16} = \sqrt{25} = 5$

$4\sqrt{6} + 3\sqrt{6} = (4 + 3)\sqrt{6} = 7\sqrt{6}$

$\sqrt{16} \cdot \sqrt{4} = 4 \cdot 2 = 8$
$\sqrt{16 \cdot 4} = \sqrt{64} = 8$

→ Seite 64

Der Satz des Pythagoras

In einem rechtwinkligen Dreieck liegt die **Hypotenuse** dem rechten Winkel gegenüber. Die **Katheten** schließen den rechten Winkel ein.

An rechtwinkligen Dreiecken gilt der folgende Satz:

Satz des Pythagoras
Die Summe der Flächeninhalte der Kathetenquadrate ist gleich dem Flächeninhalt des Hypotenusenquadrats.
Es gilt: $a^2 + b^2 = c^2$ (wenn $\gamma = 90°$)
Der Satz des Pythagoras gilt auch umgekehrt:
Wenn in einem Dreieck ABC die Beziehung $a^2 + b^2 = c^2$ besteht, dann ist das Dreieck rechtwinklig.
Die Hypotenuse ist c.

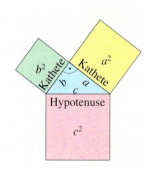

→ Seite 69

☐ Satz des Thales

Konstruiert man ein Dreieck aus den beiden Endpunkten des Durchmessers eines Halbkreises (dem Thaleskreis) und einem weiteren Punkt dieses Halbkreises, so erhält man immer ein rechtwinkliges Dreieck.

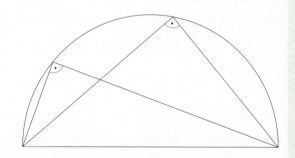

Vom Vieleck zum Kreis

Die Gondeln von Riesenrädern bewegen sich auf Kreisbahnen. Je nach Durchmesser des Riesenrades legen sie bei einer Umdrehung unterschiedliche Streckenlängen zurück. Das derzeit größte Riesenrad ist das „London Eye". Es steht am Südufer der Themse im Zentrum von London und ist 135,36 m hoch. Das Rad braucht für eine Umdrehung 30 min.

Vom Vieleck zum Kreis

Noch fit?

HINWEIS
Eine Figur, die man durch einen Teil einer ganzen Drehung um den Mittelpunkt (Drehpunkt) wieder in sich überführen kann, heißt drehsymmetrisch.

BEISPIEL

Eine Zwölfteldrehung des Rades ergibt das gleiche Bild.

1 Konstruiere die folgenden Dreiecke.
a) $a = 5\,cm$; $b = 6\,cm$; $c = 7\,cm$
b) $c = 6\,cm$; $\alpha = 47°$; $\beta = 62°$
c) $b = 4{,}5\,cm$; $c = 5{,}7\,cm$; $\alpha = 87°$
d) $a = 3{,}5\,cm$; $\beta = 44°$; $\gamma = 78°$
e) $a = 6{,}8\,cm$; $b = 3{,}5\,cm$; $\alpha = 70°$
f) $c = 2{,}5\,cm$; $\alpha = 30°$; $\beta = 93°$

2 Bestimme den Flächeninhalt und den Umfang der folgenden Flächen.
a) Rechteck mit $a = 7\,cm$ und $b = 3\,cm$
b) Quadrat mit $a = 3{,}7\,cm$
c) Parallelogramm mit $a = 7\,cm$; $b = 5\,cm$ und $h_a = 4\,cm$
d) Dreieck mit $a = 5{,}4\,cm$; $b = 7\,cm$; $c = 6{,}7\,cm$ und $h_c = 5\,cm$
e) gleichschenkliges Trapez mit $a = 9\,cm$; $b = 5\,cm$ und $h = 4{,}5\,cm$; $a \parallel c$

3 Übertrage die Figuren in dein Heft. Zeichne alle Symmetrieachsen ein. Um welche Figuren handelt es sich?

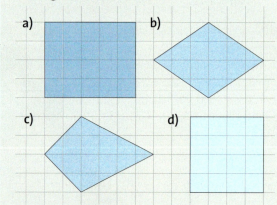

4 Bestimme jeweils den Drehpunkt Z und den Drehwinkel α.

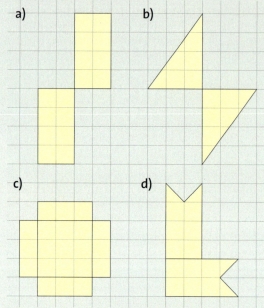

5 Übertrage das Muster in dein Heft. Trage alle Symmetrieachsen ein. Ist das Muster drehsymmetrisch?

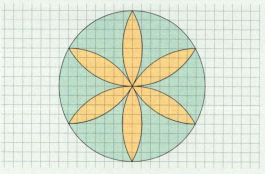

KURZ UND KNAPP
1. Mit welcher Formel bestimmt man den Flächeninhalt eines Dreiecks?
2. Wie groß ist die Innenwinkelsumme in einem Dreieck?
3. Richtig oder falsch? Haben zwei Rechtecke den gleichen Flächeninhalt, so haben sie auch den gleichen Umfang.
4. Welcher Zusammenhang besteht zwischen dem Radius und dem Durchmesser eines Kreises?
5. Erkläre, wie man aus den folgenden Umfrageergebnissen zum Thema Lieblingsstadt ein Kreisdiagramm anfertigt:
   Leipzig: 15 Stimmen, Dresden: 25 Stimmen, Berlin: 10 Stimmen.

b Regelmäßige Vielecke

Erforschen und Entdecken

1 Zeichne die folgenden Flächen in dein Heft. Die Seitenlängen der Flächen sollen jeweils 3 cm lang sein. Um welche Flächen handelt es sich?

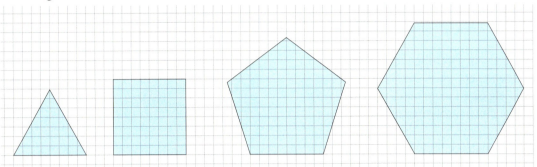

ZUM WEITERARBEITEN
Aus welchen Figuren setzt sich die Parkettierung zusammen? Zeichne sie in dein Heft.

a) Miss die Innenwinkel der einzelnen Flächen und trage deine Messergebnisse in die Tabelle ein. Berechne jeweils die Summe der Innenwinkel.
b) Paula behauptet, dass die gezeichneten Flächen punkt- und drehsymmetrisch sind. Hat Paula Recht? Begründe.
c) Zeichne in alle Flächen die Symmetrieachsen ein. Übertrage die Anzahl der Symmetrieachsen in die Tabelle.

	Anzahl der Innenwinkel	Größe eines Innenwinkels	Summe der Innenwinkel	Anzahl der Symmetrieachsen
Dreieck				
Viereck				
Fünfeck				
Sechseck				

d) Stelle Vermutungen über die Innenwinkelsumme und die Anzahl der Symmetrieachsen in einem Sieben-, Acht-, Zwölf- und 13-Eck an, bei denen die Seitenlängen jeweils gleich lang sind.
e) Wie groß ist wohl die Innenwinkelsumme in einem gleichseitigen 111-Eck? Wie viele Symmetrieachsen hat es?
f) Gib eine Formel für die Berechnung der Innenwinkelsumme und der Symmetrieachsen in einem gleichseitigen n-Eck an.

2 „Mandalas selber zu entwerfen ist gar nicht so schwer", meint Luca. „Man unterteilt einen Kreis in gleich große Abschnitte und zeichnet in jeden Abschnitt das gleiche Muster."
a) In wie viele gleiche Abschnitte ist das Mandala rechts unterteilt? Findest du mehrere Einteilungsmöglichkeiten?
b) Wie groß ist der rot eingezeichnete Winkel?
c) Zeichne einen Kreis mit Radius $r = 4$ cm und übertrage das Mandala in dein Heft.
d) Bestimme die Größe des grün eingezeichneten Winkels. Vergleiche deinen Lösungsweg mit dem deines Nachbarn.
e) Denke dir selbst ein Mandala aus.

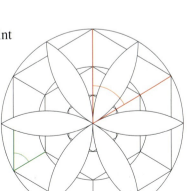

Vom Vieleck zum Kreis

Lesen und Verstehen

HINWEIS
Der Umkreis ist ein Kreis, der durch alle Eckpunkte eines regelmäßigen Vielecks geht. Der Inkreis ist ein Kreis, der alle Seiten des regelmäßigen Vielecks im Innern berührt.

Parkettierungen sind aus ästhetischen Gründen oft aus regelmäßigen Vielecken zusammengesetzt.
Im Bild rechts wurde die Parkettierung aus regelmäßigen Dreiecken, Vierecken und Sechsecken aufgebaut.

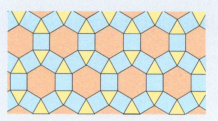

b Jedes **regelmäßige Vieleck** (n-Eck) hat
- n Ecken,
- n gleich lange Seiten und
- n gleich große Innenwinkel.

Regelmäßige Vielecke sind
- punktsymmetrisch,
- drehsymmetrisch und
- achsensymmetrisch.

BEISPIEL 1   regelmäßiges Fünfeck

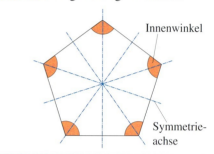

Jedes regelmäßige n-Eck hat einen Um- und einen Inkreis.

Jedes regelmäßige n-Eck lässt sich in n Dreiecke zerlegen, die zum gleichschenkligen Dreieck ABM kongruent sind.

Für den Mittelpunktswinkel γ gilt:
$\gamma = 360° : n$

Für die Basiswinkel α und β gilt:
$\alpha = \beta = (180° - \gamma) : 2$

BEISPIEL 2

b Die Winkelsumme im n-Eck beträgt $180° \cdot (n - 2)$.

Üben und Anwenden

1 Nenne Dinge aus deinem Umfeld, die die Form eines regelmäßigen n-Ecks besitzen.

2 Bei welchen Verkehrszeichen handelt es sich um regelmäßige Vielecke?

3 Untersuche, ob die folgenden Aussagen auf regelmäßige Drei-, Vier-, Fünf- und Sechsecke zutreffen. Begründe.
a) Alle Symmetrieachsen treffen sich in einem Punkt.
b) Die Symmetrieachsen verlaufen immer durch zwei Seitenmitten.
c) Die Symmetrieachsen verlaufen immer durch zwei Eckpunkte.
d) Die Symmetrieachsen verlaufen durch einen Eckpunkt und eine Seitenmitte.

Regelmäßige Vielecke

4 Übertrage die folgende Tabelle in dein Heft und ergänze.

	Innenwinkel-summe	Innen-winkel	Mittelpunkts-winkel
Fünfeck	540°		72°
Sechseck		120°	
Achteck			
Neuneck			
12-Eck			
18-Eck			
25-Eck			

5 ▶ Louisa möchte ein regelmäßiges Fünfeck konstruieren. Sie rechnet zunächst $360° : 5 = 72°$.

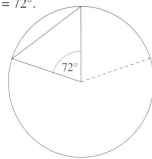

a) Beschreibe, wie Louisa vorgegangen ist, um das Fünfeck zu zeichnen.
b) Zeichne ein Fünfeck in dein Heft. Zeichne zuerst einen Kreis mit dem Radius $r = 4\,\text{cm}$.
c) Zeichne ein regelmäßiges Sechs- und Neuneck nach Luisas Methode in dein Heft.
d) Louisas Bruder Justin geht beim Zeichnen eines Fünfecks anders vor.
Er rechnet:
$3 \cdot 180° = 540°$; $540° : 5 = 108°$.

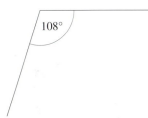

Zeichne ein Fünfeck mit der Seitenlänge $a = 3\,\text{cm}$ in dein Heft.
Gehe wie Justin vor.
e) Zeichne ein regelmäßiges Sechs- und Neuneck nach Justins Methode ins Heft.

6 Die Abbildung zeigt den Grundriss der Kirche zum Friedefürsten in Klingenthal. Eine Außenwand der Kirche ist jeweils ungefähr 14 m lang.

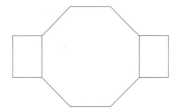

a) Übertrage den Grundriss der Kirche im Maßstab 1 : 400 in dein Heft.
b) Aufgrund der symbolischen Bedeutung der Zahl acht haben viele Kirchen einen achteckigen (oktogonalen) Grundriss. Recherchiere im Internet oder in geeigneten Büchern und Lexika die Bedeutung der Zahl acht und nenne Gebäude, die ebenfalls einen achteckigen Grundriss aufweisen.

7 Übertrage die Abbildung rechts in dein Heft und ergänze die Vorlage zu einem Mandala ($d = 4\,\text{cm}$).

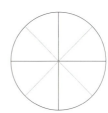

8 Regelmäßige Sterne
a) Ein Heptagramm ist ein regelmäßiger siebenzackiger Stern. Zeichne die folgenden Heptagramme in dein Heft.

b) Konstruiere ein Pentagramm (fünfeckiger Stern) und ein Hexagramm (sechseckiger Stern).
c) Zeichne in das Penta-, Hexa- und Heptagramm alle Symmetrieachsen ein.
d) Nenne Objekte aus Natur, Technik oder Architektur, die die Form eines Heptagramms, Pentagramms oder Hexagramms haben.

HINWEIS
Weitere Gebäude mit oktogonalem Grundriss sind unter dem Webcode zu finden.
081-1

Vom Vieleck zum Kreis

9 Das Pentagon in Washington gilt mit seinen je 280 m langen Außenwänden als das größte Gebäude der Welt.

ZUR INFORMATION
Das Pentagon ist der Sitz des amerikanischen Verteidigungsministeriums. In dem Gebäude arbeiten ca. 23 000 Menschen. Aus den Büros werden täglich ca. 200 000 Telefongespräche geführt. Die Poststelle verarbeitet monatlich 1,2 Mio. Briefe und Pakete.

a) Welche Form besitzt das Pentagon?
b) Fertige eine vereinfachte maßstäbliche Zeichnung des Grundrisses an. Entnimm fehlende Größen aus den Maßen im Bild.
c) Berechne ungefähr die Größe des Innenhofs.
d) Im Internet wird die Größe der Bürofläche mit 343 447 m² angegeben. Kann das sein?

10 ➡ Die Verbindungsstrecke zwischen zwei nicht benachbarten Punkten eines n-Ecks nennt man Diagonale.

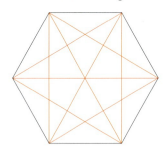

TIPP
Zerlege das n-Eck in Dreiecke, bevor du den Flächeninhalt bestimmst.

a) Übertrage die Zeichnung in dein Heft.
b) Emma und Fabian bestimmen die Anzahl der Diagonalen im Sechseck.
Emma: $3 + 3 + 2 + 1 = 9$
Fabian: $6 \cdot 3 : 2 = 9$
Erkläre die Rechenwege der beiden Kinder. Findest du noch einen anderen Rechenweg?
c) Bestimme die Anzahl der Diagonalen in einem Achteck (Zehneck) entweder zeichnerisch oder rechnerisch.

11 ➡ Zeichne zwei Kreise mit dem Radius $r = 4$ cm. Zeichne in den ersten Kreis ein regelmäßiges Fünfeck, in den zweiten Kreis ein beliebiges, nicht regelmäßiges Fünfeck.
a) Berechne den Flächeninhalt der beiden Fünfecke.
b) Vergleicht eure Ergebnisse im Klassenverband und überprüft die Richtigkeit der folgenden Aussage: „Unter allen Fünfecken, die man einem Kreis einbeschreiben kann, hat das regelmäßige Fünfeck den größten Flächeninhalt."
c) Überprüft die Aussage aus Aufgabenteil b) auch für Dreiecke, Vierecke und Sechsecke.

12 Übertrage das folgende Mandala in dein Heft.

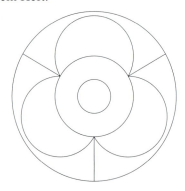

a) Beschreibe, wie du bei der Konstruktion des Mandalas vorgegangen bist.
b) Zeichne alle Symmetrieachsen in das Mandala ein.
c) Ergänze das Mandala um weitere geometrische Figuren.
d) Denk dir selbst ein Mandala aus.

13 Erstellt in Kleingruppen die Europaflagge.

Kreisumfang

Erforschen und Entdecken

1 Miss an mindestens fünf verschiedenen kreisförmigen Gegenständen (z. B. CD, Bierdeckel) zunächst den Durchmesser d. Bestimme dann mit Hilfe eines Maßbandes oder eines Fadens, der um den Gegenstand gespannt wird, den Umfang u.
Trage die Messergebnisse in eine Tabelle ein und berechne den Quotienten $u : d$.
Was fällt dir auf? Diskutiere mit deinem Nachbarn.

2 Zeichnet in Kleingruppen auf Pappe Kreise mit einem Radius von 3 cm (4 cm; 5 cm; …; 10 cm) und schneidet die Kreise aus. Markiert je eine Stelle am Rand der Pappkreise und rollt die Kreise auf einem nicht zu glatten Untergrund ab.
Messt die Strecke, die bei einer Umdrehung des Kreises zurückgelegt wird und ergänzt die folgende Tabelle im Heft.

Radius r des Kreises	Durchmesser d des Kreises	Umfang u des Kreises	Quotient $u : d$
$r = 3$ cm	$d = 6$ cm	$u =$	
$r = 4$ cm	$d =$		
$r = 5$ cm			
$r = 6$ cm			
$r = 7$ cm			
$r = 8$ cm			
$r = 9$ cm			
$r = 10$ cm			

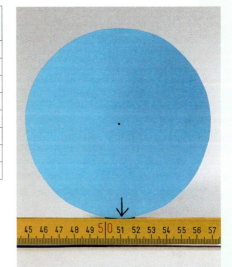

a) Was fällt euch auf?
b) Wie groß ist der Umfang eines Kreises mit $r = 2$ cm ($r = 12$ cm)? Begründet.
c) Entwickelt eine Formel für die Berechnung des Kreisumfangs. Vergleicht eure Ergebnisse im Klassenverband.

3 Von Archimedes (282 v. Chr. bis 212 v. Chr.) ist das folgende Verfahren zur Bestimmung des Kreisumfanges bekannt. Es beruht auf der Betrachtung von regelmäßigen Vielecken, die dem Kreis einbeschrieben und umbeschrieben werden.

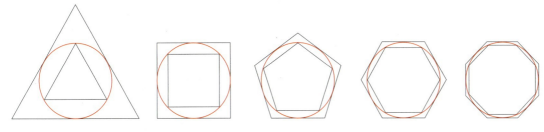

a) Maja meint, dass der Kreisumfang größer als der Umfang des einbeschriebenen Vielecks und kleiner als der Umfang des umbeschriebenen Vielecks ist. Hat Maja Recht?
b) Zeichne einen Kreis mit $r = 3$ cm. Konstruiere ein umbeschriebenes und ein einbeschriebenes Vieleck mit möglichst vielen Ecken. Miss jeweils eine Seite der beiden Vielecke und bestimme deren Umfänge.
Was bedeutet dies für den Umfang des Kreises?

Vom Vieleck zum Kreis

Lesen und Verstehen

Jakob möchte um eine zylinderförmige Geschenkverpackung eine Schleife binden. Die Dose hat einen Durchmesser von $d = 11{,}5\,\text{cm}$. Jakob hat noch ein Reststück Schleifenband, das 40 cm lang ist. Reicht das Schleifenband aus?

Für jeden Kreis ist das Verhältnis des Umfangs zu seinem Durchmesser gleich (konstant). Diese Konstante heißt **Kreiszahl** und wird mit dem kleinen griechischen Buchstaben **π** (lies „Pi") bezeichnet. Es gilt: $\frac{u}{d} = \pi$

ZUR INFORMATION
*Die Zahl π ist eine nicht abbrechende nichtperiodische Dezimalzahl. Sie ist keine rationale Zahl und lässt sich nicht als Bruch darstellen.
Archimedes näherte mit seinem Verfahren π mit $\frac{22}{7}$ an.
Der Taschenrechner besitzt eine Taste π und rechnet mit dem Näherungswert 3,141592654.*

> Der **Umfang u eines Kreises** lässt sich mit Hilfe des Radius r oder des Durchmessers d berechnen. Es gilt:
> $u = \pi \cdot d$ bzw. $u = 2 \cdot \pi \cdot r$

BEISPIEL
Mit dem Näherungswert 3,14 für π erhält man bei einem Durchmesser von $d = 11{,}5\,\text{cm}$ den Umfang $u = \pi \cdot 11{,}5\,\text{cm} \approx 36{,}13\,\text{cm}$.

Für Berechnungen verwendet man einen sinnvollen Näherungswert für π,
z. B.: 3,14 oder 3,141592 oder $\frac{22}{7}$.

Das Schleifenband reicht für die Geschenkverpackung aus.

Üben und Anwenden

1 Einem Kreis mit dem Radius $r = 5\,\text{cm}$ wird je ein Quadrat einbeschrieben und umbeschrieben.
a) Bestimme über die Umfänge der Quadrate einen Näherungswert für den Umfang des Kreises.
b) Zeichne zwischen das einbeschriebene und umbeschriebene Quadrat ein weiteres Quadrat und bestimme dessen Umfang.
c) Verfahre ebenso mit einem Sechseck.

2 Berechne den Umfang des Kreises.
a) $d = 7{,}4\,\text{cm}$ b) $r = 2{,}5\,\text{dm}$
c) $d = 2{,}5\,\text{cm}$ d) $r = 1{,}8\,\text{cm}$
e) $d = 12{,}3\,\text{cm}$ f) $r = 3{,}1\,\text{m}$

3 Berechne den Umfang des Kreises.

4 Wie groß ist der Radius r?
a) $u = 6{,}5\,\text{cm}$
b) $u = 24\,\text{m}$
c) $u = 40\,074\,\text{km}$ (Erdumfang)
d) $u = 10\,920\,\text{km}$ (Mondumfang)

5 Berechne den Durchmesser des Kreises.
a) $u = 11\,\text{cm}$ b) $u = 8{,}6\,\text{dm}$
c) $u = 5\,\text{m}$ d) $u = 255\,\text{m}$
e) $u = 9\,\text{dm}$ f) $u = 390\,\text{km}$

6 Ergänze die folgende Tabelle im Heft.

	r	d	u
a)	3 cm		
b)	4,8 dm		
c)		3 m	
d)			175,9 m
e)			22 mm
f)		5,9 km	
g)			1 km

Kreisumfang

7 Zeichne einen Kreis mit dem Umfang
a) $u = 10\,cm$, b) $u = 15\,cm$, c) $u = 2\,dm$.

8 Überprüfe, ob die Zuordnung
Kreisradius → Kreisumfang proportional ist.

9 ▶ Baumrekorde

Die mexikanische Sumpfzypresse „El Arbol del Tule" im mexikanischen Bundesstaat Oaxaca hat mit 14,05 m weltweit den größten Stammdurchmesser. Der Afrikanische Affenbrotbaum erreicht mit bis zu 43 m üblicherweise den größten Stammumfang.

a) Bestimme den Stammumfang der Zypresse „El Arbol del Tule".
b) Wie viele Menschen benötigt man ungefähr, damit diese den Baum Hand in Hand umringen?
c) Bestimme den üblichen Durchmesser eines Affenbrotbaums.
d) Recherchiere im Internet nach den üblichen Durchmessern und Umfängen von Baumarten und erstelle Sachaufgaben.

10 Berechne die Äquatorlängen der Planeten anhand der Durchmesser am Äquator.

11 Schätze die Umfänge folgender Dinge.
a) Gullideckel   b) Autoreifen
c) Stecknadelkopf   d) Feuerlöscher
e) Fahrradreifen   f) runder Untersetzer

12 Luisa reitet im Kreis auf einem Pferd an einer 5 m langen Longe.
a) Wie viel Meter legt das Pferd bei einer Runde zurück?
b) Wie viele Meter ist das Pferd nach 20 Runden gelaufen?

13 In London, direkt an der Themse, steht das Riesenrad London Eye. Sein Durchmesser beträgt 135 m (443 Fuß). Damit ist es derzeit das größte Riesenrad Europas. Jährlich kommen 3,5 Millionen Besucher und fahren eine Runde mit ihm.
Wie viel Meter legt jeder Besucher in einer Gondel zurück, wenn man einmal ganz herumfährt?

14 Um einen Fußballplatz soll eine Laufbahn errichtet werden.

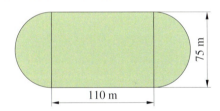

a) Bestimme die Länge der Innenbahn.
b) Welche Abmessungen könnte der Fußballplatz haben, wenn die Innenbahn eine Länge von 400 m besitzen soll? Findest du mehrere Möglichkeiten?

15 Eine kreisförmige Fläche mit einem Durchmesser von 70 m soll eingezäunt werden.
a) Wie viel Meter Zaun sind dazu nötig? Runde das Ergebnis auf Meter.
b) Der Besitzer möchte im Abstand von drei Metern Pfähle setzen, an denen der Zaun befestigt werden soll.
Begründe, warum dies nicht sinnvoll ist und mache einen Gegenvorschlag. Vergleiche mit deinem Nachbarn.

HINWEIS
Für das Spielfeld gelten beim Fußball die folgenden Regeln: Die Länge der kurzen Seiten (Torlinie) sollte zwischen 45 und 90 Meter, die der langen Seiten (Seitenlinie) zwischen 90 und 120 Meter betragen (üblich sind 68 auf 105 Meter). Bei Länderspielen muss das Feld in der Länge zwischen 100 und 110 Meter, in der Breite zwischen 64 und 75 Meter sein.

Vom Vieleck zum Kreis

16 Ein Wahrzeichen der Stadt Wien ist das Riesenrad im Prater. Das Riesenrad wurde 1897 erbaut und nach dem Krieg rekonstruiert. Der Durchmesser des Riesenrades beträgt 61 m.

a) Bestimme die Strecke, die eine Gondel bei einer Umdrehung zurücklegt.
b) Das Riesenrad befördert 15 Gondeln. Bestimme den Abstand zwischen den Aufhängungen der Gondeln und fertige eine maßstäbliche Zeichnung des Riesenrades an.
c) Das Riesenrad bewegt sich mit einer Geschwindigkeit von 2,7 $\frac{km}{h}$. Wie lange dauert eine Runde mit dem Riesenrad?

17 Angelina möchte die Länge des Kreisbogens b ausrechnen. Sie behauptet, dass für die Länge des **Kreisbogens b** folgende Formel gilt: $b = \frac{\alpha}{360°} \cdot 2 \cdot \pi \cdot r$
Begründe, warum Angelinas Formel richtig ist, indem du die grün und blau gefärbten Teile des Terms näher erläuterst.

18 Welche Bogenlänge (Länge des Kreisbogens) hat der Kreisausschnitt?
a) $r = 2\,cm$; $\alpha = 70°$
b) $r = 4,6\,cm$; $\alpha = 113°$
c) $r = 7,2\,cm$; $\alpha = 190°$

19 Berechne die fehlenden Größen.

	r	α	b
a)	6 cm	45°	
b)	67 mm	150°	
c)		210°	25 cm
d)	7,5 dm		30 dm
e)	10 cm		10 cm
f)		78°	1 m

HINWEIS
Schneidet man einen Teil eines Kreises ähnlich einem Tortenstück aus, bezeichnet man diesen als **Kreisausschnitt** oder **Kreissektor**.

20 Zeichne die folgenden Muster in dein Heft und berechne die Umfänge der rot eingefärbten Figuren. Die Seitenlänge der Quadrate beträgt jeweils 8 cm.

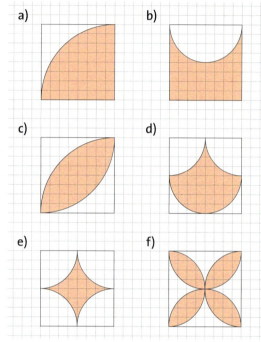

21 Denke dir selbst ein Muster aus (wie in Aufgabe 20).
a) Bestimme den Umfang der Flächen.
b) Tausche dein Muster mit deinem Tischnachbarn aus. Kontrolliert gegenseitig eure Umfangsberechnungen.

22 Die Spirale ist durch die Aneinanderreihung von Halbkreisen entstanden, wobei sich der Kreisradius stets verdoppelt hat. Der größte Halbkreis hat einen Radius von 4 cm.
a) Zeichne die Spirale in dein Heft und berechne ihre Länge.
b) Ergänze die Spirale um einen weiteren Halbkreis.

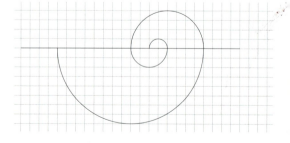

Flächeninhalt des Kreises

Erforschen und Entdecken

1 Zeichne auf kariertem Papier einen Kreis mit dem Radius $r = 5\,\text{cm}$. Markiere alle Kästchen, die vollständig in dem Kreis liegen, mit einem roten Punkt und alle Kästchen, die sowohl innerhalb als auch außerhalb des Kreises liegen, mit einem blauen Punkt. Schätze nun die Größe der Kreisfläche ab. Erkläre deinem Nachbarn, wie du vorgegangen bist.

ZUM KNOBELN
Wie viele Käseecken fehlen?

2 Für den folgenden Versuch benötigst du:

- eine Brief- oder Haushaltswaage
- Knete oder Teig
- runde Formen zum Ausstechen
- Geodreieck und Messer

Walze zunächst die Knete oder den Teig gleichmäßig aus.
Stich danach verschiedene Kreise aus und bestimme die Größe des Durchmessers und des Radius.
Schneide mit Hilfe des Geodreiecks zu jedem Kreis ein Quadrat aus, dessen Seitenlänge gleich dem Radius des Kreises ist. Wiege nun den Kreis und das zugehörige Quadrat (Seitenlänge des Quadrats = Radius des Kreises).

HINWEIS
Statt Knete oder Teig können die Kreise und Quadrate auch aus dicker Pappe geschnitten werden.

a) Übertrage die Messergebnisse in die folgende Tabelle und berechne den Quotienten Masse des Kreises durch Masse des Quadrats.

Radius des Kreises bzw. Seitenlänge des Quadrats	Masse des Kreises (m_K)	Masse des Quadrats (m_Q)	$m_K : m_Q$

b) Was fällt dir auf?
c) Entwickle eine Formel für die Berechnung der Kreisfläche. Überprüfe mit Hilfe von Aufgabe 1, ob die Formel richtig sein kann.

3 Zeichne einen Kreis mit Radius $r = 5\,\text{cm}$. Unterteile den Kreis in zwölf gleich große Kreisausschnitte und male je sechs Ausschnitte in der gleichen Farbe aus. Schneide nun die zwölf Kreisausschnitte aus und lege sie wie rechts gezeigt zusammen.

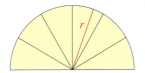  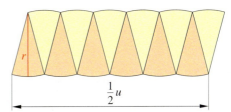

a) Welches Viereck ist annähernd entstanden?
b) Berechne den Flächeninhalt des entstandenen Vierecks.
c) Entwickle aus deinen Überlegungen eine Formel zur Bestimmung der Kreisfläche. Überprüfe mit Hilfe von Aufgabe 1, ob die entwickelte Formel richtig sein kann.

Vom Vieleck zum Kreis

Lesen und Verstehen

Ein Gärtner möchte ein kreisrundes Blumenbeet mit Riesenanemonen bepflanzen. Das Blumenbeet hat einen Radius von 3 m. Wie groß ist das Blumenbeet?

Der Flächeninhalt eines Kreises lässt sich mit Hilfe des Radius r berechnen.

Riesenanemonen
Azaleen

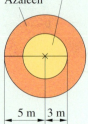

5 m 3 m

Flächeninhalt des Kreises: $A = \pi \cdot r^2$.

BEISPIEL 1
Das Blumenbeet hat eine Größe von
$A = \pi \cdot (3\,\text{m})^2 \approx 28{,}3\,\text{m}^2$.

Der Gärtner möchte nun um den Anemonenkreis einen zwei Meter breiten Kreisring mit Azaleen pflanzen (siehe Randspalte). Wie groß ist der Azaleenring?

Für den **Flächeninhalt eines Kreisrings** gilt:
$A = \pi \cdot r_a^2 - \pi \cdot r_i^2 = \pi \cdot (r_a^2 - r_i^2)$

BEISPIEL 2
Der Azaleenring hat eine Größe von
$A = \pi \cdot [(5\,\text{m})^2 - (3\,\text{m})^2] \approx 50{,}3\,\text{m}^2$.

Üben und Anwenden

1 Berechne den Flächeninhalt des Kreises.
a) $r = 3{,}7$ cm b) $r = 4{,}9$ mm
c) $r = 6{,}5$ cm d) $d = 0{,}7$ m
e) $d = 8{,}9$ dm f) $d = 10{,}1$ km
g) $r = 2{,}2$ cm h) $r = 4{,}1$ cm

2 Berechne den Flächeninhalt des Kreises.
a)   b)

5,5 cm   7,1 m

3 Wie groß ist der Radius des Kreises?
a) $A = 18\,\text{cm}^2$ b) $A = 0{,}94\,\text{m}^2$
c) $A = 6{,}6\,\text{dm}^2$ d) $A = 4{,}98\,\text{km}^2$
e) $A = 0{,}8\,\text{cm}^2$ f) $A = 27\,\text{a}$
g) $A = 38{,}48\,\text{cm}^2$ h) $A = 113{,}09\,\text{cm}^2$

4 Versuche, ohne zu messen einen Kreis mit einem Flächeninhalt von 15 cm² zu zeichnen. Miss nach und berechne, wie groß deine Abweichung ist.

5 Berechne den Flächeninhalt des Kreises.
a) $u = 15$ cm b) $u = 1{,}7$ dm
c) $u = 24{,}3$ mm d) $u = 15$ km
e) $u = 6{,}5$ m f) $u = 8{,}6$ dm
g) $u = 3{,}2$ dm h) $u = 2{,}7$ cm

6 Zeichne einen Kreis mit folgendem Flächeninhalt:
a) $50{,}3\,\text{cm}^2$ b) $25\,\text{cm}^2$
c) $2\,800\,\text{mm}^2$ d) $2\,\text{dm}^2$
e) $3{,}5\,\text{dm}^2$ f) $98\,\text{mm}^2$

7 Ergänze die folgende Tabelle in deinem Heft.

	r	d	u	A
a)	3 cm			
b)		4,5 dm		
c)			53,4 m	
d)				78,5 m²
e)				1 ha
f)			1 m	
g)				10 a

BEACHTE
Wie erhalte ich r, wenn r^2 gegeben ist?
Dazu hilft das Wurzelzeichen $\sqrt{}$ des Taschenrechners.
Sei $r^2 = 9$, dann wird die Zahl gesucht, die mit sich selbst multipliziert 9 ergibt.

BEISPIEL
$9\ \sqrt{} = 3$,
denn $3 \cdot 3 = 9$
$3{,}89\ \sqrt{} = 1{,}7$,
denn $1{,}7 \cdot 1{,}7 = 3{,}89$

Flächeninhalt des Kreises

8 Ein kreisrundes Blumenbeet wird bepflanzt. Pro m² sollen 20 Pflanzen eingesetzt werden.
Wie viele Pflanzen werden für den folgenden Radius benötigt?
a) 60 cm b) 1 m
c) 1,2 m d) 8 dm
e) 75 cm f) 1,35 m

9 Ein Kreis k_1 ist gegeben. Er hat den Radius $r_1 = 3$ cm. Die Fläche eines zweiten Kreises k_2 soll
a) doppelt, b) dreimal,
c) fünfmal, d) zehnmal
so groß sein wie die Fläche von k_1.
Wie groß ist der Radius r_2 des Kreises k_2?

10 Überprüfe, ob die Zuordnung *Kreisradius → Kreisfläche* proportional ist.

11 Welchen Flächeninhalt hat der Kreisring bei gegebenem Innen- und Außenradius?
a) $r_a = 16$ cm; $r_i = 10$ cm
b) $r_a = 4$ m; $r_i = 3$ m
c) $r_a = 6,4$ m; $r_i = 2,9$ m
d) $r_a = 1,69$ dm; $r_i = 0,35$ dm
e) $r_a = 6,5$ cm; $r_i = 27$ mm

12 Berechne den Flächeninhalt der abgebildeten Figur.

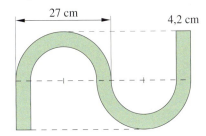

13 Melanie liebt Pizza. Allerdings ist ihr der unbelegte Rand zu langweilig. Deshalb isst sie diesen nie. Melanies Lieblingspizza hat einen 1,5 cm breiten Rand.
a) Wie viel cm² Rand lässt Melanie liegen, wenn die Pizza einen Durchmesser von 26 cm hat?
b) Gib den Anteil des Pizzarandes an der Gesamtpizza in Prozent an.

14 Wahrzeichen von Chicago sind die beiden 60-stöckigen Turmhäuser (twin tower).
Die Turmhäuser bestehen aus 12 m dicken Stahlbetonkernen mit daran aufgehängten Wohnungen. Der Durchmesser der Türme ist 30 m. Jede Etage kann in 16 gleich große Wohneinheiten aufgeteilt werden. Berechne die Fläche einer Wohneinheit.

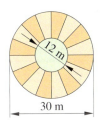

15 Überprüfe die folgenden Aussagen.
a) Die Fläche eines Kreisausschnitts (Kreissektors) ist abhängig vom Radius.
b) Die Fläche eines Kreisausschnitts ist abhängig vom Mittelpunktswinkel α.
c) Bei konstantem Winkel ist die Zuordnung *Radius → Fläche des Kreissektors* proportional.
d) Bei konstantem Radius ist die Zuordnung *Mittelpunktswinkel → Fläche des Kreissektors* proportional.
e) Für den Flächeninhalt eines Kreisausschnitts gilt: $A = \frac{\alpha}{360°} \cdot \pi \cdot r^2$.

ERINNERE DICH
Konstant bedeutet gleich bleibend.

16 Welchen Flächeninhalt hat der Kreisausschnitt?
a) $r = 2$ cm; $\alpha = 70°$ b) $r = 6$ cm; $\alpha = 120°$
c) $r = 7,2$ cm; $\alpha = 225°$ d) $r = 9,5$ cm; $\alpha = 160°$

17 Berechne die fehlende Größe des Kreisausschnitts.

	a)	b)	c)	d)
r	7 dm	7 m	100 m	1 km
α	120°			30°
A		25,7 m²	1 ha	

Vom Vieleck zum Kreis

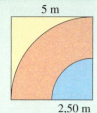

5 m
2,50 m

18 Betrachte die Abbildung links.
a) Berechne jeweils den Flächeninhalt der blauen, roten und gelben Fläche.
b) Vergleiche die Flächeninhalte der blauen und roten Fläche miteinander.

19 Berechne den Flächeninhalt.

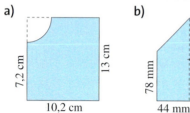

a) 7,2 cm; 13 cm; 10,2 cm
b) 78 mm; 60 mm; 44 mm

20 ⇨ Gezeigt wird der Tomatenverbrauch pro Kopf in kg in Italien, Spanien, Frankreich, Belgien und Deutschland im Jahr 2000.

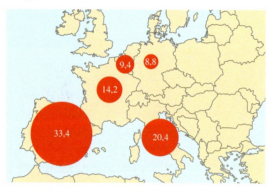

a) Welches der dargestellten Länder hat den höchsten Pro-Kopf-Verbrauch, welches den geringsten?
b) Überprüfe, ob die folgenden Zuordnungen proportional sind:
Verbrauch → Radius
Verbrauch → Fläche
c) Wozu führen deine Erkenntnisse aus b) beim Betrachten der Grafik?
d) Zeichne ein „faires" Diagramm.

21 Den Bereich, für den eine Basisstation für Handys zuständig ist, nennt man „Funkzelle". Die Reichweite einer Empfangsstation liegt bei 500 m im städtischen und 10 km im ländlichen Raum. Berechne die Größe einer Funkzelle
a) im städtischen Raum,
b) im ländlichen Raum.

22 ⇨ Die Pizzeria „Bella Italia" verkauft Pizzen in drei verschiedenen Größen.

	Durchmesser der Pizzen		
	26 cm	30 cm	32 cm
Margherita	2,00 €	3,00 €	4,00 €
Piccata	3,50 €	5,00 €	6,00 €
Marina	5,00 €	6,00 €	7,00 €
Salami	4,00 €	5,00 €	5,50 €

a) Um den Preis zu vergleichen, möchte Artur die Zuordnung *Durchmesser → Preis* untersuchen.
Alex schlägt vor, die Zuordnung *Fläche → Preis* zu betrachten.
Wie würdest du vorgehen?
b) Welche Pizza ist jeweils die günstigste? Begründe deine Meinung rechnerisch.
c) Wie teuer müsste die Pizza Salami mit 30 cm Durchmesser sein, wenn der Preis pro cm² wie bei der kleineren Pizza sein soll?

23 Betrachte die folgende Abbildung.

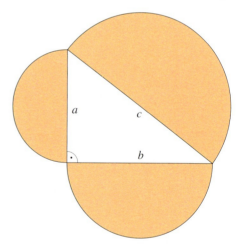

a) Zeichne das Dreieck mit $a = 8$ cm, $b = 6$ cm und $c = 10$ cm. Ergänze auch die Halbkreise.
b) Berechne die Flächeninhalte der drei Halbkreise.
c) Zeichne ein beliebiges rechtwinkliges Dreieck mit anliegenden Halbkreisen. Miss die Größe des Durchmessers der Halbkreise und bestimme deren Flächeninhalte. Was fällt dir auf?

Flächeninhalt des Kreises

24 Bestimme den Flächeninhalt der Figuren.

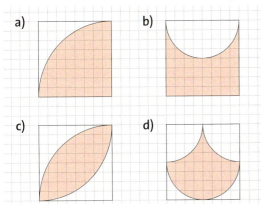

25 Übertrage die folgende Abbildung in dein Heft.

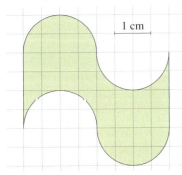

a) Zeige, dass der Flächeninhalt der grünen Fläche 8 cm² beträgt. Vergleiche deinen Lösungsweg mit dem deiner Mitschüler.
b) Bestimme den Umfang der grünen Fläche.

26 Betrachte die Abbildung unten.

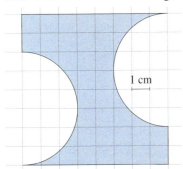

a) Bestimme den Flächeninhalt und den Umfang der blauen Fläche.
b) Gib je einen Term an, mit dem der Flächeninhalt und der Umfang der blauen Figur bestimmt werden kann, wenn die Seitenlänge des kleinen Quadrats variabel ist.

27 Die rechts abgebildete Figur soll gepflastert werden.

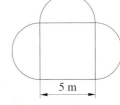

a) Bestimme den Flächeninhalt und den Umfang der Figur.
b) Es sollen Pflastersteine mit einer Länge von 24 cm und einer Breite von 16 cm eingesetzt werden. Wie viele Pflastersteine müssen ungefähr bestellt werden?
c) Für die Pflasterarbeiten liegen zwei Angebote vor:

Angebot	Materialkosten	Arbeitskosten
A	12,50 €/m²	39 €/m²
B	11,95 €/m²	pauschal: 995 €

Welches Angebot ist günstiger?

28 Die Karte zeigt den Victoriasee im Maßstab 1 : 5 000 000.

a) Übertrage den Umriss des Victoriasees auf Transparentpapier. Schätze seine Größe, indem du die Fläche einmal mit einem Kreis und dann mit der Methode deiner Wahl annäherst.
b) Vergleicht zunächst eure Ergebnisse zu zweit und dann mit den Vorgehensweisen und Ergebnissen im Klassenverband. Recherchiert die wahre Größe des Sees.

Annäherung an π mit eine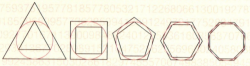

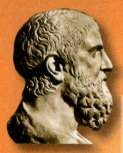

Archimedes lebte von 282 v. Chr. bis 212 v. Chr.

Die Methode zur annähernden Berechnung von π, die der große Mathematiker, Physiker und Ingenieur Archimedes verwendete, ist besonders eindrucksvoll und hat auch heute noch Anwendungsmöglichkeiten. Archimedes bestimmte π über den Umfang eines Kreises, indem er regelmäßige Vielecke einbeschrieb und umbeschrieb. Deren Umfänge berechnete er und bildete die Differenz. Je mehr Ecken die Vielecke haben, umso geringer wird diese Differenz und umso genauer wird der Umfang des Kreises angenähert. Nach einer ersten Annäherung an π mit dem regelmäßigen Sechseck, verbesserte Archimedes mit dem Prinzip der „Eckenverdopplung" die Näherungswerte bis zum 96-Eck.

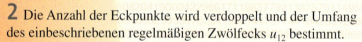

Zur Vereinfachung der Untersuchung wird von einem Einheitskreis ausgegangen. Man sagt, der Radius beträgt eine Einheit, also 1. Die Ergebnisse sind in der Tabelle zusammengefasst.

1 Nach dem Prinzip von Archimedes wird zunächst ein Einheitskreis mit einem einbeschriebenen regelmäßigen Sechsecks betrachtet. Beim Einheitskreis beträgt der Radius $r = 1$, also eine Einheit (z. B. 1 dm). Der Umfang des Sechsecks wird berechnet.
a) Zeige, dass die Größe des Winkels α genau 60° betragen muss.
b) Begründe, warum das rot gezeichnete Dreieck gleichseitig ist.
c) Bestimme die Länge einer Seite a_6 des regelmäßigen Sechsecks und den Umfang des Sechsecks u_6.
d) Zeige, dass die Gleichung $h_6^2 + (\frac{1}{2})^2 = 1^2$ gilt. Berechne h_6.
e) Berechne die Länge x_6.

2 Die Anzahl der Eckpunkte wird verdoppelt und der Umfang des einbeschriebenen regelmäßigen Zwölfecks u_{12} bestimmt.
a) Zeige, dass die Gleichung $x_6^2 + (\frac{a_6}{2})^2 = a_{12}^2$ gilt und berechne a_{12} und u_{12}.
b) Zur Berechnung des Kreisumfangs wurde die Formel $u = 2\pi r$ benutzt. Setze für u und r die errechneten bzw. benutzten Werte ein und berechne einen Näherungswert für π.
c) Berechne mit Hilfe des Satzes des Pythagoras die Länge von h_{12}. Wie lang ist dann x_{12}?

Die Geschichte der Kreiszahl und ihrer Berechnung kann bis ca. 2000 v. Chr. zurückverfolgt werden.
Hier sind wichtige Daten in einer Zeitleiste zusammengestellt worden.

1500 v. Chr. Ägypter verwenden für π den Wert $(\frac{16}{9})^2 \approx 3{,}16$.

ca. 250 v. Chr. Archimedes nähert π dem Wert $\frac{22}{7} \approx 3{,}14$ an.

120 n. Chr. Ptolemäus verbessert π auf $\frac{377}{120} \approx 3{,}1417$.

um 1579 Vieta berechnet π auf zehn Dezimalstellen.

um 1600 van Ceulen berechnet π auf 35 Dezimalstellen.

ca. 1750 Euler verwendet zum ersten Mal den griechischen Buchstaben π und berechnet in einer Stunde 20 Dezimalstellen.

Tabellenkalkulation

3 Die Anzahl der Eckpunkte soll weiter verdoppelt werden. Mit einem Tabellenkalkulationsprogramm lassen sich die Folgewerte für a_n, u_n, h_n und x_n auf einfache Weise bestimmen. Abgesehen von der ersten Zeile und den Feldern **A2** und **B2** stehen in den Zellen keine Zahlen sondern Formeln.

	A	B	C	D	E	F
1	n	a_n	u_n	Näherung für Π	h_n	x_n
2	6	1	6	3	0,866025404	0,133974596
3	12	0,51763809	6,211657082	3,105828541	0,965925826	0,034074174
4	24	0,26105238	6,265257227	3,132628613	0,991444861	0,008555139
5	48	0,13080626	6,278700406	3,139350203	0,997858923	0,002141077
6	96	0,06543817	6,282063902	3,141031951	0,999464587	0,000535413
7	192	0,03272346	6,282904945	3,141452472	0,999866138	0,000133862
8	384	0,01636228	6,283115216	3,141557608	0,999966534	0,000033466

4 In der Tabelle oben wurden folgende Formeln verwendet:
① =C3/2 ② =2*A2 ③ =1−E3 ④ =A3*B3
⑤ =WURZEL(1−(0,5*B3)*(0,5*B3)) ⑥ =WURZEL((0,5*B2)*(0,5*B2)+F2*F2)

a) Beschreibe, was jede einzelne Formel berechnet.
b) Ordne die Formeln den Zellen **A3** bis **F3** im obigen Tabellenblatt zu.

5 Lege in einem Tabellenkalkulationsprogramm eine Tabelle wie oben an.
a) Berechne mit ihr a_{768}, u_{768}, h_{768} und x_{768}.
b) Berechne näherungsweise die Zahl π auf zehn Nachkommastellen genau. Verwende dazu das selbst erstellte Tabellenblatt.
c) Überprüfe, ob das Verfahren irgendwann abbricht. Dies ist beispielsweise der Fall, wenn sich für h_n der Wert 1 ergibt. Falls ja, berechne, wie groß die Zahl π bei Abbruch des Verfahrens ist. Falls nein, bestimme π auf zwanzig Nachkommastellen genau.

6 Statt mit einem Sechseck kann man auch mit einem einbeschriebenen Quadrat beginnen. Vollziehe die bisherigen Überlegungen an einem einbeschriebenen Quadrat nach und erstelle mit einem Tabellenkalkulationsprogramm eine entsprechende Tabelle.

1767
Lambert weist als Erster nach, dass π eine irrationale Zahl ist und nicht als Bruch geschrieben werden kann.

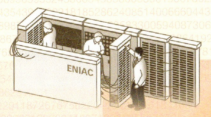

1948
Von π sind 808 Stellen bekannt.

1949
Die erste Maschine (ENIAC) berechnet π auf über 2000 Stellen in 70 Stunden.

1999
Der Japaner Yasumasa Kanada berechnet π mit Computern auf 206 158 430 000 Nachkommastellen in 37 Stunden.

2002
Y. Kanada berechnet π mit Computern auf ca. 1 Billion 241 Milliarden Nachkommastellen in 400 Stunden.

Rund ums Fahrrad

Die Größe von Fahrradreifen wird meistens in Zoll angegeben: 1 Zoll = 2,54 cm.
Der Reifen eines 12-Zoll-Kinderfahrrads hat einen Durchmesser von ca. 30,5 cm (12 · 2,54 cm).

1 Bestimme den Durchmesser eines 18-Zoll-Klapprades, eines 26-Zoll-Triathlonrades und eines 28-Zoll-Rennrades. Welchen Weg legt man bei einer Radumdrehung jeweils zurück?

Die Tour de France gilt als das wichtigste Radrennen der Welt. Sie hat jedes Jahr einen anderen Streckenverlauf. In der Tabelle unten ist der Tourverlauf von Straßburg nach Paris dargestellt.

2 Wie viele Umdrehungen führte der Reifen eines Rennrades auf der 6. (17.; längsten; kürzesten) Etappe aus? Wie viele Umdrehungen macht der Reifen auf der gesamten Tour?

Etappe	Tag		Start	Ziel	km
Prolog	01.07.	EZ	Straßburg	Straßburg	7
1.	02.07.	RR	Straßburg	Straßburg	185
2.	03.07.	RR	Obernai	Esch-sur-Alzette	229
3.	04.07.	RR	Esch-sur-Alzette	Valkenburg	217
4.	05.07.	RR	Huy	Saint-Quentin	207
5.	06.07.	RR	Beauvais	Caen	225
6.	07.07.	RR	Lisieux	Vitré	189
7.	08.07.	EZ	Saint-Grégoire	Rennes	52
8.	09.07.	RR	Saint-Méen-le-Grand	Lorient	181
9.	11.07.	RR	Bordeaux	Dax	170
10.	12.07.	RR	Cambo-les-Bains	Pau	191
11.	13.07.	RR	Tarbes	Pla de Beret	207
12.	14.07.	RR	Bagnères-de-Luchon	Carcassonne	212
13.	15.07.	RR	Béziers	Montélimar	230
14.	16.07.	RR	Montélimar	Gap	181
15.	18.07.	RR	Gap	L'Alpe-d'Huez	187
16.	19.07.	RR	Le Bourg-d'Oisans	La Toussuire	182
17.	20.07.	RR	Saint-Jean-de-Maurienne	Morzine	201
18.	21.07.	RR	Morzine	Mâcon	197
19.	22.07.	EZ	Le Creusot	Montceau-les-Mines	57
20.	23.07.	RR	Antony	Paris	155

3 Den Prolog der Tour gewann der Norweger Thor Hushovd in 8:17 min. Mit welcher Durchschnittsgeschwindigkeit wurde der Prolog gewonnen?

4 Der Sieger der Tour benötigte für die Gesamtstrecke ca. 89:40 h, der Letzte hatte einen Rückstand von ca. 4 Stunden. Bestimme ihre Durchschnittsgeschwindigkeiten.

5 Wer beim Radfahren nicht sonderlich trainiert ist, schafft ca. $15\,\frac{km}{h}$. Wie lange hätte demnach ein Untrainierter für den Prolog (die Gesamtstrecke) benötigt?

An der Tretkurbel von Rennrädern befinden sich meist ein 53er- und ein 39er-Kettenblatt. Kombinierbar sind die Kettenblätter mit der häufig verwendeten 10-fach-Kassette mit Ritzeln von 11 bis 21. Wählt man am vorderen Kettenblatt 53 Zähne und bei der hinteren Kassette 17 Zähne, so erhält man ein Übersetzungsverhältnis von $\frac{53}{17} = 3{,}1$.
Bei einer Drehung der Tretkurbel würde sich das Hinterrad demnach ca. 3,1-mal drehen.

6 Übertrage die folgende Tabelle in dein Heft und vervollständige sie.

	Zähne am Hinterrad									
	11	12	13	14	15	16	17	18	19	21
53							3,1			
39										

7 Wie viele unterschiedliche Übersetzungen stehen einem Rennfahrer zur Verfügung? Zur Bestimmung der Strecke, die man mit einer Kurbelumdrehung zurücklegt, muss die Ablauflänge berechnet werden. Diese berechnet sich wie folgt:

$L = u \cdot \frac{Z_K}{Z_R}$

wobei u der Umfang des Hinterrades, Z_K die Zähnezahl des Kettenblatts und Z_R die Zähnezahl der hinteren Kassette ist.

8 Berechne die maximale und die minimale Strecke, die ein Radrennfahrer bei einer Kurbelumdrehung zurücklegt.

9 Wie häufig musste ein Radrennfahrer die Kurbel bei der dargestellten Tour de France mindestens (höchstens) treten?

Vom Vieleck zum Kreis

Vermischte Übungen

1 Ergänze die folgende Tabelle in deinem Heft.

	r	d	u	A
a)	4 cm			
b)		4 dm		
c)			10,7 m	
d)				1075 m²
e)				2 a

ZUM KNOBELN
Ein Kreis wird von drei Geraden geschnitten. Wie viele Teilflächen entstehen mindestens? Wie viele Teilflächen können maximal entstehen?

2 In Kalifornien wurde bei einem Mammutbaum ein Umfang von 24,2 m gemessen. Welchen Durchmesser hatte er an dieser Stelle?

3 Der Umfang eines Fußballs beträgt laut Regelwerk mindestens 68 cm und höchstens 70 cm.
a) Berechne den Durchmesser eines Fußballs.
b) Im Jahr 2005 wurde das 68 m × 105 m große Spielfeld eines Stadions aus Werbezwecken mit Bällen ausgelegt.

  Wie viele Bälle wurden für diese Aktion benötigt?
c) Wie groß ist die Fläche, die von den Bällen verdeckt wurde?
d) Wie groß ist die Fläche, die zwischen vier Bällen noch sichtbar ist?
e) Justin schlägt vor, die Bälle wie in der Abbildung links zu legen.
  Werden in diesem Fall für die Aktion mehr Bälle benötigt? Diskutiere mit deinem Nachbarn.

4 Um 1870 erfand James Starley das Hochrad. Das riesige Vorderrad hatte einen Durchmesser von ca. 2 m, das Hinterrad einen Durchmesser von ca. 50–70 cm.

a) Bestimme den Umfang des Vorder- und des Hinterrades.
b) Wie oft dreht sich das Hinterrad bei einer Umdrehung des Vorderrades?

5 Überprüfe die folgenden Aussagen.
a) Ein Quadrat mit der Seitenlänge $a = 5$ cm hat einen größeren Flächeninhalt als ein Kreis mit dem Radius $r = 5$ cm.
b) Ein Quadrat mit der Seitenlänge $a = 6$ cm hat einen größeren Flächeninhalt als ein Kreis mit dem Durchmesser $d = 6$ cm.

6 Kreisverkehr

> Kleine Kreisverkehre haben einen Durchmesser von 26 bis 35 m. Große Kreisverkehre haben Durchmesser von mehr als 40 m. In Ausnahmefällen können sie bis zu 120 m Durchmesser aufweisen. In der Schweiz findet man sogar Kreisverkehre auf Autobahnen mit einem Durchmesser von 450 m.

a) Bestimme den Flächenverbrauch eines Kreisverkehrs mit einem Durchmesser von 26 m (35 m).
b) Welchen Umfang hat der genannte Schweizer Autobahnkreisverkehr?

7 Bestimme die Speicherkapazität einer CD-Rom in MB pro cm².

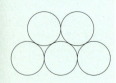

Vermischte Übungen

8 Zwei 15-jährige Jungen umfassen einen Baumstamm gerade so, dass sich ihre Fingerspitzen berühren.
Welchen Durchmesser hat der Baumstamm an dieser Stelle ungefähr? Überlege vorher genau, welche Angaben benötigt werden.

9 Wie groß ist der Umfang und der Flächeninhalt des Inkreises (Umkreises) eines Quadrats mit $a = 5$ cm?

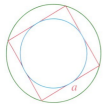

10 Der Umfang des hellgrünen Kreises beträgt 25 cm.
a) Wie groß ist der Flächeninhalt des einbeschriebenen Quadrats und des umbeschriebenen Quadrats?

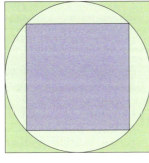

b) Konstruiere die Figur, indem du zunächst den Kreis mit einem Umfang von 30 cm zeichnest.
Zeichne dann das einbeschriebene und das umbeschriebene Quadrat.

11 Die Kantenlängen der Quadrate sind jeweils 5 cm lang.

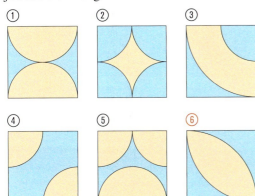

a) Berechne die Größe der blauen Fläche.
b) Stelle selbst Muster her und lasse deinen Tischnachbarn die Fläche berechnen.

12 Verschiedene Bögen der Baukunst

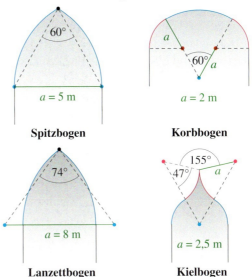

a) Zeichne die Bögen im Maßstab 1 : 100.
b) Berechne die Länge des Spitzbogens und des Korbbogens.
c) Entnimm aus deiner Zeichnung die fehlenden Maße für den Lanzettbogen und berechne seine Länge.
d) Berechne die Länge des Kielbogens. Verfahre wie in c).

13 Die farbigen Flächen bezeichnet man als *Möndchen des Hippokrates* (440 v. Chr.). Die Gesamtfigur wird aus einem rechtwinkligen Dreieck und drei Halbkreisen gezeichnet.

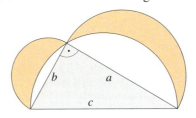

a) Zeichne die Figur für $a = 4$ cm, $b = 3$ cm, $c = 5$ cm und berechne den gesamten Umfang beider Möndchen.
b) Berechne den Flächeninhalt der Möndchen des Hippokrates für $a = 8$ cm, $b = 6$ cm, $c = 10$ cm. Subtrahiere dazu den Flächeninhalt des Halbkreises über der Hypotenuse von dem Flächeninhalt der Gesamtfigur.
c) Vergleiche den Flächeninhalt der Möndchen mit dem des Dreiecks.

ZUM WEITERARBEITEN
Welche Maße sollte eine quadratische Tischdecke haben, die über einen kreisrunden Tisch mit einem Umfang von 3,46 m gelegt werden soll?

Vom Vieleck zum Kreis

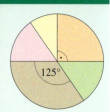

14 Der Kreis mit dem Radius $r = 7\,\text{cm}$ ist in fünf verschieden Kreisausschnitte eingeteilt.
a) Warum sind die grün und die rosa gefärbte Fläche gleich groß?
b) Berechne die Flächeninhalte der Kreisausschnitte.

15 Der Keller eines alten Hauses hat als Abschluss ein Tonnengewölbe. Die Frontfläche des Bogenmauerwerks soll gestrichen werden. Wie groß ist die zu streichende Fläche?

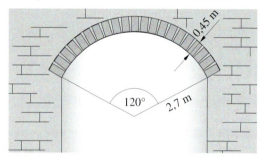

16 Auf einer Kochplatte, die einen Durchmesser von 21,5 cm besitzt, steht ein Topf mit einem Durchmesser von 14,5 cm.
a) David meint nach kurzem Nachdenken, dass dies einen Energieverlust von ca. 30 % bedeutet. Wie kommt David zu diesem Ergebnis?
b) Berechne die Fläche der Kochplatte und des Topfbodens und überprüfe, ob die Behauptung von David richtig ist.

17 Die Erde hat einen durchschnittlichen Äquatorradius von 6 378,137 km. Ein Tennisball hat einen Durchmesser von 6,5 cm.
a) Wie lang muss ein um den Äquator bzw. den Tennisball gespanntes Seil sein?
b) Die Seile um den Äquator und um den Tennisball werden jeweils um 1 m verlängert, sodass sie überall den gleichen Abstand haben.
Passt unter den Seilen eine Ameise, Fliege, Maus oder Katze durch? Vergleiche Erde und Tennisball.
c) Ein 1,80 m großer Mensch soll aufrecht unter den Seilen hindurch laufen. Um welche Strecke müssen die Seile jeweils verlängert werden?

18 In einem Internetchat beklagt sich ein Autofahrer: „Mir ist bei meinem Wagen aufgefallen, dass der vordere Scheibenwischer nicht bis zum Scheibenrand läuft. Dadurch kommt mir das Sichtfeld sehr klein vor. Ist dieses kleine Sichtfeld normal?"
a) Überprüft durch Messungen bei unterschiedlichen Scheibenwischersystemen, wie groß die Fläche ist, die ein Scheibenwischer reinigt. Unterscheidet auch zwischen Heck- und Frontscheibe.
b) Bestimme den prozentualen Anteil der Scheibe, der ungeputzt bleibt.

19 Die quadratische Landaufteilung ist typisch für weite Teile der USA. Die kleinste quadratische Einheit hat 16,25 ha.

a) Bestimme eine Quadratseite.
b) Wie groß ist die bewässerte kreisförmige Fläche?
c) Wie viel Prozent der quadratischen Fläche wird bewässert?

20 Maße der Dartscheibe (in mm)

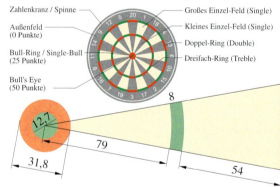

a) Bestimme die Größe des Bull's Eye und des „Bull".
b) Welchen Flächeninhalt haben jeweils das Double- und das Treble-Ring-Segment?
c) Recherchiere die Spielregeln und bestimme die Flächengröße auf der 18 [24; 30; 13] Punkte erzielt werden können?
d) Erfindet eigene Aufgaben und tauscht sie im Klassenverband aus.

Vom Vieleck zum Kreis

Teste dich!

a

1 Überprüfe die folgenden Aussagen:
a) Die Innenwinkelsumme eines Fünfecks beträgt 450°.
b) Die Größe eines Innenwinkels beträgt bei einem regelmäßigen Fünfeck 108°.

2 Berechne die fehlenden Größen des Kreises.

	r	d	u	A
a)	6 cm			
b)		6 dm		
c)			697,4 m	
d)				1520,5 m²
e)	4,5 cm			
f)		6,5 dm		

3 Ein Baum hat einen Umfang von 15 m. Bestimme seinen Radius und die Querschnittsfläche.

4 Bestimme den Flächeninhalt und den Umfang der blauen Flächen.
a)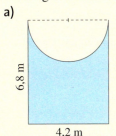
b)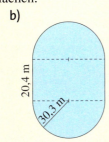

5 Berechne die fehlenden Größen des Kreisbogens.

	r	α	b
a)	9 cm	90°	
b)		72°	6,3 cm
c)	4 cm		18,8 cm
d)	5 cm	180°	
e)		135°	12,7 cm

b

1 Überprüfe die folgenden Aussagen:
a) Die Größe des Mittelpunktwinkels bei einem regelmäßigen Achteck beträgt 45°.
b) Die Größe eines Innenwinkels beträgt bei einem regelmäßigen Neuneck 140°.

3 Das kreisförmige Sendegebiet eines Fernsehsenders hat eine Größe von 7 854 km². Bestimme die Reichweite des Fernsehsenders.

4 Bestimme den Flächeninhalt und den Umfang der blauen Flächen.
a)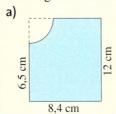
b)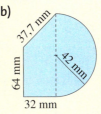

5 Berechne die fehlenden Größen des Kreisbogens.

	r	α	b	A
a)	7 cm	45°		
b)		72°	11,3 cm	
c)	6 m			12,6 m²
d)		85°	10 cm	
e)	4,5 cm		6 cm	

HINWEIS
Brauchst du noch Hilfe, so findest du auf den angegebenen Seiten ein Beispiel oder eine Anregung zum Lösen der Aufgaben. Überprüfe deine Ergebnisse mit den Lösungen ab Seite 184.

Aufgabe	Seite
1	80
2	84, 88
3	84, 88
4	84, 88
5	88

Vom Vieleck zum Kreis

Zusammenfassung

Regelmäßige Vielecke

→ Seite 80

Regelmäßige Vielecke (n-Ecke) haben
- n Ecken,
- n gleich lange Seiten und
- n gleich große Innenwinkel.

Regelmäßige Vielecke sind
- punktsymmetrisch,
- drehsymmetrisch und
- spiegelsymmetrisch.

Für den Mittelpunktswinkel γ gilt:
$\gamma = 360° : n$
Für die Basiswinkel α und β gilt:
$\alpha = \beta = (180° - \gamma) : 2$
Für die Winkelsumme im n-Eck gilt:
$180° \cdot (n - 2)$

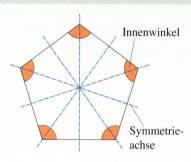

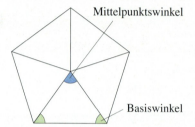

Kreisumfang

→ Seite 84

Für jeden Kreis ist das Verhältnis des Umfangs zu seinem Durchmesser gleich (konstant). Diese Konstante heißt **Kreiszahl** und wird mit dem kleinen griechischen Buchstaben π (lies „Pi") bezeichnet. Es gilt: $\frac{u}{d} = \pi$

Der **Umfang u eines Kreises** lässt sich wie folgt berechnen:

$u = \pi \cdot d$ oder
$u = 2 \cdot \pi \cdot r$

Die kreisrunden landwirtschaftlich genutzten Flächen haben einen Radius von 200 m.

Der Umfang eines Feldes beträgt demnach
$u = 2 \cdot \pi \cdot 200\,\text{m}$
$\approx 1257\,\text{m}$.

Flächeninhalt des Kreises

→ Seite 88

Der Flächeninhalt eines Kreises lässt sich mit Hilfe des Radius r berechnen. Man benutzt folgende Formel:
$A = \pi \cdot r^2$

Für den **Flächeninhalt eines Kreisrings** gilt:
$A = \pi \cdot r_a^2 - \pi \cdot r_i^2 = \pi \cdot (r_a^2 - r_i^2)$

Ein rundes Beet mit einem Radius von 3 m ist 10 cm breit von Steinen umrahmt.
Das Beet besitzt einen Flächeninhalt von
$A_B = \pi \cdot (3\,\text{m})^2 = 28{,}3\,\text{m}^2$.

Der Steinring hat mit $r_1 = 3{,}1\,\text{m}$ und $r_2 = 3\,\text{m}$ einen Flächeinhalt von
$A_{St} = \pi \cdot [(3{,}1\,\text{m})^2 - (3\,\text{m})^2] = 1{,}92\,\text{m}^2$.

Zylinder

Gefäße wie Vasen und Krüge können getöpfert werden. Beim Töpfern mit einer Töpferscheibe wird ein Klumpen feuchter Ton oder Lehm in die Mitte der Scheibe gelegt. Die Scheibe wird in schnelle Drehung versetzt. Damit wird die Herstellung zylinderförmiger Gefäße erleichtert. Um die Gefäße fest und wasserunlöslich zu machen, werden sie anschließend noch im Ofen gebrannt.

Zylinder

Noch fit?

1 Rechne in die angegebene Einheit um.

Längenmaße:				
a) 2 cm (mm)	b) 30 dm (cm)	c) 500 m (km)	d) 0,8 m (dm)	e) 30 mm (dm)
Flächenmaße:				
a) 2 cm² (mm²)	b) 30 dm² (cm²)	c) 500 m² (km²)	d) 0,8 m² (dm²)	e) 30 mm² (dm²)
Raummaße:				
a) 2 cm³ (mm³)	b) 30 dm³ (cm³)	c) 500 m³ (km³)	d) 0,8 m³ (dm³)	e) 30 mm³ (dm³)

2 Ein Quader hat die Kantenlängen $a = 3$ cm; $b = 2$ cm und $c = 4$ cm.
a) Zeichne ein Schrägbild und ein Netz des Quaders.
b) Berechne den Oberflächeninhalt des Quaders.
c) Bestimme das Volumen des Quaders.

3 Berechne das Volumen und den Oberflächeninhalt der rechts abgebildeten Prismen (angegebene Maße in cm).

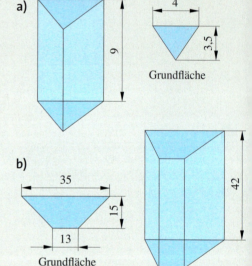

4 Berechne das Volumen der folgenden Körper:
a) Würfel mit der Kantenlänge $a = 2,5$ cm
b) Quader mit den Kantenlängen $a = 2,5$ cm; $b = 35$ mm und $c = 0,6$ dm
c) Prisma mit einem Dreieck als Grundfläche ($c = 4,2$ cm; $h_c = 2,5$ cm) und der Höhe $h = 7,3$ cm

HINWEIS
Berechne erst das Volumen des äußeren Quaders und subtrahiere davon das Volumen des inneren Quaders.

5 Ein Blumenkübel hat die in der Zeichnung angegebenen Maße.
a) Welche Maße hat die innere rechteckige Bodenfläche des skizzierten Blumenkübels?
b) Welches Volumen V_h hat der Hohlraum im Blumenkübel?
c) Wie viel cm³ Beton wurden in dem Blumenkübel verarbeitet?
d) Wie schwer ist der Blumenkübel, wenn 1 m³ Beton 1 200 kg wiegt?

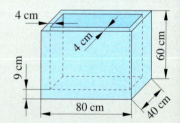

Kurz und knapp

1. Mit welchen Einheiten lassen sich Raum- und Hohlmaße angeben?
2. Was muss beim Zeichnen von Schrägbildern beachtet werden?
3. Nenne Beispiele aus deiner Umwelt für Würfel, Quader und Prismen.
4. Richtig oder falsch? Ein Prisma mit quadratischer Grundfläche ist ein Würfel. Begründe deine Meinung.
5. Nenne die Formeln zur Berechnung des Flächeninhalts und des Umfangs eines Kreises.
6. Ist ein Kreis mit Durchmesser $d = 5$ cm größer als ein Quadrat mit Seitenlänge $a = 5$ cm? Begründe.
7. Aus welchen Teilflächen besteht das Netz eines Prismas mit einem Parallelogramm als Grundfläche?

Netze und Oberflächen von Zylindern

Erforschen und Entdecken

1 Julian soll mit seiner kleinen Schwester eine Laterne für den Martinsumzug basteln. Im Internet findet er folgende Bastelanleitung.

HINWEIS
Material für die Laterne:
– *Tonpapier*
– *Schere*
– *Klebe*
– *Transparentpapier*
– *Teelicht*

Schneide aus Tonpapier einen 50 cm mal 25 cm großen Streifen für die Wand und zwei Kreise mit einem Durchmesser von 19 cm für Deckel und Boden. Schneide die Kreise rundherum regelmäßig ca. 2 cm weit ein und klappe die Streifen nach oben.

Nun wird das Rechteck für die Wand gestaltet:
Schneide mit einer kleinen Schere Motive in das Wandrechteck. Hinterklebe die Aussparungen mit buntem Transparentpapier. Schneide in den Deckel einen kleineren Kreis, durch den später die Kerze angezündet werden kann.

Forme das Rechteck zu einer Röhre, klebe es zusammen und befestige es am Rand des Bodens. Setze ein Teelicht auf den Boden der Laterne und klebe zuletzt den Deckel fest.

a) Welcher geometrische Körper entsteht beim Bau der Laterne?
Aus welchen Teilflächen besteht dieser Körper?
b) Julian hat Probleme, den Deckel in die fast fertige Laterne einzukleben. Nenne mögliche Ursachen. Wann passen Deckel und Wand genau zusammen?
c) Bestimme die Größe des Durchmessers der Laterne und berechne die Größe der Bodenplatte. Berechne auch die Größe des Wandrechtecks (ohne Klebelasche!).
d) Julian findet ein 45 × 50 cm großes Reststück Pappe. Reicht dies aus, um die Laterne mit seiner Schwester basteln zu können?
e) Um sich die Bastelarbeiten zu erleichtern, besorgt Julian im Supermarkt eine Käseschachtel. Die Käseschachtel hat einen Durchmesser von 16 cm.
Wie breit muss das Wandrechteck mindestens sein, damit es vollständig um die Käseschachtel geklebt werden kann?

2 Zeichne auf ein DIN-A4-Blatt Papier eine möglichst große Bastelvorlage für eine Laterne. Achte darauf, dass Wandrechteck und Kreisringe zusammenpassen.
Präsentiert eure Bastelvorlagen in der Klasse. Wer hat den geringsten Verschnitt?

Zylinder

Lesen und Verstehen

HINWEIS
Die hier behandelten Zylinder sind gerade Kreiszylinder, da ihre Achse senkrecht auf der Grundfläche steht. Es gibt auch schiefe Zylinder.

Lilli legt das Geburtstagsgeschenk für ihre Freundin in eine gereinigte Konservendose. Dann beklebt sie Deckel, Boden und Wandfläche mit Geschenkpapier. Wie groß müssen die Geschenkpapierstücke sein?

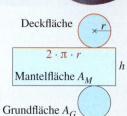

Zylinder sind Körper mit einem Kreis als Grund- und als Deckfläche. Grund- und Deckfläche sind zueinander deckungsgleich und parallel.
Die Mantelfläche ist ein Rechteck.
Die Länge des Rechtecks entspricht dem Umfang der Kreise.

Der Flächeninhalt eines Rechtecks ist das Produkt der beiden Seitenlängen.
In der rechteckigen Mantelfläche des Zylinders ist die eine Seitenlänge $2 \cdot \pi \cdot r$ und die andere Seitenlänge h.

ERINNERE DICH
Auch bei Prismen gibt es eine Grund- und Deckfläche und eine Mantelfläche.
Der Oberflächeninhalt ist auch bei Prismen die Summe der Flächeninhalte der drei Teile Grundfläche, Deckfläche und Mantel.

Für den **Flächeninhalt der Mantelfläche A_M** des Zylinders gilt:

$A_M = 2 \cdot \pi \cdot r \cdot h$

BEISPIEL 1
$r = 2\,cm,\ h = 3\,cm$
$A_M = 2 \cdot \pi \cdot 2\,cm \cdot 3\,cm$
$ \approx 37{,}7\,cm^2$

Die Oberfläche des Zylinders setzt sich zusammen aus der Mantelfläche, der Grund- und der Deckfläche.

Für den **Inhalt der Oberfläche A_O** des Zylinders gilt:

$A_O = 2 \cdot A_G + A_M = 2 \cdot \pi \cdot r^2 + 2 \cdot \pi \cdot r \cdot h$
$ = 2 \cdot \pi \cdot r \cdot (r + h)$

BEISPIEL 2
$r = 2\,cm,\ h = 3\,cm$
$A_O = 2 \cdot \pi \cdot 2\,cm \cdot (2\,cm + 3\,cm)$
$ \approx 62{,}83\,cm^2$

Üben und Anwenden

1 Nenne Dinge aus deiner Umwelt, die die Form eines Zylinders haben oder zumindest zylinderähnlich aussehen.

2 Welche dieser Gegenstände sind näherungsweise Zylinder?

3 Welcher Kreis passt zu der angegebenen Mantelfläche? Diskutiere mit deinem Nachbarn.

a)

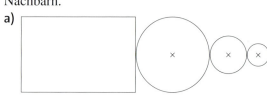

b)

Netze und Oberflächen von Zylindern

4 Konserven haben eine zylindrische Form. Das Etikett umhüllt die Mantelfläche des Zylinders und überlappt zum Verkleben 1,3 cm. Die Dose hat die Höhe h und den Radius r.
Wie groß ist die Fläche des Etiketts?

a) $h = 5$ cm; $r = 2$ cm
b) $h = 4$ cm; $r = 3$ cm
c) $h = 4$ cm; $r = 4$ cm
d) $h = 8$ cm; $r = 2$ cm
e) $h = 6$ cm; $r = 1,5$ cm
f) $h = 10,7$ cm; $r = 4,2$ cm
g) $h = 11,1$ cm; $r = 5$ cm
h) $h = 14$ cm; $r = 2,9$ cm

5 Berechne jeweils den Oberflächeninhalt des Zylinders.
a) $r = 4$ cm; $h = 7$ cm
b) $r = 6$ cm; $h = 10$ cm
c) $r = 2,5$ dm; $h = 4,8$ dm
d) $r = 1,2$ m; $h = 3,4$ m
e) $r = 49$ mm; $h = 21$ mm
f) $r = 25$ mm; $h = 40$ mm
g) $r = 3,2$ cm; $h = 4$ cm
h) $d = 9$ cm; $h = 12$ cm
i) $d = 7$ cm; $h = 3$ cm
j) $d = 6,7$ dm; $h = 3,8$ dm
k) $d = 0,5$ m; $h = 43$ cm

6 Zeichne die Netze der Konservendosen in einem sinnvollen Maßstab.

7 Zeichne ein Netz eines Zylinders.
a) $r = 2$ cm; $h = 4$ cm
b) $r = 1,5$ cm; $h = 3$ cm
c) $r = 1,5$ cm; $h = 4,2$ cm

8 Der zylinderförmige Behälter auf einem Kesselwagen der Bahn hat einen Durchmesser von 2,05 m und eine Länge von 6 m. Berechne seinen Oberflächeninhalt.

9 Berechne alle Größen des Zylinders.

	r	d	h	A_M	A_O
a)	6 cm		7 cm		
b)		4,4 dm	3 dm		
c)	2,8 m		0,9 m		
d)		74 mm	33 mm		
e)	15,4 m		20,6 m		
f)		28 mm	50 mm		

10 Für einen Kaminofen wird ein Ofenrohr von 1,80 m Länge und 13 cm Durchmesser benötigt. Wie viel m² Blech werden ungefähr zur Herstellung benötigt, wenn für die Falznaht 1,5 cm zugegeben werden müssen?

11 Gib die fehlenden Zylindergrößen an.

	r	d	h	A_M	A_O
a)			5,9 cm	66,73 cm²	
b)		4,5 cm		184,73 cm²	
c)	7 cm				527,79 cm²
d)			2,8 dm	379,82 dm²	

12 Zerschneide eine Papprolle, auf der Toilettenpapier aufgerollt ist.
a) Miss die Seitenlängen der Mantelfläche.
b) Wie groß muss der Radius der passenden Grundfläche sein? Überprüfe deine Rechnung durch Nachmessen.

13 Niklas hat in einem Buch andere Formeln zur Berechnung des Mantel- und des Oberflächeninhalts gefunden, nämlich $A_M = d \cdot \pi \cdot h$ und $A_O = d \cdot \pi \cdot (\frac{d}{2} + h)$.
Wende die Formeln an zwei Beispielen an. Überprüfe die Ergebnisse mit den dir bekannten Formeln.

Zylinder

14 ➡ Überprüfe die folgenden Aussagen.
a) Wenn sich der Radius eines Zylinders verdoppelt, verdoppelt sich auch seine Mantelfläche.
b) Wenn sich die Höhe eines Zylinders verdoppelt, verdoppelt sich auch seine Mantelfläche.
c) Wenn sich der Radius eines Zylinders verdoppelt, verdoppelt sich auch seine Oberfläche.
d) Wenn sich die Höhe eines Zylinders verdoppelt, verdoppelt sich auch seine Oberfläche.
e) Wenn ein Zylinder parallel zur Grundfläche halbiert wird, halbiert sich seine Oberfläche.

WUSSTEST DU SCHON?
Die Litfaßsäule wurde 1854 vom Berliner Drucker Ernst Litfaß erfunden.

15 ➡ Der äußere Durchmesser d einer Litfaßsäule und die Höhe h der Klebefläche haben die Maße $d = 1,2\,m$ und $h = 3\,m$.

a) Wie viele Plakate des Formats DIN A1 kann man höchstens auf einer Säule anbringen? DIN-A1-Plakate sind 84,1 cm lang und 59,5 cm breit. Fertige eine Maßstabszeichnung der Klebefläche an und zeichne die Plakate ein.
b) Laut dem Zentralverband der deutschen Werbewirtschaft gibt es in Deutschland 17 055 Litfaßsäulen. Überschlage die gesamte Werbefläche auf Litfaßsäulen in Deutschland.

16 ➡ Schätze die Höhe und den Durchmesser der Erdnussdose. Zeichne ein Netz und berechne die Mantelfläche. Vergleiche mit dem tatsächlichen Flächeninhalt der Mantlfläche $A_M \approx 194{,}94\,cm^2$.

17 Ist dies das Netz eines Zylinders? Begründe.

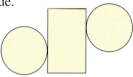

18 Ein Geräteschuppen hat die Form eines Halbzylinders. Die gewölbte Überdachung besteht aus Wellblech. Vorder- und Rückseite sind mit Holz verkleidet.

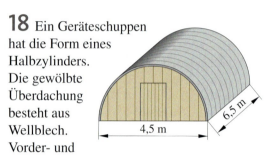

a) Wie viel m² Wellblech wurden beim Bau des Schuppens verarbeitet?
b) Vorder- und Rückwand erhalten einen Isolieranstrich. Wie viel m² müssen gestrichen werden?

19 Wie viel Blech benötigt man zur Herstellung einer zylinderförmigen Dose mit den angegebenen Maßen? Für Verschnitt müssen 15 % mehr Blech berücksichtigt werden.
a) $d = 8\,cm$; $h = 8\,cm$
b) $d = 7{,}5\,cm$; $h = 10{,}8\,cm$
c) $d = 10\,cm$; $h = 12{,}5\,cm$
d) $d = 8{,}6\,cm$; $h = 14{,}7\,cm$

20 Berechne den Oberflächeninhalt des Werkstücks. (Maße in cm)
Zerlege das Stück dazu in Teilstücke, die du leichter berechnen kannst.

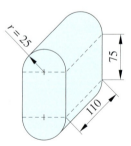

Wie würde sich die Oberfläche ändern, wenn der Radius nicht 25 cm, sondern 30 cm betragen würde? Berechne.

Schrägbilder und Volumen von Zylindern

Erforschen und Entdecken

1 Leni, Kevin und Sandra haben jeweils das Schrägbild eines Zylinders gezeichnet.

Lenis Schrägbild 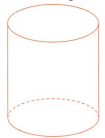   Kevins Schrägbild 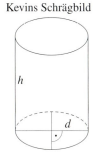   Sandras Schrägbild

Diskutiert Gemeinsamkeiten und Unterschiede der drei Schrägbilder.
Wessen Entwurf gefällt euch am besten? Begründet.

2 Besorgt möglichst viele Gefäße, die die Form eines Zylinders haben, zum Beispiel Gläser, Vasen, Dosen oder Füllzylinder aus dem Physiklabor. Messt zunächst den Durchmesser und die Höhe. Bestimmt dann das Volumen, indem ihr die Gefäße mit Wasser oder Sand füllt und den Inhalt anschließend in einen Messbecher schüttet. Übertragt die folgende Tabelle in euer Heft und füllt sie aus.

Gefäß	Durch-messer d	Radius r	Flächeninhalt des Kreises A_K	Höhe h	Volumen V
Glas					
Vase					
Dose					
...					

a) Überprüft, ob im Beispiel die Zuordnungen $d \to V$, $r \to V$, $A_K \to V$ und $h \to V$ proportional sind.
b) Könnt ihr einen Zusammenhang zwischen den Größen und dem Volumen erkennen?

3 Andreas: „Das Volumen eines Prismas berechnet sich doch mit der Formel $V = A_G \cdot h$."
Sebastian: „Das stimmt, aber was hat das mit dem Volumen eines Zylinders zu tun?"
Setze den Dialog fort.

4 Verschiedene Buchenholzstücke wurden gewogen.
Findest du Regelmäßigkeiten bei den Zuordnungen der Messwerte?

Durchmesser d	Höhe h	Masse m
2 cm	10 cm	21,35 g
2 cm	20 cm	42,7 g
2 cm	40 cm	85,4 g
1 cm	40 cm	21,35 g

Zylinder

Lesen und Verstehen

Jan überlegt, welche der beiden Kerzen länger brennt.
Die linke Kerze ist 15 cm hoch und hat einen Radius von 4 cm.
Die rechte Kerze ist nur 10 cm hoch, hat aber einen Radius von 5 cm.

BEACHTE
Das Volumen und die Masse gibt man in der Regel auf zwei Nachkommastellen gerundet an.

ERINNERE DICH
Das Volumen von Prismen berechnet man ebenfalls aus dem Produkt der Grundfläche und der Höhe.
Die Masse von Prismen ist ebenfalls das Produkt aus Volumen und Dichte.

Das **Volumen V eines Zylinders** mit dem Radius r und der Höhe h lässt sich wie folgt berechnen:

$V = \pi \cdot r^2 \cdot h$

BEISPIEL 1
Welche Kerze brennt länger?
linke Kerze: $V = \pi \cdot (4\,\text{cm})^2 \cdot 15\,\text{cm} \approx 754\,\text{cm}^3$
rechte Kerze: $V = \pi \cdot (5\,\text{cm})^2 \cdot 10\,\text{cm} \approx 785{,}4\,\text{cm}^3$
Da die rechte Kerze mehr Wachs enthält, wird sie vermutlich länger brennen.

Die **Masse m eines Zylinders** wird aus dem Produkt seines Volumens V und seiner Dichte ϱ (sprich: rho) berechnet.

$m = V \cdot \varrho = \pi \cdot r^2 \cdot h \cdot \varrho$

BEISPIEL 1
Kerzenwachs hat eine Dichte von $0{,}8\,\frac{\text{g}}{\text{cm}^3}$.
linke Kerze: $m = \pi \cdot (4\,\text{cm})^2 \cdot 15\,\text{cm} \cdot 0{,}8\,\frac{\text{g}}{\text{cm}^3} \approx 603{,}2\,\text{g}$
rechte Kerze: $m = \pi \cdot (5\,\text{cm})^2 \cdot 10\,\text{cm} \cdot 0{,}8\,\frac{\text{g}}{\text{cm}^3} \approx 628{,}3\,\text{g}$
Die rechte Kerze wiegt ca. 628 g, die linke Kerze ca. 603 g

HINWEIS
Die den Zylinder begrenzenden Kreise erscheinen im Schrägbild wie Ellipsen.

Ein **Schrägbild eines Zylinders** kann man so zeichnen:

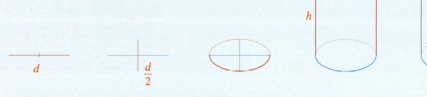

1. Zeichne den Durchmesser und markiere den Mittelpunkt.
2. Zeichne durch den Mittelpunkt eine Senkrechte, die halb so lang wie der Durchmesser ist.
3. Skizziere die ellipsenförmige Grundfläche.
4. Trage die Höhe des Zylinders links und rechts ab.
5. Skizziere die ellipsenförmige Deckfläche.

Üben und Anwenden

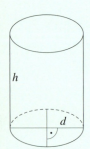

1 Betrachte den Zylinder.
a) Wie hoch ist der Zylinder?
b) Wie groß sind sein Durchmesser und sein Radius?
c) Berechne das Volumen des Zylinders.

2 Berechne das Volumen des Zylinders.
a) $r = 2\,\text{cm}$ und $h = 4\,\text{cm}$
b) $r = 4\,\text{cm}$ und $h = 2\,\text{cm}$

3 Berechne das Volumen des Zylinders.
Runde auf zwei Stellen nach dem Komma.
a) $r = 5\,\text{cm}$; $h = 7\,\text{cm}$
b) $r = 3\,\text{cm}$; $h = 8\,\text{cm}$
c) $r = 1{,}8\,\text{mm}$; $h = 5\,\text{mm}$
d) $r = 4\,\text{dm}$; $h = 5{,}9\,\text{dm}$
e) $r = 3{,}6\,\text{cm}$; $h = 2\,\text{cm}$
f) $r = 2\,\text{dm}$; $h = 6{,}7\,\text{dm}$
g) $r = 4{,}5\,\text{cm}$; $h = 12\,\text{cm}$

Schrägbilder und Volumen von Zylindern

4 Zeichne ein Schrägbild des Zylinders.
a) $d = 4\,\text{cm}$; $h = 3\,\text{cm}$
b) $d = 5\,\text{cm}$; $h = 2,5\,\text{cm}$
c) $d = 3\,\text{cm}$; $h = 3,7\,\text{cm}$
d) $d = 4,4\,\text{cm}$; $h = 2,8\,\text{cm}$

5 Zeichne das Schrägbild eines Zylinders mit $d = 3\,\text{cm}$ und $h = 4\,\text{cm}$. Berechne sein Volumen.

6 Eine Litfaßsäule hat einen Durchmesser von 1,10 m und eine Höhe von 2,80 m. Zeichne das Schrägbild und ein Netz der Litfaßsäule im Maßstab 1 : 20.

7 Beide Gläser haben den gleichen Radius. Das rechte Glas ist doppelt so hoch wie das linke. Berechne jeweils das Volumen beider Gläser. Fällt dir eine Regelmäßigkeit auf?
a) $r = 8\,\text{cm}$, links $h = 6\,\text{cm}$, rechts $h = 12\,\text{cm}$
b) $r = 6\,\text{cm}$, links $h = 7\,\text{cm}$, rechts $h = 14\,\text{cm}$
c) $r = 7\,\text{cm}$, links $h = 7,5\,\text{cm}$, rechts $h = 15\,\text{cm}$
d) $r = 8,5\,\text{cm}$, links $h = 9\,\text{cm}$, rechts $h = 18\,\text{cm}$

8 ▶ Eine Getränkedose hat die Maße $r = 3\,\text{cm}$ und $h = 10\,\text{cm}$. Überprüfe die folgenden Fragen anhand einer Rechnung.
a) Vervierfacht sich das Volumen, wenn man den Radius verdoppelt?
b) Wie muss sich die Höhe verändern, damit sich das Volumen vervierfacht?
c) Wie verändert sich das Volumen, wenn Höhe und Radius verdoppelt werden?

9 Ergänze die Tabelle im Heft.

	r	d	h	V
a)	7 cm		4 cm	
b)	3 cm		8 cm	
c)		8,4 cm	5 cm	
d)		6,2 cm	14 cm	
e)	5,4 cm		1,3 cm	
f)		13 cm	28 cm	

10 ▶ Wie viel Wasser passt ungefähr in einen 20 m langen Gartenschlauch?

11 Eine 1-€-Münze hat einen Durchmesser von 23,25 mm und eine Höhe von 2,33 mm. Berechne ihr Volumen.

12 Berechne die fehlenden Größen.

	r	h	A_M	A_O	V
a)	75 m	20 m			
b)	4,8 cm				48 cm³
c)		1,6 m	16 m²		
d)		9,8 dm			6927,2 dm³

13 Der Eurotunnel unter dem Ärmelkanal verbindet das französische Calais mit dem britischen Dover. Der Tunnel besteht aus drei Röhren, die etwa 40 m unter dem Meeresboden liegen und 50,5 km lang sind. Große Tunnelbohrer arbeiteten sich durch das Gestein. Der Abraum wurde über ein Förderband wegtransportiert.

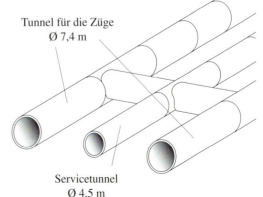

Tunnel für die Züge Ø 7,4 m
Servicetunnel Ø 4,5 m

Wie viel Gestein wurde für den Bau des Servicetunnels und der Tunnel für die Züge mindestens abgebaut?

ZUM WEITERARBEITEN
Miss die Größen weiterer Münzen und berechne ihre Volumen.

WUSSTEST DU SCHON?
Schon im Jahr 1802 gab es einen ersten Entwurf für einen Tunnel zwischen Frankreich und Großbritannien. Damals war ein Tunnel geplant, der mit Kutschen befahren werden konnte. Der Eurotunnel wurde dann erst im Jahr 1994 eröffnet und ist nur mit dem Zug befahrbar.

Zylinder

14 Berechne das Volumen der zusammengesetzten Körper.

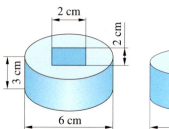
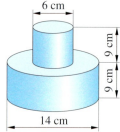

BEACHTE
Gib die Masse auf zwei Nachkommastellen gerundet an.

15 Berechne jeweils die Masse der Zylinder.
a) $V = 113\,\text{cm}^3$, $\varrho = 0{,}8\,\frac{\text{g}}{\text{cm}^3}$
b) $V = 76\,\text{cm}^3$, $\varrho = 2{,}9\,\frac{\text{g}}{\text{cm}^3}$
c) $V = 89\,\text{cm}^3$, $\varrho = 1{,}2\,\frac{\text{g}}{\text{cm}^3}$
d) $r = 2\,\text{cm}$, $h = 5\,\text{cm}$, $\varrho = 2\,\frac{\text{g}}{\text{cm}^3}$
e) $r = 5\,\text{cm}$, $h = 7\,\text{cm}$, $\varrho = 3\,\frac{\text{g}}{\text{cm}^3}$
f) $r = 4{,}5\,\text{cm}$, $h = 6\,\text{cm}$, $\varrho = 2{,}3\,\frac{\text{g}}{\text{cm}^3}$

16 ▶ Wie viele Kugelschreiberminen benötigt man ungefähr, um eine Tintenpatrone zu füllen?

17 Der Durchmesser einer runden Tischplatte beträgt 1,20 m. Wie schwer ist sie, wenn sie
a) 8 mm dick ist und aus Kristallglas besteht? Kristallglas wiegt 2 900 kg pro m³.
b) 3 cm dick ist und aus Fichtenholz besteht? Fichtenholz wiegt 500 kg pro m³?
c) 1,2 cm dick ist und aus Plexiglas besteht? Plexiglas wiegt 1 350 kg pro m³.

18 Berechne die fehlenden Größen der Zylinder in deinem Heft.

	r	h	Mantel	Oberfläche	Volumen
a)	2 cm	5 cm			
b)	3 cm	8 cm			
c)	5 cm		785 cm²		
d)	16 cm		2112 cm²		
e)	1,8 cm			54,7 cm²	
f)		3 cm			62,81 cm³
g)	12,5 cm				24 531,25 cm³
h)		10 cm	251,33 cm²		

19 ▶ Kannst du ein Stahlrohr mit 90 cm Länge und einem Durchmesser von 10 cm tragen? Stahl hat eine Dichte von $\varrho = 7{,}8\,\frac{\text{g}}{\text{cm}^3}$.

20 Betrachte die abgebildete Regenrinne aus Kupfer.

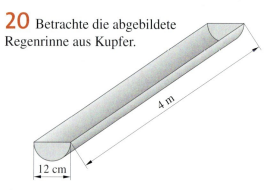

a) Wie viel ℓ Wasser fasst diese Regenrinne maximal?
b) Wie viel cm² Kupfer benötigt man zur Herstellung der Rinne einschließlich der Kopfstücke (das sind die Halbkreise an den Enden der Regenrinne)?

21 Die meisten Gläser haben eine zylindrische Form.

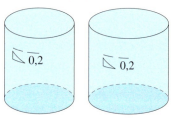

a) In welcher Höhe muss der Eichstrich für 0,2 ℓ markiert werden, wenn das Glas einen inneren Durchmesser $d = 5{,}2$ cm ($d = 5{,}8$ cm) hat?
b) ▶ Überprüfe an einigen Gläsern mit zylindrischer Form, ob der Eichstrich an der richtigen Stelle angebracht wurde. Erkläre und begründe deine Vorgehensweise.

22 Zylinderförmige Stäbe aus massivem Stahl haben jeweils 4 cm Durchmesser und sind 1,5 m lang. 1 dm³ Stahl wiegt 7,8 kg. Wie viele Stäbe kann ein Lastwagen transportieren, dessen Nutzlast 3 t beträgt?

23 Das Volumen und der Oberflächeninhalt eines Zylinders haben die gleiche Maßzahl.
a) Berechne die Höhe, wenn seine Grundfläche den Radius $r = 13$ cm hat.
b) Berechne den Radius der Grundfläche, wenn seine Höhe $h = 12$ m beträgt.

Hohlzylinder

Erforschen und Entdecken

1 Britta und Jessica sind auf einem Bauernhof zu Besuch. Sie sehen ein Silo. Die Bäuerin erklärt: „Darin wird Getreide als Futter für die Kühe aufbewahrt."
Britta und Jessica fragen sich, wie viel m³ Getreide wohl in das Silo passen.
Welche Angaben benötigt man, um die Menge an Getreide berechnen zu können?
Reicht es, wie bisher den äußeren Durchmesser und die Höhe zu kennen?

2 Katja bepflanzt einen Blumenkübel. Sie ist nicht sicher, wie viel Blumenerde sie benötigt.
Der Blumenkübel hat die Form eines Zylinders mit einem Außenradius von 70 cm und einer Höhe von 50 cm. Der Innenraum für die Blumenerde ist auch ein Zylinder. Die Wandstärke von Boden und Seitenwand beträgt 10 cm.

Angaben in cm

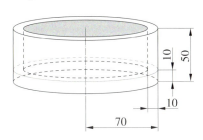

a) Skizziere den Blumenkübel maßstäblich in deinem Heft.
b) Wie könnte Katja die benötigte Menge an Blumenerde berechnen?
c) Kann Katja den Blumenkübel allein überhaupt bewegen? Er ist aus Beton, der eine Dichte von 2,3 g pro cm³ hat.

3 Wenn es auf Dachflächen regnet, wird das Regenwasser in Dachrinnen gesammelt und durch Fallrohre abgeleitet. Die Größe einer Dachrinne hängt unter anderem von der Dachfläche und der Niederschlagsmenge ab.
Noah und Felix berechnen das Volumen des skizzierten Fallrohrstücks.

Noah rechnet wie folgt:	Felix rechnet so:
$V = \pi \cdot \left(\frac{14\,\text{cm}}{2}\right)^2 \cdot 300\,\text{cm} - \pi \cdot \left(\frac{13{,}6\,\text{cm}}{2}\right)^2 \cdot 300\,\text{cm}$ $= 2601{,}24\,\text{cm}^3$	$V = \pi \cdot [(7\,\text{cm})^2 - (6{,}8\,\text{cm})^2] \cdot 300\,\text{cm}$ $= 2601{,}24\,\text{cm}^3$

a) Erkläre die Zahlen und Größen in den Rechnungen.
b) Was wird mit den rot, grün und blau gefärbten Termen berechnet?
c) Welche Rechnung findest du besser? Begründe.

Nun möchten die beiden auch den Oberflächeninhalt des Rohrstücks berechnen.

Noahs Rechnung:	Felix' Rechnung:
$A_O = 2 \cdot \pi \cdot 7\,\text{cm} \cdot (7\,\text{cm} + 300\,\text{cm})$ $- 2 \cdot \pi \cdot 6{,}8\,\text{cm} \cdot (6{,}8\,\text{cm} + 300\,\text{cm})$ $= 13502{,}56\,\text{cm}^2 - 13108{,}23\,\text{cm}^2 = 394{,}33\,\text{cm}^2$	$A_O = 2 \cdot \pi \cdot 7\,\text{cm} \cdot 300\,\text{cm} + 2 \cdot \pi \cdot 6{,}8\,\text{cm} \cdot 300\,\text{cm}$ $+ 2 \cdot \pi \cdot [(7\,\text{cm})^2 - (6{,}8\,\text{cm})^2]$ $= 13194{,}69\,\text{cm}^2 + 12817{,}7\,\text{cm}^2 + 17{,}34\,\text{cm}^2 = 26029{,}73\,\text{cm}^2$

d) Welches Ergebnis kann nicht richtig sein? Begründe.
e) Vollziehe beide Rechnungen nach. Welchen Fehler hat der Junge mit dem falschen Ergebnis gemacht?

Zylinder

Lesen und Verstehen

Industriemechaniker fertigen unter anderem Werkstücke in Form von Hohlzylindern.
Dazu werden in Stahlzylinder Aussparungen, die ebenfalls die Form eines Zylinders haben, ausgebohrt oder hineingefräst.

> Das **Volumen eines Hohlzylinders** kann man berechnen mit der Formel:
> $V = \pi \cdot (r_a^2 - r_i^2) \cdot h$

BEACHTE
r_a steht für „Radius außen", r_i steht für „Radius innen".

> Die **Oberfläche eines Hohlzylinders** besteht aus der äußeren und der inneren Mantelfläche sowie zwei Kreisringen. Man kann sie berechnen mit der Formel:
> $A_O = \underbrace{2 \cdot \pi \cdot r_a \cdot h}_{\text{äußere Mantelfläche}} + \underbrace{2 \cdot \pi \cdot r_i \cdot h}_{\text{innere Mantelfläche}} + \underbrace{2 \cdot \pi \cdot (r_a^2 - r_i^2)}_{\text{Kreisringe}}$

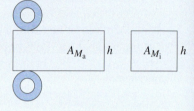

> Wie beim Zylinder wird die **Masse m eines Hohlzylinders** aus dem Produkt seines Volumens V und seiner Dichte ϱ berechnet.
> $m = V \cdot \varrho = \pi \cdot (r_a^2 - r_i^2) \cdot h \cdot \varrho$

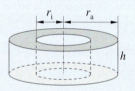

Üben und Anwenden

1 Nenne Objekte aus deiner Umwelt, die die Form eines Hohlzylinders haben.

NACHGEDACHT
Wie könnte man das Volumen des Innenraums berechnen?

2 Berechne das Volumen eines Hohlzylinders mit
a) $r_a = 8$ cm; $r_i = 7$ cm; $h = 15$ cm
b) $r_a = 17$ cm; $r_i = 12$ cm; $h = 25$ cm
c) $r_a = 5$ dm; $r_i = 18$ cm; $h = 6$ cm
d) $r_a = 4$ cm; $r_i = 2$ cm; $h = 1,3$ dm
e) $r_a = 15$ cm; $r_i = 1$ dm; $h = 9$ mm
f) $r_a = 8,5$ cm; $r_i = 6$ cm; $h = 2$ dm

3 Berechne den Oberflächeninhalt eines Hohlzylinders mit
a) $r_a = 4$ cm; $r_i = 3$ cm; $h = 8$ cm
b) $r_a = 3$ m; $r_i = 2$ m; $h = 5$ m
c) $r_a = 6$ dm; $r_i = 2,7$ dm; $h = 16$ dm
d) $r_a = 9$ mm; $r_i = 0,7$ cm; $h = 1$ dm
e) $r_a = 12$ cm; $r_i = 10$ cm; $h = 1,5$ dm
f) $r_a = 2,3$ dm; $r_i = 8$ cm; $h = 0,8$ m

4 Vervollständige die Tabelle mit den Maßen der Hohlzylinder im Heft.

	r_a	r_i	h	A_O	V
a)	3 dm	2 dm	5 dm		
b)	17 cm	11 cm	1 dm		
c)	4,25 cm	2,25 cm	4 dm		
d)	13 cm	9,5 cm	3 dm		
e)	8,15 cm	2,7 cm	28 mm		
f)	6,4 dm	21 cm	1 m		
g)	5 cm	4,5 cm			149,2 cm³
h)	8 cm		10 cm		1 507,96 cm³

5 Berechne die Masse der Leitungsrohre aus Grauguss mit einer Dichte von 7,3 g pro cm³.
a) $r_a = 4$ cm; $r_i = 2$ cm; $h = 50$ cm
b) $r_a = 5$ cm; $r_i = 4$ cm; $h = 60$ cm
c) $r_a = 6$ cm; $r_i = 3$ cm; $h = 32$ cm
d) $r_a = 10,2$ cm; $r_i = 9,2$ cm; $h = 1$ m
e) $r_a = 5,5$ cm; $r_i = 2,25$ cm; $h = 18$ cm

Das Foto zeigt den alten Leuchtturm der Insel Borkum. Er ist 40 m hoch. Justin würde ihn gern ebenfalls nachbauen.

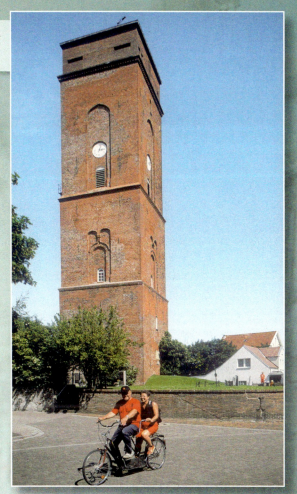

1 Bestimme die reale Spurweite im deutschen Schienenverkehr.

2 Wie groß sind die Modellhäuser in der Realität? Sind die Maße passend gewählt?

3 Betrachte das Netz, das Justin vom „Kleinen Turm" gezeichnet hat.
a) Ordne den Netzteilen die originalen Gebäudeteile zu.
b) Warum handelt es sich nicht nur wegen der - Verkleinerung um ein Modell?
c) Wo müssen Klebelaschen ergänzt werden?

4 Aus welchen Bauteilen lässt sich ein Modell des alten Leuchtturms fertigen? Schätze die Maße des Leuchtturms.
Zeichne auf einen Bogen Pappe ein Netz im Maßstab 1:87 (Klebelaschen nicht vergessen!), gestalte die Frontseite des Leuchtturms und baue ein Modell des „alten Turms".

Projekt: Maßstäblicher Städtebau

Es gibt Modellbauer, die ganze Städte maßstäblich nachbauen.
Vielleicht schafft eure Klasse das auch mit eurem Ort?
Sucht euch in Kleingruppen jeweils ein bekanntes Gebäude eures Heimatortes aus.
- Legt ein gemeinsames Vorgehen fest. Beachtet die Stichwörter.
    - Teilkörper des Gebäudes
    - Originalmaße
    - Maßstab (in der Klasse einigen)
    - Netze
    - Klebelaschen
    - Fronten aufmalen

TIPP
Wenn ihr über eine Digitalkamera und einen Farbdrucker verfügt, könnt ihr die Originalfronten der Gebäude fotografieren, das Bild auf „Modellgröße" vergrößern oder verkleinern und ausdrucken. Eure Modellgebäude könnt ihr dann mit den Fotos bekleben.

- Präsentiert eure Arbeit. Die Stichwörter geben euch Hinweise.
    - Ausstellung für Parallelklasse und Eltern
    - Zeitungsbericht
    - Schulfest
    - Foto und Bericht an den Verlag schicken

Zylinder

Vermischte Übungen

1 Ergänze die Tabelle für Zylinder.

	r	d	h	A_M	A_O	V
a)	3,5 cm		7,9 cm			
b)	2,4 m		123 cm			
c)		1 m	8 km			
d)	3,1 dm		13 cm			
e)		0,75 m	8 dm			

2 ▶ Ein zylinderförmiger Papierkorb soll ein Volumen von genau 10 ℓ besitzen. Gib drei verschiedene Kombinationen von Höhe und Länge an und zeichne die Papierkörbe maßstäblich. Welcher der drei Papierkörbe hat die kleinste Oberfläche?

3 Nele hat mit ihrer Oma Plätzchen gebacken. Sie kann sich Plätzchen mitnehmen: entweder in einer Dose mit einem Durchmesser von 22 cm und einer Höhe von 10 cm oder in einer Dose mit einer Höhe von 12 cm und einem Durchmesser von 18 cm. Welche Dose sollte sie wählen, wenn sie möglichst viele Plätzchen haben möchte?

4 Ein Strohhalm ist 22,5 cm lang und hat einen inneren Durchmesser von 5 mm. Bestimme das Volumen und den Oberflächeninhalt eines Strohhalms.

5 Zylinderförmige Stäbe aus massivem Stahl haben jeweils 5,5 cm Durchmesser und sind 1,8 m lang. 1 dm³ Stahl wiegt 7,8 kg. Wie viele solcher Stäbe kann ein Lastwagen transportieren, dessen Höchstlast 3 t beträgt?

6 Ein DIN-A4-Blatt (21 cm breit und 29,7 cm lang) wird an den kurzen Seiten so zusammengeklebt, dass eine Rolle entsteht (siehe Skizze). Der Kleberand beträgt 1 cm.
a) Bestimme zunächst den Umfang, dann den Radius der entstandenen Papierrolle.
b) Bestimme das Volumen des entstandenen Zylinders.
c) Verändert sich das Volumen, wenn das Blatt nicht an den kurzen, sondern an den langen Seiten zusammengeklebt wird?

7 ▶ Stroh wird nach der Ernte zu Quadern oder zu Zylindern gepresst.

Quaderförmige Ballen haben eine Größe von 96 cm × 38 cm × 46 cm und wiegen 14 kg. Wie schwer wird der zylinderförmige Ballen auf dem Foto sein?

8 Berechne die fehlenden Angaben zu Hohlzylindern.

	r_a	r_i	h	A_O	V
a)	6 cm	4 cm	9,5 cm		
b)	38 cm	1,2 dm	3,4 dm		
c)	15 cm	0,8 dm	0,2 m		
d)	7,6 cm	5,9 cm	8 dm		

9 Gegeben ist ein Hohlzylinder mit $r_a = 4,2$ cm, $r_i = 3,7$ cm und $h = 4$ cm.
a) Zeichne das Schrägbild und das Netz des Hohlzylinders.
b) Berechne das Volumen des Hohlzylinders.
c) Der Hohlzylinder wird aus Glas mit einer Dichte von 2,5 g pro cm³ hergestellt. Berechne die Masse.

10 Eine Litfaßsäule ist 3 m hoch und hat einen Außendurchmesser von 1,2 m. Die Außenwand der Litfaßsäule hat eine Stärke von 10 cm und besteht aus Beton mit einer Masse von 2,3 $\frac{t}{m^3}$.
a) Zeichne ein Schrägbild und ein Netz der Litfaßsäule im Maßstab 1 : 25.
b) Wie groß ist die Fläche, die mit Plakaten beklebt werden kann?
c) Wie schwer ist die Außenwand der Litfaßsäule?

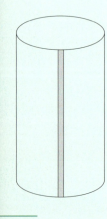

Vermischte Übungen

11 Zeichne das Schrägbild eines Zylinders mit $r = 2\,cm$ und $h = 4{,}5\,cm$. Berechne seine Oberfläche und sein Volumen.

12 Berechne die fehlenden Größen für einen Zylinder.

	r	h	A_M	A_O	V
a)	22 m	50 m			
b)	8,4 cm				11 083,5 cm³
c)		1,6 m	170,9 m²		
d)		9,8 dm			6 927,2 dm³

13 Von den fünf Größen r, h, A_M, A_O und V eines Zylinders sind zwei gegeben. Berechne die fehlenden Größen.
a) $A_O = 54{,}7\,cm^2$, $r = 1{,}8\,cm$
b) $V = 62{,}81\,cm^3$, $h = 3\,cm$
c) $r = 2\,cm$, $h = 5\,cm$
d) $A_M = 785\,cm^2$, $r = 5\,cm$
e) $A_O = 675{,}1\,cm^2$, $d = 10\,cm$
f) $A_M = 2112\,cm^2$, $r = 16\,cm$

14 Berechne den Mantel- und Oberflächeninhalt eines Zylinders.
a) $u = 28{,}26\,cm$, $h = 18\,cm$
b) $e = 12{,}6\,cm$, $h = 11{,}9\,cm$
c) $u = 35\,dm$, $e = 32\,dm$

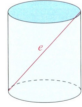

15 Einem Würfel mit 20 cm Kantenlänge wird ein Zylinder ein- und umbeschrieben. Berechne das Volumen des Hohlzylinders.

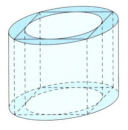

16 Die Baku-Tiflis-Ceyhan-Pipeline (BTC genannt) transportiert Rohöl vom Kaspischen Meer zum Mittelmeer. Die Leitung ist 1760 km lang, ihr Durchmesser beträgt 1 m.
a) Bestimme das Volumen der Pipeline-Röhren.
b) Täglich sollen 160 000 m³ Erdöl transportiert werden. Bestimme die Geschwindigkeit, mit der das Öl fließt.

17 Herr Sandro will für Beeteinfassungen Palisaden kaufen, aneinander gereihte Zylinder. Im Gartencenter gibt es Palisaden mit ca. 9 cm Durchmesser und einer Höhe von 0,25 m.

Herrn Sandros Pkw wiegt leer 1190 kg. Das zulässige Gesamtgewicht beträgt 1670 kg. Herr Sandro wiegt 75 kg. 1 cm³ Holz wiegt 0,9 g. Wie viele Palisaden darf Herr Sandro höchstens in sein Auto laden?

18 Eine 2-Euro-Münze hat folgende Maße: Durchmesser: 25,75 mm, Dicke: 2,20 mm
a) Berechne das Volumen der Münze.
b) Der goldfarbene Mittelteil und der silberfarbene „Rand" besitzen das gleiche Volumen. Bestimme den Durchmesser des goldfarbenen Mittelteils. Überprüfe dein Ergebnis durch eine Messung an einer Münze.
c) Ein zylinderförmiges Glas mit einem Durchmesser von 6 cm und einer Höhe von 12 cm ist bis 5 mm unter dem Rand mit Wasser gefüllt.
Wie viele 2-Euro-Münzen muss man in das Glas werfen, bis das Wasser überläuft?

19 Ein 8 500 km langes Kupferkabel mit einem Durchmesser von 1 mm wurde verarbeitet. Wie viel kg Kupfer wurden verbraucht, wenn 1 dm³ Kupfer 8,8 kg wiegt?

20 Bei einer Unterführung, wie sie in der Skizze gezeichnet ist, wird ein neuer Anstrich vorgenommen. Wie viel m² müssen gestrichen werden?

Zylinder

21 Der Durchmesser eines zylinderförmigen Glases beträgt 7 cm, die Höhe 6,5 cm.
a) Bestimme das maximale Volumen des Glases.
b) In welcher Höhe muss der Eichstrich für 0,2 ℓ markiert werden?
c) Wie lang muss ein Strohhalm mindestens sein, damit er nicht im Glas versinkt?

22 Ein alter Mühlstein aus Granit besitzt einen Durchmesser von 60 cm und eine Dicke von 14 cm. Granit hat ein Gewicht von 1,26 $\frac{g}{cm^3}$. Berechne das Gewicht des Mühlsteins.

23 Eine Getränkedose hat einen Durchmesser von 6 cm und ist 11 cm hoch. Zeichne ein Schrägbild und ein Netz der Dose.
a) Berechne ihr maximales Volumen.
b) Zu wie viel Prozent ist die Dose mit einem Getränk gefüllt, wenn sich 0,3 ℓ des Getränks in der Dose befinden?
c) Für die Produktion von Getränkedosen wird Weißblech verwendet. Berechne, wie viel Weißblech für die Produktion einer Dose benötigt wird, wenn man für Falze und Verschnitt einen Mehrverbrauch von 15 % einrechnen muss?
d) In welcher Länge würdest du Strohhalme für die Dose herstellen, damit man das Getränk problemlos aus der Dose trinken kann?

24 Wie viel Liter Flüssigkeit passen ungefähr in dieses Fass?

25 In eine zylinderförmige Getränkedose sollen 500 ml eingefüllt und zu dem 7 % des Zylindervolumens nicht befüllt werden. Stellen 500 ml 100 % dar, so muss die Dose ein Volumen von 107 % haben.
Gib mindestens vier mögliche Maße für den Durchmesser und die Höhe der Getränkedose an. Für welches der Maße würdest du dich entscheiden? Begründe deine Meinung und vergleiche mit deinem Nachbarn.

26 Bestimme das Volumen einer vollständigen Rolle Toilettenpapier.
a) Überlege, wie sich die Anzahl der Toilettenpapierblätter abschätzen lässt, ohne sie zu zählen.
b) Wie könnte man 8 Rollen Toilettenpapier für den Verkauf verpacken, damit dafür möglichst wenig Material benötigt wird?

27 Eine zylinderförmige Kerze hat einen Durchmesser von 7,5 cm und ist 20 cm hoch. Eine zweite Kerze hat die Form eines Quaders mit den Kantenlängen 7,5 cm × 7,5 cm × 16 cm. Die zylinderförmige Kerze verliert 30 cm³ Wachs pro Stunde, die quaderförmige Kerze hat eine Brenndauer von 36 Stunden.
a) Berechne die Brenndauer der zylinderförmigen Kerze.
b) Wie viel Wachs verliert die quaderförmige Kerze pro Stunde?
c) Stelle für beide Kerzen Funktionsvorschriften für die Zuordnungen
Zeit (in h) → Volumen (in cm³) und
Zeit (in h) → Höhe der Kerze (in cm).
d) Angenommen beide Kerzen werden zum gleichen Zeitpunkt angezündet. Zu welchem Zeitpunkt besitzen die Kerzen das gleiche Volumen (die gleiche Höhe)?

28 Ein Eishockeypuck für Senioren hat einen Durchmesser von 75 mm, eine Höhe von 25 mm. Er wiegt zwischen 155 g und 160 g. Ein Puck für Kinder besitzt einen Durchmesser von 60 mm und eine Höhe von 20 mm. Er wiegt ca. 83 g.
Werden die Pucks für Kinder und Senioren aus dem gleichen Material hergestellt?

6 Zeichne das Schrägbild eines Hohlzylinders mit den folgenden Angaben.
a) $r_a = 6\,\text{cm}$, $r_i = 4\,\text{cm}$ und $h = 7\,\text{cm}$
b) $r_a = 8\,\text{cm}$, $r_i = 3{,}5\,\text{cm}$ und $h = 5\,\text{cm}$

7 Gegeben ist ein Hohlzylinder mit $r_a = 3{,}8\,\text{cm}$, $r_i = 2{,}2\,\text{cm}$ und $h = 3\,\text{cm}$.
a) Zeichne das Schrägbild und das Netz des Hohlzylinders.
b) Berechne das Volumen des Hohlzylinders.
c) Der Hohlzylinder wird aus Stahl mit einer Dichte von 7,4 g pro cm³ hergestellt. Berechne die Masse.

8 Berechne mit den Werten der Zeichnungen jeweils das Volumen des Werkstücks, das räumlich, in der Seitenansicht und in der Draufsicht gezeichnet wurde. (Maße in mm)

a)
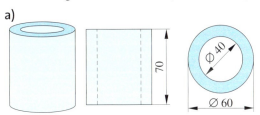

b)
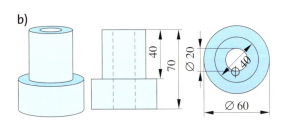

c)
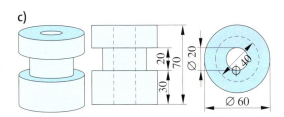

9 Eine hohlzylinderförmige Vase mit $r_a = 4\,\text{cm}$, $r_i = 3{,}6\,\text{cm}$ und $h = 18\,\text{cm}$ hat einen Boden, der 2 cm dick ist.
a) Skizziere eine solche Vase und schreibe die Maße an den richtigen Stellen ein.
b) Berechne, wie viel Wasser in die Vase passt.

10 Zeitungsnachricht:

NEUE POST

Gelsenkirchen. Im Dezember 2006 wurde der 300 m hohe und 20 000 t schwere Stahlbetonschornstein des ehemaligen Kraftwerks Westerholt gesprengt. Er galt bis dato als höchster Kamin Deutschlands. Der Kamin besaß einen Durchmesser von durchschnittlich 16,3 m. Stahlbeton hat eine Dichte von 2,5 t/m³.

a) Bestimme das Volumen der gesprengten Schornsteinmauern.
b) Berechne die Größe des inneren Durchmessers und die Dicke der Mauern.

11 Ein Pflanzring hat die Form eines Hohlzylinders, allerdings mit einem 8 cm dicken Boden. Der Pflanzring hat eine innere Höhe von 32 cm und eine äußere Höhe von 40 cm. Die Größe des inneren Durchmessers beträgt 30 cm, die des äußeren Durchmessers 40 cm.
a) Zeichne das Schrägbild des Pflanzrings im Maßstab 1 : 10.
b) Wie viel Erde wird benötigt, um den Pflanzkübel vollständig auszufüllen?
c) Der Pflanzring besteht aus Waschbeton mit einer Masse von $2{,}3\,\frac{\text{kg}}{\text{dm}^3}$. Bestimme seine Masse.

12 Ein Brunnen soll 12 m tief ausgeschachtet werden. Er wird 38 cm dick gemauert. Die Mauer ragt 0,5 m aus dem Erdboden heraus. Der Innendurchmesser beträgt 2,10 m.
a) Skizziere den Brunnen und zeichne die Maße ein.
b) Wie viel m³ Erdreich müssen ausgeschachtet werden?
c) Wie viele Ziegelsteine sind mindestens notwendig, wenn man mit 308 Steinen für 1 m³ rechnet?
d) Wie viel m³ Wasser sind in dem Brunnen, wenn der Wasserspiegel 4,20 m von der Oberkante der Mauer entfernt ist? Vergleiche mit deinen Mitschülern.

Modellbau

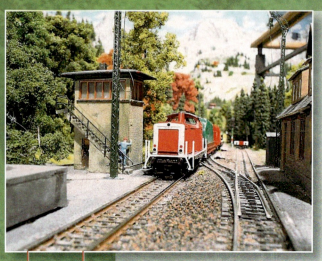

Spurweite

Justin hat zu seinem Geburtstag eine Modelleisenbahn mit der Spur H0 und der Spurweite 16,5 mm bekommen.
Nachdem Justin das Schienennetz auf einem Tisch befestigt hat, möchte er eine Landschaft mit Straßen und einigen Gebäuden ergänzen.
Natürlich soll die Landschaft im Maßstab zu der Modelleisenbahn passen.
Modelle kann man kaufen oder selbst anfertigen.
Auf dem Foto unten sind zwei Modellhäuser zu sehen.
Sie sind für verschiedene Spurweiten gefertigt.

Modelleisenbahnsysteme	
Nenngröße	Maßstab
2 oder II	1 : 22,5
1 oder I	1 : 32
0	1 : 45
S (früher H1)	1 : 64
H0	1 : 87
TT	1 : 120
N	1 : 160
Z	1 : 220

Das linke Modellhaus ist für die Spurweite N gebaut. Es ist 4,2 cm lang und 4,5 cm breit. Das rechte Modellhaus passt zur Spurweite H0. Es ist 9 cm lang und 8,4 cm breit. Die Tür ist 2,5 cm hoch.

Weil Justin im Urlaub auf der Nordseeinsel Borkum war, möchte er die Leuchttürme der Insel für seine Modelleisenbahnanlage nachbauen. Er hat die Teile des Leuchtturms „Kleiner Turm" auf Pappe gezeichnet (alle Längenangaben in cm).

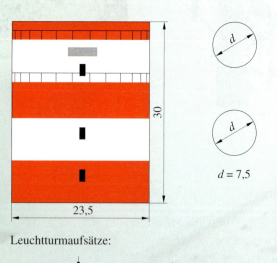

Leuchtturmaufsätze:

Zylinder

Teste dich!

a | b

1 Zeichne ein Netz und ein Schrägbild eines Zylinders mit $r = 4\,cm$ und $h = 5\,cm$.

2 Berechne Mantelfläche und Oberfläche eines Zylinders mit

a) $r = 4\,cm$ und $h = 8\,cm$
b) $r = 1\,dm$ und $h = 2{,}4\,dm$
c) $r = 2\,m$ und $h = 3{,}5\,m$

a) $r = 3{,}2\,dm$ und $h = 12\,cm$
b) $d = 35\,dm$ und $h = 40\,dm$
c) $d = 7\,m$ und $h = 1{,}3\,m$

3 Wie viel Blech benötigt man für eine Konservendose mit einem Durchmesser von 10 cm und einer Höhe von 12 cm mindestens?

3 Eine Konservendose, die ein Volumen von einem Liter haben soll, hat einen Durchmesser von 12 cm. Wie viel Blech benötigt man zur Herstellung der Dose, wenn man mit einem Verschnitt von 15 % rechnen muss?

4 Eine Litfaßsäule ist 2,80 m hoch und hat einen äußeren Durchmesser von einem Meter.
a) Zeichne ein Schrägbild der Litfaßsäule im Maßstab 1 : 25.
b) Wie groß ist die Fläche, die mit Plakaten beklebt werden kann?
c) Wie viele Plakate des Formats DIN A1 kann man höchstens auf dieser Säule anbringen? DIN-A1-Plakate sind 84,1 cm lang und 59,5 cm breit. Fertige dazu eine Maßstabzeichnung der Klebefläche an und zeichne die Plakate ein.

5 Berechne das Volumen eines Zylinders mit den angegebenen Maßen.

a) $r = 5\,cm$ und $h = 8\,cm$
b) $r = 0{,}4\,m$ und $h = 30\,cm$

a) $r = 16\,cm$ und $h = 1{,}4\,dm$
b) $d = 1{,}8\,dm$ und $h = 75\,mm$

6 Bestimme die Masse der folgenden Stahlzylinder ($7{,}4\,\frac{g}{cm^3}$).
a) $r = 3\,cm$; $h = 6\,cm$
b) $r = 1\,dm$; $h = 25\,dm$

6 Bestimme die Masse eines 10 m langen Bleirohrs mit einem inneren Durchmesser von 40 mm und einer Wandstärke von 5 mm, wenn Blei eine Masse von $11{,}3\,\frac{kg}{dm^3}$ besitzt.

HINWEIS
Brauchst du noch Hilfe, so findest du auf den angegebenen Seiten ein Beispiel oder eine Anregung zum Lösen der Aufgaben. Überprüfe deine Ergebnisse mit den Lösungen ab Seite 184.

7 Berechne Volumen und Oberfläche eines Hohlzylinders mit
a) $r_a = 5\,cm$; $r_i = 4{,}2\,cm$; $h = 10\,cm$
b) $r_a = 7{,}3\,cm$; $r_i = 7\,cm$; $h = 1{,}3\,dm$

a) $r_a = 3{,}5\,cm$; $r_i = 2{,}8\,cm$; $h = 14\,cm$
b) $r_a = 1{,}9\,cm$; $r_i = 16\,mm$; $h = 2\,dm$

8 Berechne die Masse eines Hohlzylinders aus Silber mit $r_a = 7\,cm$, $r_i = 6{,}4\,cm$ und $h = 16\,cm$. Silber hat eine Dichte von $10{,}49\,\frac{g}{cm^3}$.

9 Durch ein quaderförmiges Werkstück aus Aluminium wurde ein Loch gebohrt. Die Längen in der Skizze des Werkstücks sind in mm angegeben.
a) Zeichne ein Schrägbild des Werkstücks im Maßstab 1 : 1.
b) Berechne das Volumen des Werkstücks.
c) Wie schwer ist das Werkstück, wenn es aus Aluminium mit einer Masse von $2{,}72\,\frac{g}{cm^3}$ besteht?

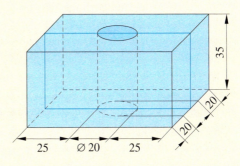

Aufgabe	Seite
1	104, 108
2	104
3	104, 108
4	104
5	108
6	108
7	112
8	112
9	108

Zylinder

Zusammenfassung

→ Seite 104

Netze und Oberflächen von Zylindern

Das Netz eines Zylinders besteht aus zwei Kreisen (Grund- und Deckfläche) und einem Rechteck (Mantelfläche). Die Länge des Rechtecks entspricht dabei dem Umfang der Kreise.

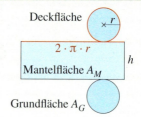

Mantelfläche des Zylinders
$A_M = 2 \cdot \pi \cdot r \cdot h$
Oberfläche des Zylinders
$A_O = 2 \cdot \pi \cdot r \cdot (r + h)$

Eine Kerze hat die Maße
$r = 5\,\text{cm}, h = 14\,\text{cm}$
$A_M = 2 \cdot \pi \cdot 5\,\text{cm} \cdot 14\,\text{cm} = 439{,}8\,\text{cm}^2$
$A_O = 2 \cdot \pi \cdot 5\,\text{cm} \cdot (5\,\text{cm} + 14\,\text{cm}) = 596{,}9\,\text{cm}^2$

→ Seite 108

Schrägbilder und Volumen

Das Volumen V eines Zylinders mit dem Radius r und der Höhe h lässt sich wie folgt berechnen:
$V = \pi \cdot r^2 \cdot h$
Die Masse m eines Zylinders wird aus dem Produkt seines Volumens V und seiner Dichte ϱ berechnet.
$m = V \cdot \varrho = \pi \cdot r^2 \cdot h \cdot \varrho$

Um ein Schrägbild eines Zylinders zu zeichnen, kann man ausgehend von der Grundfläche die Höhe abtragen und die Deckfläche skizzieren. Verdeckte Kanten werden gestrichelt.

$V = \pi \cdot (5\,\text{cm})^2 \cdot 14\,\text{cm} = 1099{,}6\,\text{cm}^3$

Wachs wiegt $0{,}8\,\frac{\text{g}}{\text{cm}^3}$.

$m = 1099{,}6\,\text{cm}^3 \cdot 0{,}8\,\frac{\text{g}}{\text{cm}^3} = 879{,}68\,\text{g}$
Die Kerze wiegt etwa 880 g.

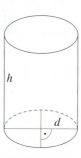

→ Seite 112

Hohlzylinder

Volumen eines Hohlzylinders
$V = \pi \cdot (r_a^2 - r_i^2) \cdot h$

Werkstück aus Aluminium ($2{,}7\,\frac{\text{g}}{\text{cm}^3}$)
$r_a = 8\,\text{cm}; r_i = 7\,\text{cm}; h = 12\,\text{cm}$
$V = \pi \cdot ((8\,\text{cm})^2 - (7\,\text{cm})^2) \cdot 12\,\text{cm} = 565{,}5\,\text{cm}^3$

Die Oberfläche eines Hohlzylinders besteht aus der äußeren und der inneren Mantelfläche sowie zwei Kreisringen.
$A_O = 2 \cdot \pi \cdot r_a \cdot h + 2 \cdot \pi \cdot r_i \cdot h + 2 \cdot \pi \cdot (r_a^2 - r_i^2)$
Wie beim Zylinder wird die Masse m eines Hohlzylinders aus dem Produkt seines Volumens V und seiner Dichte ϱ berechnet.
$m = V \cdot \varrho = \pi \cdot (r_a^2 - r_i^2) \cdot h \cdot \varrho$

$A_O = 2 \cdot \pi \cdot 8\,\text{cm} \cdot 12\,\text{cm} + 2 \cdot \pi \cdot 7\,\text{cm} \cdot 12\,\text{cm}$
$+ 2 \cdot \pi \cdot ((8\,\text{cm})^2 - (7\,\text{cm})^2)$
$= 1225{,}2\,\text{cm}^2$

$m = 565{,}5\,\text{cm}^3 \cdot 2{,}7\,\frac{\text{g}}{\text{cm}^3} = 1526{,}9\,\text{g}$
Das Werkstück wiegt etwa 1,5 kg.

Pyramide, Kegel, Kugel

In deiner Umwelt findest du viele Gegenstände, die die Form eines geometrischen Körpers haben. Die drei Lichttürme befinden sich auf dem Dach der Bundeskunsthalle in Bonn. Sie haben die Form eines Kegels.

Pyramide, Kegel, Kugel

Noch fit?

1 Gib in der in Klammern stehenden Einheit an.
a) 5 cm (mm) b) 3 000 m (km) c) 50 cm (dm) d) 67 mm (cm)
e) 7 cm² (mm²) f) 800 m² (dm²) g) 5 dm² (m²) h) 67 mm² (cm²)
i) 40 cm³ (mm³) j) 9 500 m³ (dm³) k) 3,5 ℓ (cm³) l) 67 mm³ (cm³)

2 Zeichne das Schrägbild und das Netz eines Quaders mit den Kantenlängen $a = 5\,cm$, $b = 4\,cm$ und $c = 8\,cm$.
a) Berechne sein Volumen und seine Oberfläche.
b) Berechne die Länge der Raumdiagonalen.

ERINNERE DICH
Für das Volumen V eines Prismas gilt:
$V = A_G \cdot h$
Für den Oberflächeninhalt A_O eines Prismas gilt:
$A_M + 2\,A_G$

3 Zeichne ein Schrägbild und ein Netz eines 5 cm hohen Prismas, dessen Grundfläche ein rechtwinkliges Dreieck mit $a = 3\,cm$, $b = 4\,cm$ und $c = 5\,cm$ ist. Berechne das Volumen, den Mantel und die Oberfläche des Prismas.

4 Eine zylinderförmige Tasse mit Durchmesser $d = 8\,cm$ und Höhe $h = 8\,cm$ wird zu drei Vierteln mit Tee gefüllt. Bestimme die Teemenge, die sich in der Tasse befindet.

5 Berechne den Flächeninhalt und den Umfang der folgenden Flächen.

a) 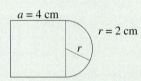   b) 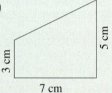   c)

6 Zeichne das Schrägbild eines 10 cm hohen zylinderförmigen Glases mit Radius $r = 3\,cm$.
a) Berechne das Volumen des Glases.
b) In welcher Höhe muss der Eichstrich angebracht werden, wenn mit dessen Hilfe 0,2 ℓ abgemessen werden sollen?
c) Cemil möchte einen Strohhalm benutzen, um aus dem Glas zu trinken. Er ist der Meinung, dass der Strohhalm mindestens 15 cm lang sein sollte. Teilst du Cemils Meinung? Begründe.

7 Berechne die Länge der Strecke x.
Erläutere, wie du vorgegangen bist.

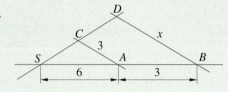

KURZ UND KNAPP
1. Nenne den Unterschied zwischen dem Mantel und der Oberfläche eines Zylinders.
2. Beschreibe den Zusammenhang zwischen Durchmesser und Radius mit Hilfe eines Terms.
3. Ein Eimer hat ein Volumen von 10 ℓ, ein anderer ein Volumen von 1 000 cm³. Welcher Eimer ist größer?
4. Bei welchen Körpern gilt die Formel „Volumen = Grundfläche mal Höhe"?
5. Nenne Gegenstände in deiner Umgebung, die die Form eines Zylinders besitzen.
6. Wie lautet der Satz des Pythagoras?
7. Nenne den Unterschied zwischen einem Quadrat und einem Rechteck.

Pyramiden und Kegel erkennen und zeichnen

Erforschen und Entdecken

1 Betrachte die folgenden Körper.

 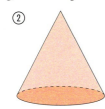 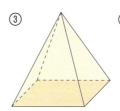 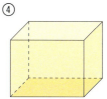 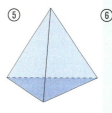 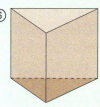

a) Welche Körper kennst du bereits? Nenne ihre Eigenschaften.
b) Fasse die Körper in Gruppen mit gleichen Eigenschaften zusammen. Findest du mehrere Einteilungsmöglichkeiten? Vergleiche deine Lösung mit der deiner Klassenkameraden.
c) Finde in deiner Umwelt Objekte, die die Form dieser Körper besitzen.

2 Welcher Körper passt nicht in die Reihe? Begründet eure Auswahl.

a)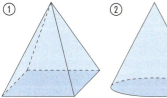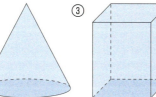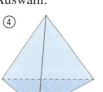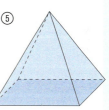

b)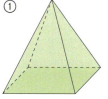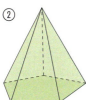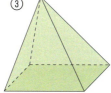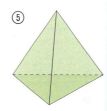

3 Yunus zeichnet das maßstäbliche Schrägbild eines 3 cm hohen pyramidenförmigen Daches mit quadratischer Grundfläche (Seitenlänge $a = 4$ cm).

a) Betrachte die folgenden Bilder und erläutere die Arbeitsschritte.

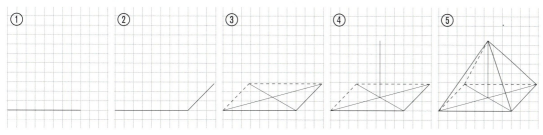

b) Zeichne das Schrägbild der quadratischen Pyramide in dein Heft.
c) Zeichne das Schrägbild einer 4 cm hohen Pyramide mit rechteckiger Grundfläche ($a = 3$ cm; $b = 5$ cm) in dein Lerntagebuch oder dein Arbeitsheft. Erläutere die einzelnen Arbeitsschritte, sodass es ein fehlender Mitschüler versteht.
d) Was gilt es zu beachten, wenn die Grundfläche ein Kreis ist?

Pyramide, Kegel, Kugel

Lesen und Verstehen

Wenn von Pyramiden die Rede ist, denkt man häufig nur an die großen Königspyramiden in Ägypten, deren Grundflächen Quadrate sind. Es gibt aber auch Pyramiden mit anderen Grundflächen.

> Eine **Pyramide** ist ein Körper mit einem *n*-Eck als Grundfläche und *n* Dreiecken als Seitenflächen, die einen gemeinsamen Eckpunkt (die Spitze) haben.

Pyramiden werden nach der Form ihrer Grundfläche benannt. Man unterscheidet zwischen geraden und schiefen Pyramiden. Bei einer geraden Pyramide verläuft die Höhe von der Spitze zum Mittelpunkt der Grundfläche. Andernfalls spricht man von einer schiefen Pyramide.

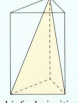
schiefe dreiseitige Pyramide

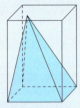
schiefe vierseitige Pyramide

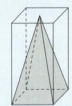
gerade quadratische Pyramide

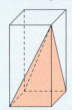
schiefe quadratische Pyramide

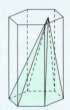
schiefe sechsseitige Pyramide

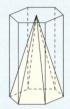
gerade sechsseitige Pyramide

Besteht die Grundfläche aus einem regelmäßigen Vieleck, spricht man von einer **regelmäßigen Pyramide**. Insbesondere heißt eine Pyramide mit quadratischer Grundfläche **quadratische Pyramide**.

> Ein **Kegel** ist ein Körper, der durch einen Kreis und einen Punkt außerhalb der Ebene des Kreises (Spitze des Kegels) festgelegt wird.

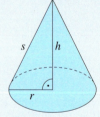
gerader Kegel

HINWEIS
In der Kavalierperspektive verkürzen sich die in die Tiefe verlaufenden Kanten bei einem Winkel von $\alpha = 45°$ um die Hälfte. Vereinfacht wird die Grundfläche des Kegels gezeichnet, indem man auf die Schrägstellung der Grundfläche verzichtet und die nach hinten laufenden Linien um die Hälfte verkürzt.

Verläuft die Höhe des Kegels von der Spitze zum Kreismittelpunkt, so heißt er gerader Kegel. Andernfalls spricht man von einem schiefen Kegel.

Schrägbilder zeichnen

Beachte: Nicht sichtbare Linien werden gestrichelt eingezeichnet.
1. Zeichne die Grundfläche der Pyramide in der Kavalierperspektive, die des Kegels mit dem Verzerrungswinkel $\alpha = 90°$.
2. Bestimme den Mittelpunkt der Grundfläche.
3. Zeichne – beim Mittelpunkt der Grundfläche beginnend – die Höhe ein.
4. Verbinde die Spitze mit den Eckpunkten des Körpers bzw. den äußersten Punkten der Grundfläche.

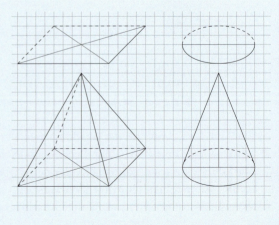

Pyramiden und Kegel erkennen und zeichnen

Üben und Anwenden

1 Welche der folgenden Körper sind Pyramiden oder Kegel? Sind die Pyramiden bzw. Kegel gerade oder schief?

a)   b)   c)

d) 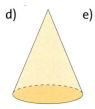   e)    f)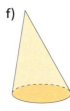

2 In dieser Abbildung einer Pyramide mit dreieckiger Grundfläche sind die Ecken rot und die Kanten grün gefärbt.

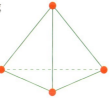

a) Übertrage die folgende Tabelle in dein Heft und vervollständige sie.

Grundfläche der Pyramide	Anzahl an der Pyramide		
	Ecken	Kanten	Flächen
Dreieck	4		
Viereck		8	
Fünfeck			6
Sechseck			
Siebeneck			
Achteck			
Neuneck			
Zehneck			

b) Wie viele Ecken (Kanten; Flächen) besitzt eine Pyramide mit einem 17-Eck als Grundfläche? Begründe.
c) Gib für die Anzahl der Ecken, Kanten und Flächen einer Pyramide mit einem n-Eck als Grundfläche eine Formel an.
d) Für alle Pyramiden gilt die Formel $E + F = K + 2$, wobei E die Anzahl der Ecken, F die Anzahl der Flächen und K die Anzahl der Kanten ist. Zeige, dass die Formel für alle Pyramiden aus deiner Tabelle in a) gilt.

3 Aus welchen Körpern bestehen die folgenden Bauwerke? Beschreibe sie möglichst genau.

4 Nenne Gegenstände oder Gebäude, die die Form einer Pyramide oder eines Kegels besitzen.

5 Die folgende Grafik zeigt eine so genannte Ernährungspyramide. Sie gibt an, welche Lebensmittel viel bzw. wenig gegessen werden sollten.

a) Stellt die Abbildung eine Pyramide im mathematischen Sinn dar? Begründe.
b) Zeichne eine Ernährungspyramide, die diesen Namen verdient hat.

BEACHTE
Eine Pyramide, die aus vier gleichseitigen Dreiecken besteht, heißt Tetraeder.

HINWEIS
Wir beschäftigen uns meistens mit regelmäßigen, geraden Pyramiden. Daher wird im Folgenden nicht ständig angegeben, wenn die Pyramide gerade und regelmäßig ist.

Pyramide, Kegel, Kugel

6 Zeichne die folgenden Schrägbilder.
a) Pyramide mit quadratischer Grundfläche:
Höhe $h = 4\,\text{cm}$; Seitenlänge $a = 5\,\text{cm}$
b) Pyramide mit rechteckiger Grundfläche:
Höhe $h = 5\,\text{cm}$; Seitenlängen $a = 2\,\text{cm}$ und $b = 6\,\text{cm}$
c) Kegel: Höhe $h = 6\,\text{cm}$; Radius $r = 3\,\text{cm}$

7 Zeichne ein Schrägbild eines Würfels mit der Kantenlänge $a = 4\,\text{cm}$, dem ein pyramidenförmiges Dach mit der Höhe $h = 3\,\text{cm}$ aufgesetzt wird.

8 Zeichne eine 5 cm hohe Pyramide mit quadratischer Grundfläche und der Seitenlänge $a = 4\,\text{cm}$. Verwende dabei die angegebenen Verzerrungswinkel α und Verkürzungsfaktoren q.
a) $\alpha = 60°$; $q = 0{,}75$
b) $\alpha = 50°$; $q = 0{,}6$
c) $\alpha = 40°$; $q = 0{,}4$

9 Entwirf selbst eine Burg mit verschiedenen Türmen und Turmspitzen.
Stelle die Burg in einem Schrägbild im Maßstab 1 : 100 dar.
Präsentiert eure Schrägbilder in der Klasse.

10 Skizziere ein Schrägbild eines Parfümflakons. Beim Flakon sollte in irgendeinem Bereich die Form einer Pyramide oder eines Kegels erkennbar sein.

11 ➡ Die unten stehende Abbildung zeigt, wie der links als Schrägbild gezeichnete Körper in einem „Zweitafelbild" dargestellt werden kann.
Erläutere die Vorgehensweise.

BEACHTE
Schaut man von oben auf einen Körper, so ist der Grundriss zu erkennen. Schaut man von vorne auf einen Körper, so ist der Aufriss erkennbar.

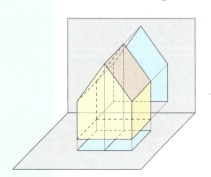
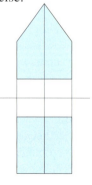

12 Betrachte die folgenden Zweitafelbilder.

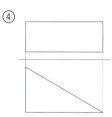
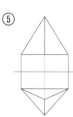

a) Welche der Zweitafelbilder stellen eine Pyramide oder einen Kegel dar?
b) Welche Körper stellen die anderen Zweitafelbilder dar?
c) Zeichne das Schrägbild des Kegels.

13 Zeichne das Zweitafelbild.
a) Kegel mit Radius $r = 3\,\text{cm}$ und Höhe $h = 5\,\text{cm}$
b) rechteckige Pyramide mit den Grundseiten $a = 3\,\text{cm}$, $b = 5\,\text{cm}$ und Höhe $h = 4\,\text{cm}$

14 Gegeben ist ein Zylinder mit folgenden Maßen: $r = 2\,\text{cm}$, $h = 4\,\text{cm}$. Auf dem Zylinder steht ein Kegel mit $r = 2\,\text{cm}$ und $h = 5\,\text{cm}$. Zeichne ein Schrägbild und ein Zweitafelbild dieses Körpers.

15 Wie könnte die Knowlton Church in England einmal ausgesehen haben? Zeichne ein Schrägbild und eine Zweitafelprojektion. Achte auf die richtigen Proportionen.

Mantel und Oberfläche einer Pyramide

Erforschen und Entdecken

1 Handelt es sich bei den folgenden Abbildungen um Netze von Pyramiden? Erkläre genau, wie du vorgehst, um die Frage zu beantworten.

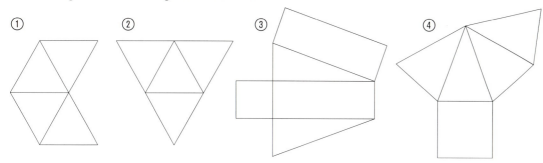

2 Du siehst rechts das Netz einer quadratischen Pyramide.
a) Übertrage das Netz auf ein kariertes Blatt Papier.
b) Begründe, warum es sich um das Netz einer geraden Pyramide handeln muss.
c) Markiere in dem Netz alle Seitenkanten s mit grüner Farbe, alle Seitenhöhen h_a mit blauer Farbe und alle Grundkanten a mit roter Farbe.
d) Bestimme die Längen der Strecken a, h_a und s durch Messung oder durch geeignete Rechnung.
e) Berechne den gesamten Flächeninhalt des Netzes.

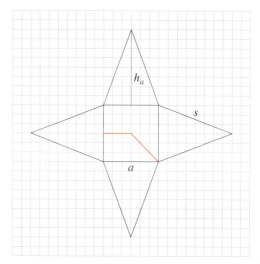

3 Übertrage das Netz aus Aufgabe 2 auf ein kariertes Blatt Papier und schneide es aus. Zeichne in das Netz die rot markierten Strecken ein.
a) Zeichne ein Dreieck mit $b = 1{,}5$ cm; $c = 3{,}7$ cm und $\alpha = 90°$ sowie ein Dreieck mit $b = 2{,}1$ cm, $c = 3{,}7$ cm und $\alpha = 90°$. Schneide die Dreiecke aus und klebe sie als Stützdreiecke auf die markierten Strecken.

b) Markiere in den Stützdreiecken alle Seitenkanten s mit grüner Farbe, alle Seitenhöhen h_a mit blauer Farbe und alle Körperhöhen h mit brauner Farbe.
c) Klebe das Netz mit den klappbaren Stützdreiecken in dein Heft. Fixiere nur die Grundfläche. Falze die Kanten, sodass sich das Netz zu einer Pyramide aufrichten lässt.
d) Gib mit Hilfe der Stützdreiecke Beziehungen zwischen Seitenkante s, Körperhöhe h, Grundkante a und Seitenhöhe h_a an, die auf den Satz des Pythagoras zurückzuführen sind. Schreibe die Beziehungen neben das Netz im Heft.

Pyramide, Kegel, Kugel

Lesen und Verstehen

Der Louvre ist eines der bedeutendsten Gebäude von Paris. Er war ursprünglich ein königliches Schloss. Heute beherbergt er das größte Museum der Welt. Bei der Neugestaltung des Louvre wurde der Haupteingang in den Innenhof, den *Cour Napoleon*, verlegt und durch eine Glaspyramide überdacht. Die Pyramide ist 22 m hoch. Die Grundkante der geraden, quadratischen Pyramide ist 35 m lang.

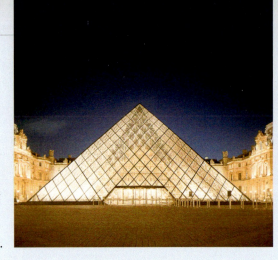

BEACHTE
$\frac{a}{2}$ stellt die halbe Länge der Grundseite dar. $\frac{d}{2}$ ist die halbe Länge der Diagonalen der Grundfläche.

In einer geraden Pyramide bezeichnet die **Höhe h** die Strecke von der Spitze der Pyramide zum Mittelpunkt der Grundfläche, die **Seitenhöhe h_a** die Strecke von der Spitze zum Mittelpunkt der Grundseite a und die **Seitenkante s** die Strecke von der Spitze zur Ecke der Grundfläche.

Da h, h_a, a und s die Seitenkanten von rechtwinkligen Dreiecken sind, kann man diese mit Hilfe des Satzes des Pythagoras berechnen:

$h_a^2 = h^2 + (\frac{a}{2})^2$ $s^2 = (\frac{a}{2})^2 + h_a^2$ $s^2 = h^2 + (\frac{d}{2})^2$

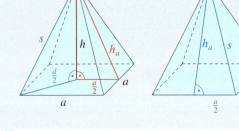

BEISPIEL 1

Wie hoch ist die Seitenhöhe h_a der Glaspyramide des Louvre?

$h_a^2 = h^2 + (\frac{a}{2})^2 = (22\,\text{m})^2 + (\frac{35\,\text{m}}{2})^2$
$\quad = 790{,}25\,\text{m}^2$
$h_a \approx 28{,}1\,\text{m}$

Die Seitenhöhe h_a der Glaspyramide des Louvre beträgt 28,1 m.

Die dreieckigen Seitenflächen einer Pyramide bilden ihre **Mantelfläche A_M**. Nimmt man die Grundfläche A_G zur Mantelfläche A_M hinzu, ergibt sich die **Oberfläche A_O** der Pyramide.

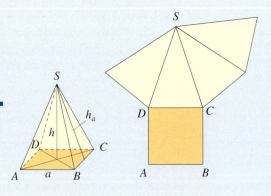

Für Pyramiden mit quadratischer Grundfläche gilt:
$A_M = 4 \cdot (\frac{1}{2} \cdot a \cdot h_a) = 2 \cdot a \cdot h_a$
$A_O = 4 \cdot (\frac{1}{2} \cdot a \cdot h_a) + a^2 = 2 \cdot a \cdot h_a + a^2$

BEISPIEL 2

Die vier dreieckigen Seitenflächen der Pyramide des Louvre sind verglast. Wie viel Glas wurde verbaut?
$A_M = 4 \cdot (\frac{1}{2} \cdot 35\,\text{m} \cdot 28{,}1\,\text{m}) = 1\,967\,\text{m}^2$ Die Größe der Glasfläche beträgt $1\,967\,\text{m}^2$.

Mantel und Oberfläche einer Pyramide

Üben und Anwenden

1 Beim abgebildeten Netz einer quadratischen Pyramide sind die Grundkanten 3 cm und die Seitenkanten 4 cm lang.

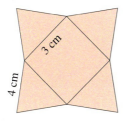

a) Übertrage das Netz in dein Heft und markiere mit verschiedenen Farben alle Strecken gleicher Länge. Zeichne auch die Seitenhöhen ein.
b) Berechne die Länge der Seitenhöhe h_a.
c) Schätze, wie hoch die Pyramide ist. Schneide die Abwicklung gegebenenfalls aus und falte sie zur Pyramide.
d) Berechne die Körperhöhe h.

2 Dargestellt ist die Abwicklung einer regelmäßigen sechsseitigen Pyramide.

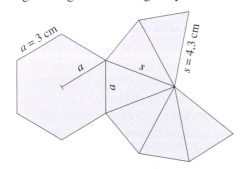

a) Berechne die Seitenhöhe h_a.
b) Berechne die Körperhöhe h.

3 Dargestellt ist die Abwicklung einer regelmäßigen geraden dreiseitigen Pyramide.

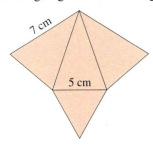

a) Welches Dreieck ist die Grundfläche der Pyramide?
b) Berechne die Seitenhöhe h_a.
c) Berechne die Körperhöhe h.

4 Berechne die fehlenden Längen der geraden quadratischen Pyramide. Gib die Ergebnisse auf Millimeter gerundet an (Maße in cm).

	a	s	h_a	h
a)	12,0		18,0	
b)	9,6		14,5	
c)			21,0	14,0
d)			12,3	9,8
e)		24,0	18,0	
f)		31,3	24,9	
g)	8,0	10,0		
h)	7,5	12,8		
i)		16,0	11,5	

5 ▶ Überprüfe, ob die folgenden Aussagen richtig sind. In einer quadratischen Pyramide gilt immer …
a) $s > h_a$ b) $h > h_a$ c) $a > h_a$
d) $h < s$ e) $h < a$ f) $a < s$

6 Berechne den Mantel- und den Oberflächeninhalt einer geraden quadratischen Pyramide.
a) $a = 5$ cm; $h_a = 7$ cm
b) $a = 3{,}9$ cm; $h_a = 10{,}2$ cm
c) $a = 3$ cm; $s = 6{,}3$ cm
d) $a = 4{,}7$ m; $s = 6{,}3$ m
e) $a = 8$ mm; $h_a = 12$ mm
f) $a = 7{,}6$ m; $h_a = 14{,}3$ m
g) $a = 4$ dm; $s = 46$ m

7 ▶ Die Oberfläche einer quadratischen Pyramide mit der Grundseite $a = 3$ cm beträgt 33 cm². Ricarda soll die Höhe der Pyramide bestimmen. Sie rechnet:

$$2 \cdot a \cdot h_a + a^2 = A_O$$
$$2 \cdot 3\,\text{cm} \cdot h_a + (3\,\text{cm})^2 = 33\,\text{cm}^2$$
$$6\,\text{cm} \cdot h_a + 9\,\text{cm}^2 = 33\,\text{cm}^2$$
$$6\,\text{cm} \cdot h_a = 24\,\text{cm}^2$$
$$h_a = 4\,\text{cm}$$

$$\left(\tfrac{a}{2}\right)^2 + h^2 = h_a^2$$
$$(1{,}5\,\text{cm})^2 + h^2 = (4\,\text{cm})^2$$
$$2{,}25\,\text{cm}^2 + h^2 = 16\,\text{cm}^2$$
$$h^2 = 13{,}75\,\text{cm}^2$$
$$h = 3{,}7\,\text{cm}$$

Übertrage die Rechnung in dein Heft. Erkläre jeden Rechenschritt, indem du zum Beispiel die Äquivalenzumformungen ergänzt.

ZUM WEITERARBEITEN
Zeichne zu der folgenden quadratischen Pyramide drei Netze.

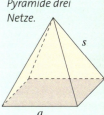

Pyramide, Kegel, Kugel

8 Berechne die fehlenden Werte einer quadratischen Pyramide (Längen in m).

	a	h	s	h_a	A_M	A_O
a)	8		10			
b)		14		21		
c)			24	18		
d)	12			20		
e)		9		15		
f)	5,5		7,5			
g)		12,5		17,5		

9 Im Hof des Louvre sind neben der großen Glaspyramide des Haupteingangs weitere drei kleinere Glaspyramiden aufgebaut worden. Diese sind 4,93 m hoch. Ihre quadratischen Grundflächen haben jeweils eine Seitenlänge von 9,02 m.
a) Wie groß ist die Glashülle einer Pyramide?
b) Die Glashülle der großen Pyramide ist ca. 1 967 m² groß und wiegt ca. 86 t. Die kleinen Pyramiden bestehen aus dem gleichen Glas. Wie schwer ist die Glashülle einer kleinen Pyramide?

10 Aus wie viel m² Stoff besteht dieses Moskitonetz ungefähr?

11 Berechne die Mantelfläche und die Oberfläche einer Pyramide, deren Seitenkante 10 cm lang ist. Die Grundfläche ist ein …
a) Quadrat mit $a = 4,6$ cm.
b) Rechteck: 5,3 cm lang und 2,9 cm breit.
c) regelmäßiges Sechseck mit $a = 2,5$ cm.

12 Dieser Oktaeder wird von acht kongruenten gleichseitigen Dreiecken begrenzt. Berechne die Oberfläche, wenn die Seitenkante $s = 6$ cm beträgt.

13 Berechne die Oberfläche eines Tetraeders mit einer Kantenlänge von 79 mm.

14  Anton möchte seinem Vater zum Geburtstag diesen Briefbeschwerer aus Glas schenken.

Die Mantelfläche der Pyramide besteht aus vier gleichseitigen Dreiecken mit einer Kantenlänge von 12 cm.
a) Bestimme die Mantel- und die Oberfläche des Briefbeschwerers.
b) Anton besitzt noch ein quadratisches Stück Geschenkpapier mit einer Seitenlänge von 20 cm. Reicht das Papier aus, um den Briefbeschwerer zu verpacken? Begründe.

15 Der Aufsatz eines Luftbefeuchters hat die Form einer quadratischen Pyramide mit der Grundseite $a = 10$ cm und der Höhe $h = 12$ cm.

Wie viel Pappe wird mindestens benötigt, um den Luftbefeuchter zu verpacken?

16 Irina fand in einer Formelsammlung folgende Formel zur Berechnung der Oberfläche einer quadratischen Pyramide:
$A_O = a \cdot (2 h_a + a)$.
Sie kann nicht glauben, dass diese Formel richtig ist, da sie in der Schule eine andere Formel kennengelernt hat. Erkläre Irina, warum auch diese Formel richtig ist.

Mantel und Oberfläche eines Kegels

Erforschen und Entdecken

1 Ihr benötigt ein verpacktes Waffeleis.
a) Messt das Eis aus. Bestimmt den Radius des Grundkreises, die Seitenlänge des Eises sowie die Eishöhe.
b) Wickelt die Eisverpackung vorsichtig ab, sodass sie nicht zerreißt. Aus welchen Teilen besteht die Verpackung? Beschreibt die Verpackungsteile möglichst genau mit eigenen Worten.
c) Warum ist der Kreissektor größer als notwendig? Schneidet die nicht zum Kegelmantel gehörenden Teile der Verpackung ab.
d) Die zugeschnittene Verpackung aus c) stellt mit dem Deckel die Oberfläche des Kegels dar. Zeichnet sie im Maßstab 1:1 in euer Heft.

2 Ein Kreis (siehe Skizze rechts) hat einen Radius von $r = 5\,\text{cm}$.
a) Bestimme den Flächeninhalt des gesamten Kreises.
b) Wie groß ist das gelb gefärbte Kreissegment?
c) Wie groß ist das blau gefärbte Kreissegment? Begründe. Vergleiche deine Lösung mit der deines Nachbarn.
d) Bestimme den Flächeninhalt des grünen und des roten Kreissegments.
e) Gib eine Formel an, mit der sich der Flächeninhalt eines Kreissegments in Abhängigkeit vom Radius und der Winkelgröße berechnen lässt. Vergleicht eure Formeln in der Klasse.

3 Zeichne je einen Kreis mit dem Radius $r = 3\,\text{cm}$, $r = 4\,\text{cm}$ und $r = 5\,\text{cm}$ und schneide sie aus. Übertrage dann die folgenden Kreissektoren auf ein Blatt Papier, schneide sie aus und klebe sie mit Tesafilm jeweils zum Mantel eines Kegels zusammen.

① $\alpha = 300°$, $s = 6\,\text{cm}$
② $\alpha = 270°$, $s = 4\,\text{cm}$
③ $\alpha = 240°$, $s = 6\,\text{cm}$

131-1

HINWEIS
Unter dem Webcode kannst du dir die Kreise und Kreissektoren ausdrucken und ausschneiden.

a) Welcher Kreissektor passt zu welchem Kreis und bildet mit ihm zusammen die Oberfläche eines Kegels?
b) Berechne die Flächeninhalte der Kreise und der Kreissektoren.
c) Beschreibe allgemein: Welche Eigenschaften müssen Kreissektor und Kreis haben, damit sie die Oberfläche eines Kegels bilden können?
d) Zu einem Kreis mit $r = 3,5\,\text{cm}$ soll ein Kreissektor gefunden werden, der mit dem Kreis die Oberfläche eines Kegels bildet. Bestimme den Radius und den Innenwinkel passender Kreissektoren. Vergleicht die Lösungen im Klassenverband. Worin unterscheiden sich eure Lösungen und welchen Einfluss hat der Sektor auf die Eigenschaften des Kegels?

Pyramide, Kegel, Kugel

Lesen und Verstehen

Die Spitzen der Lichttürme der Bundeskunsthalle in Bonn sind mit Edelstahl verkleidete Kegel. Der Edelstahlkegel des Lichtturms hat den Grundkreisradius $r = 0{,}76$ m und die Höhe $h = 3{,}31$ m.

Die Verkleidung bildet die **Mantelfläche** A_M des Kegels. Jede Strecke von der Spitze des Kegels zu einem Punkt seiner Grundkante heißt **Mantellinie** s.
Schneidet man die Mantelfläche entlang der Mantellinie auf, so erhält man einen Kreisausschnitt. Der Bogen b dieses Kreisausschnitts ist der Umfang u des Grundkreises vom Kegel. Der Radius des Kreisausschnitts ist die Mantellinie s des Kegels.

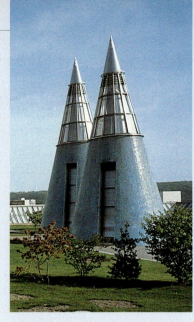

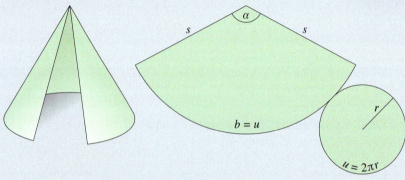

Nimmt man zur Mantelfläche die Grundfläche hinzu, erhält man die **Oberfläche** des Kegels.

HINWEIS
Für die Länge b eines Kreisbogens gilt:
$b = \frac{\alpha}{360°} \cdot 2 \cdot \pi \cdot s$

Für die **Mantelfläche A_M eines Kegels** gilt:
$A_M = \frac{u}{2} \cdot s$

$A_M = \frac{2\pi r}{2} \cdot s$

$A_M = \pi r s$

Für die **Oberfläche A_O des Kegels** gilt:

$A_O = A_G + A_M$
$A_O = \pi r^2 + \pi r s = \pi r (r + s)$

Zerlegt man den Kegelmantel in kleine Teile, kann daraus annähernd ein Rechteck gelegt werden. Je kleiner die Teile sind, desto genauer wird das Rechteck.
Es gilt:
$A_M = \frac{u}{2} \cdot s$

BEISPIEL
Welchen Flächeninhalt hat die Edelstahlummantelung eines Lichtturms der Kunst- und Ausstellungshalle Bonn?
Um den Flächeninhalt der Edelstahlummantelung (②) zu berechnen, benötigt man zunächst die Länge der Mantellinie s (①). Nach dem Satz des Pythagoras gilt:

① $s^2 = r^2 + h^2$ ② $A_M = \pi \cdot r \cdot s$
  $s^2 = (0{,}76\,\text{m})^2 + (3{,}31\,\text{m})^2$ $A_M = \pi \cdot 0{,}76\,\text{m} \cdot 3{,}4\,\text{m}$
  $s \approx 3{,}4\,\text{m}$ $= 8{,}12\,\text{m}^2$

Die Edelstahlummantelung hat also eine Fläche von ca. $8{,}12\,\text{m}^2$.

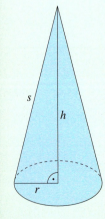

Mantel und Oberfläche eines Kegels

Üben und Anwenden

1 Berechne den Mantelflächeninhalt des Kegels.

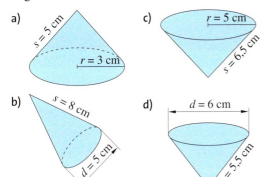

2 Berechne den Mantelflächeninhalt des Kegels.
a) $r = 4\,\text{cm}$; $s = 9\,\text{cm}$
b) $r = 15\,\text{mm}$; $s = 3\,\text{cm}$
c) $r = 0{,}8\,\text{m}$; $s = 250\,\text{cm}$
d) $r = 4\,\text{cm}$; $h = 5\,\text{cm}$

3 Berechne den Oberflächeninhalt des Kegels.

	Radius r	Mantellinie s
a)	5 cm	13 cm
b)	3,4 cm	6,2 cm
c)	7,1 dm	9,4 dm
d)	3 m	5,3 m

4 Berechne den Oberflächenflächeninhalt des Kegels.
a) $d = 50\,\text{cm}$; $s = 40\,\text{cm}$
b) $d = 46\,\text{dm}$; $s = 47{,}5\,\text{dm}$

5 Welchen Oberflächeninhalt hat der Kegel?
a) $r = 0{,}35\,\text{m}$; $s = 0{,}2\,\text{m}$
b) $r = 5{,}4\,\text{cm}$; $h = 7{,}2\,\text{cm}$
c) $r = 3{,}4\,\text{m}$; $h = 8{,}4\,\text{m}$
d) $h = 4{,}7\,\text{cm}$; $s = 5{,}9\,\text{cm}$

6 Berechne den Mantel- und Oberflächeninhalt des Kegels.
a) $r = 4\,\text{cm}$; $h = 8\,\text{cm}$
b) $r = 6\,\text{cm}$; $h = 15\,\text{cm}$
c) $d = 1{,}2\,\text{dm}$; $h = 2{,}4\,\text{dm}$
d) $s = 30\,\text{cm}$; $h = 21\,\text{cm}$

7 Berechne die fehlenden Größen des Kegels. h gibt die Höhe des Kegels an und kann über den Satz des Pythagoras berechnet werden. (Längen in m; Flächen in m²)

	r	s	h	A_M	A_G	A_O
a)		7		66		
b)	9				580	
c)	11					924
d)	3,6				105	
e)	11	20				
f)		0,8	0,4			

8 Ein Kegel ist durch die Höhe $h = 4\,\text{cm}$ und den Radius $r = 3\,\text{cm}$ gegeben.
a) Berechne den Mantel- und Oberflächeninhalt des Kegels.
b) Wie ändert sich der Mantel- und Oberflächeninhalt, wenn der Radius des Kegels verdoppelt wird?
c) Welche Höhe und welchen Radius könnte ein Kegel mit einem doppelt so großen Oberflächeninhalt haben? Vergleicht eure Ergebnisse.

9 Ein Kegel ist gegeben durch die Mantellinie $s = 5\,\text{cm}$ und den Radius $r = 7\,\text{cm}$. Wie ändert sich der Mantelflächeninhalt, wenn folgende Änderungen vorgenommen werden?
a) r wird halbiert
b) r wird verdoppelt
c) r wird verdreifacht
d) s wird halbiert
e) r und s werden jeweils halbiert
f) r wird halbiert und s wird verdoppelt
g) r und s werden verdoppelt

10 Ein Kreisausschnitt hat den Radius s und den Bogen b. Berechne den Mantelflächeninhalt des Kegels, der aus diesem Kreisausschnitt hergestellt werden kann.
a) $s = 4{,}2\,\text{cm}$; $b = 20\,\text{cm}$
b) $s = 8{,}3\,\text{cm}$; $b = 15\,\text{cm}$
c) $s = 6{,}4\,\text{cm}$; $b = 23{,}6\,\text{cm}$
d) $s = 9{,}3\,\text{cm}$; $b = 35{,}2\,\text{cm}$
e) $s = 7{,}7\,\text{cm}$; $b = 7{,}7\,\text{cm}$

ZUM WEITERARBEITEN
Wie viel m² Rasenfläche muss gemäht werden?

Pyramide, Kegel, Kugel

11 Aus einem Blatt im DIN-A4-Format (297 mm × 210 mm) soll ein Kegel gebastelt werden. Dabei soll der Oberflächeninhalt (also der Materialverbrauch) möglichst groß werden.
a) Zeichne auf das Blatt einen Kreis und eine passende Mantelfläche. Worauf musst du achten?
b) Vergleicht eure Kegel im Klassenverband. Wer hat die größte Kegeloberfläche?

12 Zur Herstellung einer Schultüte wurde ein Karton geschnitten (siehe Skizze).
a) Berechne den Umfang der daraus gefertigten Schultüte an der Öffnung.
b) Welche Maße hat ein kleinstmögliches Rechteck, aus dem der Karton für die Schultüte geschnitten werden könnte?
c) Wie viel Prozent Abfall würden nach der Frage b) dabei entstehen?

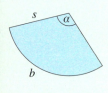
$A_M \approx 4056 \, cm^2$;
$s = 65 \, cm$;
$\alpha = 110°$

13 Die Maße eines Kegels betragen $r = 11 \, cm$ und $h = 60 \, cm$. Der Mantel des Kegels ist ein Kreisausschnitt mit einem Flächeninhalt von $27,6 \, dm^2$.
a) Wie lang ist die Mantellinie s?
b) Bestimme den Oberflächeninhalt des Kegels.

14 In Einzelhandelsgeschäften werden häufig Wasserspender aufgestellt. Die Pappbecher sind kegelförmig, damit sie nicht abgestellt werden können. Ein Becher hat einen Radius von 35 mm und eine Höhe von 78 mm.
a) Zeichne das Schrägbild eines Bechers.
b) Ermittle die Größe der Papierfläche für die Herstellung eines Kegelbechers, wenn für die Klebelaschen bei jedem Becher 15 % Papier zusätzlich berücksichtigt werden müssen.
c) Wie viele Becher könnten maximal aus einem Quadratmeter Papier hergestellt werden? Warum ist dies in der Realität nicht möglich?

15 Wenn man das Dreieck SMP um die Seite $\overline{MS}$ dreht, entsteht ein Kegel. Berechne die Grundfläche, die Mantelfläche und die Oberfläche dieses Kegels.

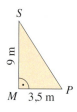

16 Wird eine rechtwinklige Dreiecksfläche mit der Hypotenusenlänge $c = 13 \, cm$ und der Kathetenlänge $a = 7 \, cm$ um a gedreht, wird ein Körper beschrieben.
a) Welcher Körper wird durch diese Drehung erzeugt?
b) Berechne den Oberflächeninhalt dieses Körpers.

17 Betrachte den abgebildeten Körper.
a) Aus welchen Körpern besteht das Silo?
b) Berechne die Oberfläche des Silos.
c) Das Silo soll gestrichen werden. Berechne die benötigte Farbmenge, wenn mit einem Liter Farbe $5 \, m^2$ gestrichen werden können.
d) 750 ml Farbe kosten 21,95 €. Wie viel kostet die benötigte Farbmenge?

18 Betrachte das gleichschenklige Trapez ABCD.
a) Welcher Körper entsteht, wenn das Trapez um die Achse $\overline{AD}$ gedreht wird?
b) Berechne den Oberflächeninhalt des Körpers, wenn $\overline{AD} = 10 \, cm$, $\overline{AB} = \overline{CD} = 5 \, cm$ und $\overline{BC} = 6 \, cm$.

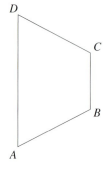

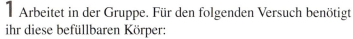

Volumen von Pyramide und Kegel

Erforschen und Entdecken

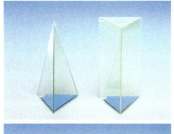

1 Arbeitet in der Gruppe. Für den folgenden Versuch benötigt ihr diese befüllbaren Körper:
- eine Pyramide und einen Quader oder ein Prisma mit gleicher Grundfläche und Höhe,
- einen Kegel und einen Zylinder mit gleicher Grundfläche und Höhe.

Versuchsdurchführung:
Füllt die Pyramide (den Kegel) mit einer Flüssigkeit. Schüttet die Flüssigkeit anschließend aus der Pyramide (dem Kegel) in das Gefäß mit gleicher Grundfläche und Höhe.
a) Wie oft muss der Vorgang wiederholt werden, bis das Prisma (bzw. der Zylinder) vollständig gefüllt ist?
b) Was bedeutet das für das Volumen einer Pyramide bzw. für das Volumen eines Kegels? Stellt eine Formel auf.

2 Murad hat gelesen, dass die Pyramiden in Mexiko aus Quadern gefertigt wurden. Er möchte sie nachbauen und hat sich von seinem Opa Holzwürfel zuschneiden lassen, die er – wie auf den Fotos abgebildet – zu Pyramiden zusammenstellt.

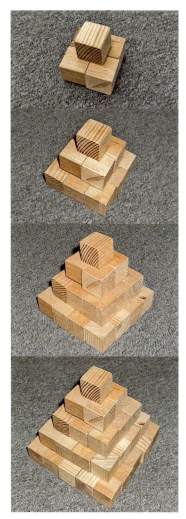

a) Handelt es sich bei den von Murad gebauten Objekten tatsächlich um Pyramiden? Begründe.
b) Aus wie vielen Würfeln besteht die kleinste von Murad gebaute Pyramide?
c) Wie viele Würfel kommen zum Bau der dann folgenden Pyramidenstufe hinzu? Aus wie vielen Würfeln besteht sie insgesamt?
Gib an, wie viele Würfel Murad benötigen würde, wenn er einen Quader mit gleich großer Grundfläche und Höhe wie bei der Pyramide gebaut hätte.
d) Übertrage die folgende Tabelle in dein Heft und vervollständige sie.

Anzahl Schichten	Anzahl Würfel Pyramide W_P	Anzahl Würfel Quader W_Q	$W_P : W_Q$
2	5	8	5 : 8 = 0,625
3			
4		64	
5			0,44
6			

e) Aus wie vielen Würfeln besteht die Pyramide mit 7 (8, 9, 10) Schichten? Wie viele Würfel benötigt man für den Bau eines Quaders mit gleich großer Grundfläche und Höhe? Berechne den Quotienten $W_P : W_Q$. Was fällt dir auf?

Pyramide, Kegel, Kugel

Lesen und Verstehen

Die Hawara-Pyramide hatte eine quadratische Grundfläche mit einer Seitenlänge von 105 m. Sie war 58 m hoch. Mittlerweile ist sie stark verwittert, da die ursprüngliche Kalksteinverkleidung in der Antike für andere Bauten verwendet wurde.

HINWEIS
Dreimal kann die Flüssigkeit aus einem Kegel in einen Zylinder mit der gleichen Grundfläche A_G und der gleichen Höhe h gefüllt werden:

einmal gefüllt

zweimal gefüllt

dreimal gefüllt

Das **Volumen V einer Pyramide** wird bestimmt, indem der Flächeninhalt der Grundfläche A_G mit der Höhe h der Pyramide und dem Faktor $\frac{1}{3}$ multipliziert wird:

$V = \frac{1}{3} \cdot A_G \cdot h$

BEISPIEL 1
Wie groß war das Volumen der Hawara-Pyramide?
$A_G = 105\,\text{m} \cdot 105\,\text{m} = 11\,025\,\text{m}^2$
$V = \frac{1}{3} \cdot A_G \cdot h$
$V = \frac{1}{3} \cdot 11\,025\,\text{m}^2 \cdot 58\,\text{m} = 213\,150\,\text{m}^3$

Die Hawara-Pyramide hatte ein Volumen von 213 150 m³.

Für Pyramiden mit quadratischer Grundfläche gilt: $V = \frac{1}{3} \cdot a^2 \cdot h$

Wie groß hätte der Radius der Grundfläche sein müssen, wenn die Ägypter einen Kegel gleichen Volumens und gleicher Höhe gebaut hätten?

Die Grundfläche des Kegels ist ein Kreis mit $A_G = \pi \cdot r^2$.

Das **Volumen V eines Kegels** wird bestimmt, indem der Flächeninhalt der Grundfläche A_G mit der Höhe h des Kegels und dem Faktor $\frac{1}{3}$ multipliziert wird:

$V = \frac{1}{3} \cdot A_G \cdot h = \frac{1}{3} \cdot \pi \cdot r^2 \cdot h$

BEISPIEL 2
Wie groß wäre der Radius des Kegels?
$213\,150\,\text{m}^3 = \frac{1}{3} \cdot \pi \cdot r^2 \cdot 58\,\text{m}$
$213\,150\,\text{m}^3 = 60{,}74\,\text{m} \cdot r^2$
$r^2 = 3\,509{,}37\,\text{m}^2;\ r = 59{,}24\,\text{m}$
Probe: $V = \frac{1}{3} \cdot \pi \cdot (59{,}24\,\text{m})^2 \cdot 58\,\text{m}$
$\approx 213\,150\,\text{m}^3$

Der Kreisradius würde 59,24 m betragen.

Wie viel Material musste bewegt werden, um die Hawara-Pyramide zu erbauen? Das Bauwerk wurde aus Lehmziegeln errichtet. Ein Kubikmeter Lehm wiegt – abhängig von der Verdichtung des Materials – zwischen 1,5 und 2 t.

Die **Masse m** eines Körpers wird aus dem Produkt des Volumens V und der **Dichte ϱ (sprich: rho)** berechnet.
Allgemein gilt also: $m = V \cdot \varrho$

Für eine Pyramide mit quadratischer Grundfläche gilt:
$m = \frac{1}{3} \cdot a^2 \cdot h \cdot \varrho$

Für einen Kegel gilt:
$m = \frac{1}{3} \cdot \pi \cdot r^2 \cdot h \cdot \varrho$

BEISPIEL 3
Wie groß war die Masse der Pyramide?
$m = V \cdot \varrho = 213\,150\,\text{m}^3 \cdot 1{,}5\,\frac{\text{t}}{\text{m}^3} = 319\,725\,\text{t}$

Höchstgewicht der Pyramide:
$m = 213\,150\,\text{m}^3 \cdot 2\,\frac{\text{t}}{\text{m}^3} = 426\,300\,\text{t}$

Es wurden etwa zwischen 320 000 und 426 000 Tonnen Material zum Bau der Pyramide verwendet.

Volumen von Pyramide und Kegel

Üben und Anwenden

1 Berechne das Volumen der quadratischen Pyramide. Gib das Ergebnis auf zwei Nachkommastellen gerundet an.
a) $a = 7\,\text{cm}$; $h = 11\,\text{cm}$
b) $a = 6,3\,\text{cm}$; $h = 10,7\,\text{cm}$
c) $a = 14,3\,\text{dm}$; $h = 21,7\,\text{dm}$
d) $a = 82,4\,\text{cm}$; $h = 110,8\,\text{cm}$
e) $a = 121,6\,\text{cm}$; $h = 135,4\,\text{cm}$

2 Berechne von der quadratischen Pyramide die fehlenden Größen und das Volumen. Runde auf eine Nachkommastelle.

	a	s	h_a	h
a)	5 cm			7,5 cm
b)	5,6 cm		7 cm	
c)			12 m	8 m
d)			17,9 mm	8,7 mm
e)	3 cm	6,3 cm		
f)	4,7 cm	7,9 cm		
g)		18 cm	16 cm	

3 Wie hoch ist die quadratische Pyramide?
a) $V = 100\,\text{m}^3$; $a = 2\,\text{m}$
b) $V = 892,8\,\text{cm}^3$; $a = 9,3\,\text{cm}$
c) $V = 36\,\text{cm}^3$; $a = 2,4\,\text{cm}$
d) $V = 270\,000\,\text{cm}^3$; $a = 7,1\,\text{dm}$
e) $V = 101,25\,\text{m}^3$; $a = 4,5\,\text{m}$

4 Berechne das Volumen des Kegels.
a) $r = 14\,\text{cm}$; $h = 25\,\text{cm}$
b) $r = 5,4\,\text{dm}$; $h = 8\,\text{dm}$
c) $r = 5,2\,\text{cm}$; $h = 15\,\text{cm}$
d) $r = 3,8\,\text{cm}$; $h = 10\,\text{cm}$
e) $r = 2,45\,\text{m}$; $h = 7,8\,\text{m}$

5 Der Grundkreis einer Eiswaffel hat einen Durchmesser von 5,8 cm. Die Waffel ist 12 cm hoch. Wie viel Eis passt hinein? Zeichne die Waffel auch als Schrägbild.

6 Wenn trockener Sand mit Hilfe eines Förderbands aufgeschüttet wird, entsteht ein annähernd kegelförmiger Schütthaufen. Welche Bodenfläche bedeckt der Sand, wenn 4 000 m³ bis auf 8 m Höhe aufgeschüttet werden?

7 Berechne den fehlenden Wert des Kegels.

	r	h	V
a)	5 cm	12 cm	
b)		9,5 dm	34,5 dm³
c)	4,5 cm		70,4 cm
d)	27 mm	4,3 cm	
e)	1,5 dm		1767 cm³
f)	0,3 dm		56,55 cm³
g)		1,4 m	718,38 dm³

8 Eine Pyramide hat eine rechteckige Grundfläche mit den Längen a und b. Berechne jeweils den fehlenden Wert.

	a	b	h	V
a)	7 cm	9 cm	12 cm	
b)	5,8 mm	9,3 mm	16 mm	
c)	8 m	12 m		456 m³
d)	12,3 cm	24,6 cm		1400 cm³
e)		10 m	10 m	500 m³
f)	24 m		635 dm	965,2 m³

9 Ein kegelförmig aufgeschütteter Sandhaufen hat einen Umfang von 13,8 m. Er ist 2,1 m hoch. Wie groß ist sein Volumen?

10 Angenommen, die ursprüngliche Kalksteinverkleidung der Hawara-Pyramide (siehe S. 136) war 50 cm dick. Wie viel Material stand zum Bau anderer Projekte zur Verfügung?

11 Eine quadratische Pyramide soll gemauert werden. Die Grundkante soll 2,4 m betragen, die Höhe 1,5 m.
a) Wie viel m³ Mauerwerk enthält der Bau?
b) Wie viele Mauersteine und wie viel m³ Mörtel werden mindestens benötigt, wenn man für einen Kubikmeter Mauerwerk mit 380 Steinen und 300 ℓ Mörtel rechnet?

12 Ein Kegel hat ein Volumen von 75,4 cm³.
a) Bestimme seine Höhe, wenn der Radius $r = 3\,\text{cm}$ ist.
b) Bestimme seinen Radius, wenn die Höhe $h = 3\,\text{cm}$ ist.

Pyramide, Kegel, Kugel

13 Berechne aus dem Netz der quadratischen Pyramide ihr Volumen.

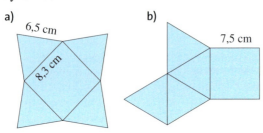

a) 6,5 cm, 8,3 cm
b) 7,5 cm

14 ➡ Beweise mit Hilfe der folgenden Abbildung, dass für Pyramiden mit quadratischer Grundfläche gilt:
$V = \frac{1}{3} \cdot a^2 \cdot h$.

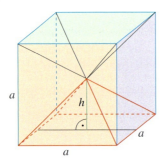

15 Ein Würfel hat eine Kantenlänge von 10 cm. Aus dem Würfel soll eine quadratische Pyramide mit möglichst großem Volumen herausgearbeitet werden.
a) Welches Volumen hat die Pyramide?
b) Vergleiche das Volumen des Würfels mit dem der Pyramide.

16 Ein Quader hat die Kantenlängen $a = 3$ cm, $b = 4$ cm und $c = 5$ cm. Aus dem Quader soll eine Pyramide mit rechteckiger Grundfläche so herausgearbeitet werden, dass das Volumen möglichst groß wird.
a) Als Grundfläche kommen drei Rechtecke in Frage. Welche Größe besitzen diese Rechtecke?
b) Spielt die Auswahl der Grundfläche bei der Bestimmung des Volumens eine Rolle? Begründe.
c) Zeichne ein Schrägbild des Quaders und in diesen Quader das Schrägbild einer Pyramide mit maximalem Volumen.

17 Wie ändert sich das Volumen einer quadratischen Pyramide, wenn die Höhe halbiert (verdoppelt) und Länge der Quadratseite beibehalten werden soll?

18 ➡ Eine Pyramide mit quadratischer Grundfläche hat ein Volumen von 1 ℓ.
a) Wie lang könnten die Seite des Quadrats und die Höhe der Pyramide sein? Findest du mehrere Beispiele?
b) Berechne den Oberflächeninhalt der gefundenen Pyramiden.
c) Tragt die Ergebnisse im Klassenverband zusammen und vergleicht die Oberflächeninhalte.
Welche Pyramide hat den kleinsten Oberflächeninhalt?

19 Ein Trinkpäckchen hat die Form eines **Tetraeders**, einer dreiseitigen Pyramide, die von vier kongruenten gleichseitigen Dreiecken begrenzt ist. Eine Seitenkante ist 13,7 cm lang.
a) Berechne das Volumen.
b) Vergleiche das Volumen mit der Inhaltsangabe.

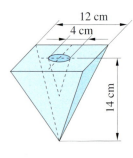

20 Die Skizze zeigt ein Werkstück. Es hat die Form einer quadratischen Pyramide, aus der eine kegelförmige Vertiefung herausgearbeitet wurde. Die Höhe dieses Kegels beträgt $\frac{3}{7}$ der Höhe der Pyramide.
a) Berechne das Volumen des Werkstücks.
b) Das Werkstück ist aus Aluminium gefertigt, 1 cm³ Aluminium wiegt 2,7 g. Wie schwer ist das Werkstück?

21 Ergänze die bisher in diesem Kapitel erlernten Formeln zu Pyramiden und Kegeln in deiner dynamischen Formelsammlung.

ZUM WEITERARBEITEN
Wie viele 500 g-Packungen Salz kann man wohl mit einem Haufen füllen?

Volumen und Oberfläche einer Kugel

Erforschen und Entdecken

1 Betrachte die folgenden Körper.

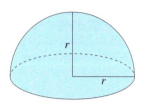 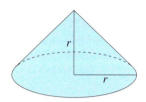 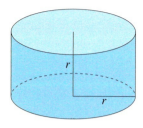

a) Um welche Körper handelt es sich?
b) Die Körper haben den gleichen Radius, der gleichzeitig auch die Körperhöhe ist. Ordne die Körper nach der Größe ihres Volumens und skizziere die Schrägbilder in deinem Heft. Beginne mit dem kleinsten Körper.
c) Schreibe das Volumen der Körper (in Abhängigkeit vom Radius r) unter die Schrägbilder, sofern dir die Formel für das Volumen bekannt ist.
d) Stelle eine Vermutung für das Volumen einer Kugel auf.

2 Für den folgenden Versuch benötigt ihr:
- einen Messbehälter mit Überlauf (z. B. aus der Chemie-Sammlung) oder ein großes Gefäß (z. B. einen Eimer, ein Aquarium, eine Babybadewanne)
- verschieden große Kugeln (z. B. Murmeln oder schwere Bälle, die nicht schwimmen)
- einen Messbecher, ein Maßband und viel Wasser (z. B. aus einem Gartenschlauch)

Versuchsvorbereitung:
Messt mit dem Maßband den Umfang der Kugeln und berechnet dann ihren Radius. Übertragt die Tabelle in euer Heft und tragt die Werte ein.

Kugel	Umfang	Radius	verdrängte Wassermenge
z. B. Golfball	$u =$	$r =$	
…			

Versuchsdurchführung:
① Stellt das Gefäß an einer Stelle auf, die nass werden darf, etwa auf dem Schulhof, und füllt es randvoll mit Wasser.
② Legt eine Kugel vorsichtig auf das Wasser und lasst sie versenken. Es wird Wasser über die Kante des Gefäßes in das Überlaufgefäß oder auf den Boden laufen.
③ Stellt fest, wie viel Wasser durch die Kugel verdrängt wurde. Ihr könnt die Überlaufmenge entweder einfach ablesen oder die Kugel vorsichtig aus dem Becken entfernen und das Becken mit Hilfe des Messbechers wieder auffüllen.
④ Führt den Versuch mit allen Kugeln/Bällen durch und tragt die Werte in die Tabelle ein.
⑤ Überprüft mit Hilfe eurer Messwerte in der Tabelle die Formel aus Aufgabenteil 1 d).

3 Erkundige dich im Internet oder in Büchern über die Technik der „Handkaschierung" beim Bau von Globen. Über den Webcode gelangst du zu passenden Seiten im Internet.
a) Welche Form haben die Flächen, die beim Bekleben eines Globus eingesetzt werden?
b) Wie viele dieser Flächen benötigt man beim Bau und wie groß ist eine dieser Flächen ungefähr? Beachte, dass die Flächengröße abhängig vom Durchmesser des Globus ist.

139-1

Pyramide, Kegel, Kugel

Lesen und Verstehen

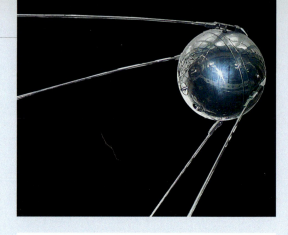

Im Oktober 1957 gelang es sowjetischen Forschern mit Sputnik 1 erstmals einen künstlichen Satelliten in eine Umlaufbahn um die Erde zu entsenden. Sputnik 1 war eine hochglanzpolierte Aluminiumkugel mit einem Außendurchmesser von 58 cm.
Wie groß war das Volumen von Sputnik 1?

ERINNERE DICH
$1\,dm^3 = 1000\,cm^3$
und
$1\,m^2 = 100\,dm^2$
$= 10\,000\,cm^2$

Das **Volumen V einer Kugel** mit dem Radius r lässt sich wie folgt berechnen:

$$V = \tfrac{4}{3} \cdot \pi \cdot r^3$$

BEISPIEL 1
Sputnik 1 hatte einen Radius von 29 cm. Also gilt für sein Volumen:
$V = \tfrac{4}{3} \cdot \pi \cdot (29\,cm)^3 = 102\,160{,}4\,cm^3$
Sputnik 1 hat ein Volumen von ca. $102\,dm^3$.

Der Oberflächeninhalt von Sputnik 1 soll lediglich einen Quadratmeter betragen haben. Kann das sein?

Für die **Oberfläche A_O einer Kugel** mit dem Radius r gilt:

$$A_O = 4\pi \cdot r^2$$

BEISPIEL 2
$A_O = 4\pi \cdot r^2 = 4\pi \cdot (29\,cm)^2 = 10\,568{,}3\,cm^2$
Der Oberflächeninhalt von Sputnik 1 war mit $1{,}06\,m^2$ etwas größer als $1\,m^2$.

Sputnik 1 war aus 2 mm starkem Aluminiumblech gefertigt. In seinem Innern transportierte er unter anderem zwei Funksender, Akkus und ein Wärmeregulationssystem.
Wie viel Aluminiumblech war zur Herstellung des Satelliten mindestens notwendig?

Bei einer **Hohlkugel** mit dem Innenradius r_i und Außenradius r_a berechnet sich das Volumen V wie folgt:

$V = \tfrac{4}{3} \cdot \pi \cdot r_a^3 - \tfrac{4}{3} \cdot \pi \cdot r_i^3$
$ = \tfrac{4}{3} \cdot \pi \cdot (r_a^3 - r_i^3)$

BEISPIEL 3
$V = \tfrac{4}{3} \cdot \pi \cdot (r_a^3 - r_i^3)$
$ = \tfrac{4}{3} \cdot \pi \cdot ((290\,mm)^3 - (288\,mm)^3)$
$ = 2\,099\,120{,}1\,mm^3$

Das Aluminiumblech hatte ein Volumen von ca. $2{,}1\,dm^3$.

Aluminium besitzt eine Dichte von $2\,700\,\tfrac{kg}{m^3}$. Wie schwer war die Aluminiumhülle von Sputnik 1?

Die **Masse m einer Kugel** wird aus dem Produkt seines Volumens V und seiner Dichte ϱ (sprich rho) berechnet. Es gilt:

$$m = V \cdot \varrho = \tfrac{4}{3} \cdot \pi \cdot r^3 \cdot \varrho$$

BEISPIEL 4
Sputnik 1 bestand aus
$2{,}1\,dm^3 = 0{,}0021\,m^3$ Aluminiumblech.
$m = 0{,}0021\,m^3 \cdot 2\,700\,\tfrac{kg}{m^3} = 5{,}67\,kg$
Die Hülle aus Aluminiumblech wog ca. $5{,}7\,kg$.

Üben und Anwenden

1 Berechne das Volumen der Kugel. Gib in der in Klammern stehenden Maßeinheit an.
a) $r = 2{,}4$ cm (mm³) b) $r = 1{,}57$ m (dm³)
c) $r = 6{,}89$ dm (m³) d) $r = 20{,}5$ cm (m³)
e) $d = 16$ cm (mm³) f) $d = 3{,}8$ dm (cm³)
g) $d = 7{,}45$ m (dm³) h) $d = 25{,}56$ cm (m³)

2 Stelle die Volumen- und die Oberflächenformel der Kugel nach r um. Erkläre deine Umformungen deinem Nachbarn.

3 Berechne den Radius der Kugel. Gib auf zwei Nachkommastellen gerundet an.
a) $V = 13{,}45$ m³ b) $V = 102{,}5$ dm³
c) $V = 345{,}046$ cm³ d) $V = 4200$ mm³
e) $V = 657{,}4$ m³ f) $V = 800{,}04$ cm³

4 Berechne den Durchmesser der Kugel. Gib in der in Klammern angegebenen Maßeinheit an. Runde dabei auf zwei Stellen.
a) $V = 12{,}67$ m³ (dm)
b) $V = 3700$ mm³ (cm)
c) $V = 305{,}4$ dm³ (cm)
d) $V = 451{,}7$ dm³ (m)
e) $V = 157{,}905$ cm³ (mm)

5 Annika meint, dass sich das Volumen einer Kugel verdoppelt, wenn der Kugelradius verdoppelt wird. Überprüfe Annikas Behauptung an einem Beispiel und korrigiere – falls notwendig – ihre Aussage.

6 Nach internationalem Regelwerk muss ein Fußball einen Umfang zwischen 68 cm und 70 cm besitzen, ein Volleyball einen Umfang zwischen 65 cm und 67 cm und ein Basketball einen Umfang zwischen 75 cm und 78 cm. Bestimme das maximale und das minimale Volumen aller drei Bälle.

7 Eine Kugel hat den Radius $r = 5$ cm.
a) Berechne das Volumen der Kugel.
b) Welchen Radius hat die Kugel mit dem doppelten (dreifachen, vierfachen, fünffachen) Volumen (siehe Randspalte)?

8 Wie schwer ist ein Golfball, wenn 1 cm³ Material 1,15 g wiegt?

9 Berechne den Oberflächeninhalt einer Kugel. Gib in der in Klammern angegebenen Maßeinheit an.
a) $r = 4{,}3$ cm (mm²) b) $r = 1{,}85$ m (dm²)
c) $r = 7{,}83$ dm (m²) d) $r = 10{,}7$ cm (m²)
e) $d = 46$ cm (mm²) f) $d = 2{,}4$ dm (cm²)
g) $d = 7{,}19$ m (dm²) h) $d = 23{,}45$ cm (m²)

10 Berechne den Radius der Kugel. Gib mit zwei Nachkommastellen gerundet an.
a) $A_O = 14{,}32$ m² b) $A_O = 105{,}6$ dm²
c) $A_O = 244{,}075$ cm² d) $A_O = 3400$ mm²
e) $A_O = 552{,}1$ m² f) $A_O = 700{,}08$ cm²

11 Berechne den Durchmesser der Kugel. Gib in der in Klammern angegebenen Maßeinheit an. Runde dabei auf eine Nachkommastelle.
a) $A_O = 22{,}58$ m² (dm)
b) $A_O = 2800$ mm² (cm)
c) $A_O = 105{,}9$ dm² (cm)
d) $A_O = 321{,}67$ dm² (m)
e) $A_O = 257{,}604$ cm² (mm)
f) $A_O = 1300{,}58$ cm² (dm)

12 Von einer Kugel sind die folgenden Angaben bekannt. Ergänze die Tabelle in deinem Heft.

	r	d	u	V	A_O
a)	3 cm				
b)		22 m			
c)			56,55 m		
d)				7238,23 mm³	
e)					66,48 dm²
f)			1 m		
g)					1 m²
h)			1 m		

BEACHTE
Ist r^3 gegeben und es soll r bestimmt werden, so muss die dritte Wurzel gezogen werden: $\sqrt[3]{r^3} = r$.
Die dritte Wurzel aus 8, also $\sqrt[3]{8}$, lässt sich mit dem Taschenrechner z. B. mit folgenden Tippfolgen bestimmen:

[8] [2nd] [yˣ] [3] [=]
oder
[8] [SHIFT] [x³] [=]

Lies gegebenenfalls in der Anleitung deines Taschenrechners nach.

Pyramide, Kegel, Kugel

13 Berit meint, dass sich der Oberflächeninhalt einer Kugel verdoppelt, wenn der Kugelradius verdoppelt wird. Überprüfe Berits Behauptung an einem Beispiel und korrigiere – falls notwendig – ihre Aussage.

14 Wie verändert sich der Oberflächeninhalt einer Kugel, wenn sich der Durchmesser …
a) halbiert?
b) verdreifacht?
c) verzehnfacht?

15 Arbeitet zu zweit. Eine Kugel besitzt einen Oberflächeninhalt von 10 cm².
a) Berechne den Radius der Kugel.
b) Wie verändert sich der Radius, wenn sich der Oberflächeninhalt verdoppelt (halbiert)?

16 In der Eisdiele von Luigi hat eine Eiskugel einen Durchmesser von 5 cm und wird für 0,60 € verkauft.
Die Eiskugel in Paolos Eisdiele hat einen Radius von 3 cm. Paolo verkauft sie für 80 Cent. Welche Eisdiele verkauft ihr Eis günstiger?

17 Das Pantheon in Rom ist der größte und vollkommenste Rundbau der antiken römischen Baukunst. Ein architektonisches Meisterwerk ist bei diesem Bauwerk die Halbkugelkuppel, deren Durchmesser 43,3 m beträgt.

Wie groß ist die Oberfläche einer solchen Halbkugel?

18 Die Erde hat annähernd die Form einer Kugel.

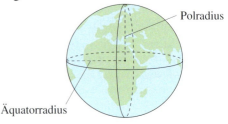

a) Berechne das Volumen einer Kugel aus dem Äquatorradius $r = 6\,378\,388$ m und dem Polradius $r = 6\,356\,912$ m.
b) In einem Lexikon wird die Oberfläche der Erde mit 510 100 933,5 km² angegeben. Ist das möglich?
c) Mit 6 371 229 m wird der mittlere Radius der Erde angegeben. Durchschnittlich wiegt 1 m³ der Erde 5,517 t. Wie schwer ist die Erde nach diesen Angaben?

19 Ein Marmorwürfel hat eine Seitenlänge von 15 cm. Aus ihm soll eine möglichst große Kugel herausgearbeitet werden.
a) Berechne jeweils das Volumen von Würfel und Kugel.
b) Um wie viel Prozent weicht das Volumen der Kugel von dem des Würfels ab?
c) Berechne jeweils die Oberfläche von Würfel und Kugel.
d) Um wie viel Prozent weicht die Oberfläche der Kugel von der des Würfels ab?

20 Bei Leichtathletikwettkämpfen werden beim Kugelstoßen genormte Stahlkugeln benutzt.
Die Kugeln haben unterschiedliche Massen. 1 cm³ Stahl wiegt 7,86 g.

Altersklasse	Kugelmasse
Frauen	4 kg
männliche Jugend B	5 kg
männliche Jugend A	6,25 kg
Männer	7,26 kg

a) Berechne für jede angegebene Kugelart das Volumen.
b) Berechne für jede Kugel den Radius und den Durchmesser.

Volumen und Oberfläche einer Kugel

21 Die folgende Abbildung zeigt den Mond.

3 476 km

a) Berechne die Oberfläche des Mondes.
b) Bei Vollmond kann man 59 % der gesamten Mondoberfläche sehen.
Wie viel km² sind das?

22 Das „Atomium" ist ein Wahrzeichen von Brüssel. Das Bauwerk wurde zur Weltausstellung 1958 errichtet und besteht aus 9 begehbaren Kugeln, die durch Rohre miteinander verbunden sind. Jede Kugel hat einen Durchmesser von 18 m.

a) Berechne das Fassungsvermögen einer Ausstellungskugel in m³.
b) Berechne den Oberflächeninhalt einer Kugel in m².

23 Von einer Hohlkugel sind die folgenden Angaben bekannt. Ergänze die folgende Tabelle in deinem Heft.

	r_a	r_i	V
a)	7 cm	4 cm	
b)	12 cm	11,5 cm	
c)	38 dm	2,4 m	
d)	45 cm	3,5 dm	
e)	54 mm		70 606,2 mm³
f)	18 mm		3 849,5 mm³

24 Die Inuit können aus Eisblöcken Iglus bauen, die die Form einer Halbkugel haben.

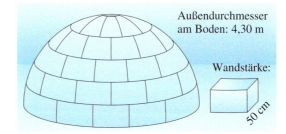

Außendurchmesser am Boden: 4,30 m

Wandstärke: 50 cm

a) Wie groß ist das Volumen im Innenraum?
b) Gib an, wie viel m³ Eis für ein solches Iglu verarbeitet werden.
c) Berechne die innere und die äußere Oberfläche des Iglus.

25 Die Lunge eines erwachsenen Menschen hat etwa 850 000 000 Lungenbläschen. Ein fast kugelförmiges Lungenbläschen hat einen Durchmesser von 0,185 mm.

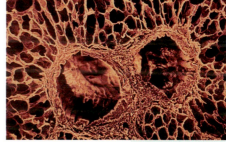

a) Berechne die gesamte Lungenoberfläche, an der Sauerstoff und Kohlendioxid ausgetauscht werden.
Gib das Ergebnis in m² an.
b) Berechne das Volumen, das nach den Angaben in die Lungenbläschen insgesamt aufgenommen werden kann. Gib es in Litern an.

26 Aus 1 kg Blei sollen Kügelchen hergestellt werden. Blei hat die Dichte von $11{,}3\,\frac{g}{cm^3}$. Wie viele Kügelchen von 2 mm Durchmesser lassen sich optimal herstellen?

27 Im Bad tropft es alle 10 Sekunden von einem Wasserrohr. Frau Wehrhahn fängt die Tropfen mit einem zylindrischen Gefäß auf. Das Gefäß hat einen Durchmesser von 20 cm und eine Höhe von 9 cm. Arbeitet im Team.
a) Wann ist die Schale voll?
b) Wie viel Liter gehen an einem Tag verloren?

BEACHTE
Wenn bei einer Hohlkugel vom Volumen die Rede ist, so ist das Materialvolumen gemeint.

Die Pyramiden von Gizeh

In der vierten Dynastie des alten ägyptischen Reiches (ca. 2600 bis 2475 v. Chr.) ließen seine Herrscher, die Pharaonen, Pyramiden als Grabstätten errichten.

Die dreieckigen Seitenflächen der Pyramiden, die zu einer zentralen Spitze zusammenlaufen, veranschaulichen die Strahlen der Sonne, die auf den Pharao niederscheinen.

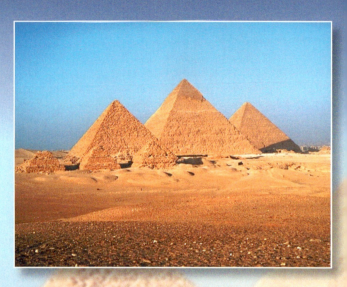

Cheops-Pyramide

Die Cheops-Pyramide ist die früheste und größte der drei Pyramiden von Gizeh und die höchste Pyramide der Welt. Diese Pyramide wird auch Große Pyramide genannt. Sie zählt zu den Sieben Weltwundern der Antike.
Der Name stammt von „Cheops" ab, der griechischen Bezeichnung für den ägyptischen Pharao Chufu (ca. 2620 – 2580 v. Chr.).

Die ursprüngliche Höhe der Cheops-Pyramide betrug 280 Königsellen (1 Königselle ≈ 52,3 cm).
Die Seiten der quadratischen Grundfläche waren 440 Königsellen lang.
Heute ist die Pyramide etwa 138,50 m hoch und hat eine Seitenlänge von ca. 225 m.

1 Lies den Text unter dem Foto. Zeichne ein maßstäbliches Schrägbild der Cheops-Pyramide (sowohl heutige als auch ursprüngliche Größe ineinander; Maßstab z. B. 1 : 2 000).

2 Bestimme das Volumen der ursprünglichen und der heutigen Cheops-Pyramide. Wie viel Gestein ist seit dem Bau vor ca. 4 600 Jahren verwittert (absolute und prozentuale Werte)?

3 Ein Lexikon gibt das ursprüngliche Gesamtvolumen der Pyramide nach Abzug der Hohlräume mit 2,5 Mio. m³ an. Ist das möglich? Wie groß sind dann die Hohlräume?

„Ich schätze, dass man mit den Steinen der Cheops-Pyramide eine 3 m hohe und 30 cm breite Mauer um ganz Frankreich errichten kann."

Diese Schätzung stammt von Napoleon Bonaparte, der die Pyramiden am 27. September 1798 auf seinem Ägyptenfeldzug besichtigte.

4 Überprüfe, ob die Aussage von Napoleon richtig sein kann.

Chefren-Pyramide und Mykerinos-Pyramide

Zu den drei Pyramiden von Gizeh zählen neben der Cheops-Pyramide auch die Chefren-Pyramide und die Mykerinos-Pyramide.

Pyramide des Chafre (auch Chefren-Pyramide genannt)	
Höhe	ursprünglich 143,5 m
Bodenfläche	Quadrat mit 210 m Seitenlänge
Gewicht	ca. 5,18 Mio. t
Erbauer	Pharao Chafre, auch Chephren genannt (ca. 2570–2530 v. Chr.), Sohn des Chufu

Pyramide des Menkaure (auch Mykerinos-Pyramide genannt)	
Höhe	ursprünglich 62,18 m
Bodenfläche	Quadrat mit 108,5 m Seitenlänge
Gewicht	0,57 Mio. t
Erbauer	Pharao Menkaure, auch Mykerinos genannt (ca. 2530–2510 v. Chr.), Enkel des Chufu

5 Fertige von den drei Pyramiden von Gizeh Modelle im Maßstab 1 : 2 500 an.

6 Berechne das Volumen der Chefren-Pyramide und der Mykerinos-Pyramide.

7 Vergleiche die Masse der beiden Pyramiden und überprüfe, ob die Pyramiden aus dem gleichen Gestein gebaut wurden.

8 Erfinde eigene Aufgaben rund um das Thema „Pyramiden". Löse sie und tausche die Aufgaben mit deinen Mitschülern aus.

Pyramide, Kegel, Kugel

Vermischte Übungen

1 Berechne die Mantelfläche A_M, die Oberfläche A_O und das Volumen V des Kegels.
a) $h = 25\,\text{cm}$; $r = 14\,\text{cm}$
b) $h = 80\,\text{mm}$; $r = 54\,\text{mm}$
c) $h = 15\,\text{cm}$; $s = 15{,}9\,\text{cm}$
d) $h = 42\,\text{mm}$; $d = 6\,\text{cm}$
e) $s = 8\,\text{cm}$; $d = 12\,\text{cm}$
f) $s = 3\,\text{m}$; $u = 6{,}28\,\text{m}$
g) $h = 15{,}2\,\text{cm}$; $u = 30{,}5\,\text{cm}$

2 Der Achsenschnitt eines Kegels ist ein gleichseitiges Dreieck mit der Seitenlänge $a = 14\,\text{cm}$.
a) Berechne Volumen und Oberflächeninhalt des Kegels.
b) Stelle Terme auf, mit denen sich das Volumen und der Oberflächeninhalt in dem angegebenen Sonderfall bestimmen lassen.

3 Berechne das Volumen der geraden Pyramide aus den Angaben zur Grundfläche und der gegebenen Körperhöhe.
a) Die Grundfläche ist ein rechtwinkliges Dreieck mit $\gamma = 90°$, $a = 15\,\text{cm}$, $b = 12\,\text{cm}$. Die Körperhöhe ist $h = 13\,\text{cm}$.
b) Die Grundfläche ist ein Parallelogramm mit $a = 3{,}5\,\text{cm}$ und $h_a = 3{,}4\,\text{cm}$. Die Körperhöhe ist $h = 9{,}6\,\text{cm}$.
c) Die Grundfläche ist ein regelmäßiges Sechseck mit $a = 3{,}4\,\text{cm}$. Die Körperhöhe ist $h = 5{,}3\,\text{cm}$.

4 Berechne das Volumen des zusammengesetzten Körpers (Maße in cm).

a)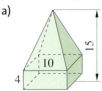
b)
c)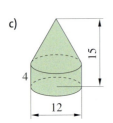
d)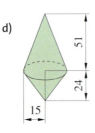

5 Eine Sandsteinpyramide hat eine rechteckige Grundfläche mit 2,3 m Länge und 1,7 m Breite. Die Pyramide ist 2,7 m hoch.
a) Berechne das Volumen der Pyramide.
b) Wie schwer ist die Pyramide, wenn $1\,\text{dm}^3$ Sandstein 2,6 kg wiegt?

6 Betrachte die beiden Körper.

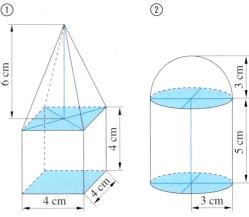

a) Aus welchen Grundkörpern bestehen sie?
b) Berechne die Volumina der zusammengesetzten Körper.
c) Berechne den Oberflächeninhalt der beiden zusammengesetzten Körper.

7 Gruppenarbeit
Das Wahrzeichen von Karlsruhe steht auf dem Marktplatz der Stadt. Es ist die rote Sandsteinpyramide, das Grabmal des Stadtgründers, des Markgrafen Karl Wilhelm von Baden-Durlach.

a) Welches Volumen und welchen Mantelflächeninhalt hat die Pyramide ungefähr?
b) Zeichne ein Schrägbild (Maßstab 1 : 100).

ZUM WEITERARBEITEN
Der Künstler Albert Sous baute sein 9 m hohes Atelier mit 4,5 m Radius aus Edelstahlschrott und Flaschen. Aus wie vielen Flaschenböden (Durchmesser 7,6 cm) besteht die Kuppel?

Vermischte Übungen

8 Aus einem quaderförmigen Sandsteinblock wird, wie in der Skizze dargestellt, eine Pyramide gehauen.

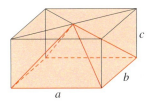

Die Maße des Blocks sind $a = 2{,}8\,m$, $b = 1{,}9\,m$ und $c = 2{,}9\,m$.
a) Welches Volumen hat die Pyramide?
b) Wie viel wiegt die Pyramide, wenn $1\,dm^3$ Sandstein 2,6 kg wiegt?
c) Wie viel kg Sandsteinabfall entsteht bei der Herstellung der Pyramide?

9 Aus einem Holzwürfel mit 15 cm Kantenlänge soll nach der Skizze ein möglichst großer Kegel gedreht werden.

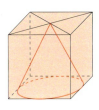

a) Welches Volumen hat der Kegel?
b) Wie schwer ist der Kegel, wenn $1\,dm^3$ Holz 0,65 kg wiegt?
c) Berechne den Holzabfall in Prozent.

10 Vergleiche das Volumen und die Oberfläche der folgenden Körper.
① Kugel mit Radius $r = 1\,cm$
② Kegel mit Radius $r = 1\,cm$ und Höhe $h = 2\,cm$
③ quadratische Pyramide mit Grundseite $a = 2\,cm$ und Höhe $h = 2\,cm$
④ Würfel mit Kantenlänge $a = 1\,cm$

11 Die Produktionsentwicklung eines Kelchglases mit annähernd kegelförmigem Kelch sieht die Maße vor, die in der Skizze eingetragen sind. Passen 0,2 ℓ Flüssigkeit in das Glas?

12 Der Hund Laika war das erste Lebewesen im Weltall. Er wurde mit der Sputnik 2 in eine Erdumlaufbahn gebracht.
Der kegelförmige Sputnik 2 hatte eine Startmasse von 508,3 kg und eine Größe von 1,2 m im Durchmesser. Seine Höhe betrug ungefähr 1,5 m.
Berechne das Volumen und die Oberfläche von Sputnik 2.

13 Diese beiden Keksverpackungen sind gerade und insgesamt 20 cm hoch. Dose ① hat eine quadratische Grundfläche mit einer Seitenlänge von 8 cm. Körper ② besitzt eine kreisförmige Grundfläche mit $r = 5\,cm$.
Die beiden aufgesetzten „Dächer" sind jeweils 8 cm hoch.

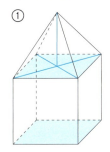 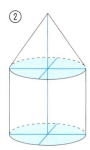

a) Aus welchen Grundkörpern bestehen die beiden Verpackungen?
b) Zeichne zu beiden Keksdosen ein Netz der einzelnen Körper und das Netz des Gesamtkörpers. Gibt es Unterschiede?
c) Berechne die Volumina der beiden Verpackungen.
d) Um wie viel Prozent ist das Volumen der einen Verpackung größer als das der anderen?
e) Welche Veränderungen könnte man an der kleineren Verpackung vornehmen, damit das Volumen genauso groß ist wie bei der anderen Verpackung?

14 Ein kegelförmiges Glas hat einen oberen Durchmesser von 6 cm und eine Höhe von 10 cm. Das Glas wird bis 2 cm Höhe unter der Oberkante mit Flüssigkeit gefüllt.
Wie viel Flüssigkeit befindet sich im Glas?
Wie viel Prozent des gesamten Glasvolumens sind das?

HINWEIS
Ergänze die in diesem Kapitel erlernten Formeln zur Kugel in deiner dynamischen Formelsammlung.

Pyramide, Kegel, Kugel

15 ➡ Auf den Internetseiten des Freizeitparks „Tropical Islands" in Brandenburg findet man die folgenden Informationen.

„Der Tropical Islands Dome hat eine Grundfläche von 66 000 m². Mit einer Länge von 360 m, einer Breite von 210 m und einer Höhe von 107 m ist die Halle so groß, dass in ihr 8 Fußballfelder Platz finden."

a) Skizziere die Grundfläche des Tropical Islands Dome möglichst genau und überprüfe, ob tatsächlich acht Fußballfelder in der Halle Platz finden.
b) Beschreibe die Oberfläche des Tropical Islands Dome möglichst präzise.
c) Bestimme den Oberflächeninhalt und das Volumen der Halle.

16 Die Größe eines Fußballs ist regelgerecht, wenn sein Umfang zwischen mindestens 68 und höchstens 70 cm liegt. Eine Firma produziert täglich 100 Lederfußbälle mit einem Umfang von 70 cm. Wie viel Leder könnten sie pro Jahr einsparen, wenn sie die Bälle so klein wie möglich, aber noch regelgerecht produzieren würden?

17 ➡ Sammelt im Internet oder durch eigene Befragungen Aussagen über die Wasservergeudung durch tropfende Wasserhähne.
a) Sortiert die Aussagen der Größe nach. Warum variieren die Informationen? Von welchen Aspekten ist die Wassermenge abhängig?
b) Schließt euch begründet einer Meinung an. Von welchen Annahmen seid ihr dabei ausgegangen?

ZUM WEITERARBEITEN
Wie oft passt das Volumen des Mondes rechnerisch in die Erde?

18 ➡ Betrachte den Heißluftballon.
a) Wie viel Liter Luft sind (ungefähr) in diesem Heißluftballon?
b) Wie viel m² Nylon sind für die Herstellung der Ballonhülle mindestens notwendig?

19 ➡ Nach: RP-Online vom 22. 6. 2004:

„Eis ist mein Leben", sagt Gianni Mucignat, der seit 26 Jahren Eisverkäufer ist. Er hat es nicht nur zu zwei Eiscafés gebracht, sondern auch zum Weltrekord im Hochstapeln: 539 Kugeln à 16 ml setzte er auf ein normales Hörnchen. Die Pyramide war 60 Zentimeter hoch.
„Die Arme taten mir so weh, dass ich abbrechen musste", erinnert sich Mucignat. Immerhin hatte er 1990 beim Weltrekordstapeln 17 Kilogramm Eis auf seiner Hand zu tragen. Nun will er seinen eigenen Rekord brechen und 600 Eiskugeln auf eine Waffel bekommen.

a) Bestimme den Durchmesser einer Eiskugel.
b) Angenommen, die Kugeln wurden zu einer quadratischen Pyramide verarbeitet. Bestimme die Seitenlänge einer Grundseite dieser Pyramide.
c) Die Dichte von Eis beträgt in etwa $1\frac{g}{cm^3}$. Überprüfe, ob das angegebene Gewicht richtig sein kann.
d) Welches Gewicht hätte ein Eis mit 600 Kugeln?
e) Steffen meint, dass eine Pyramide mit 600 Eiskugeln fast 67 cm hoch sein muss. Überlege, wie Steffen zu dieser Behauptung kommt. Bist du der gleichen Ansicht wie Steffen?

Pyramide, Kegel, Kugel

Teste dich!

a

1 Berechne den Oberflächeninhalt und das Volumen der Pyramide.

2 Berechne den Oberflächeninhalt und das Volumen des Kegels.

3 Der Radius einer Kugel beträgt 37 mm. Berechne den Oberflächeninhalt und das Volumen der Kugel.

4 Zeichne das Schrägbild eines Zylinders mit $r = 3$ cm und $h = 5$ cm. Auf dem Zylinder steht ein auf der Grundfläche stehender Kegel mit gleichem Radius und gleicher Höhe.

5 Einem Würfel mit einer Kantenlänge von 6 cm wird ein 5 cm hohes pyramidenförmiges Dach aufgesetzt.
a) Berechne das Volumen des entstandenen Körpers.
b) Berechne die Mantelfläche der Pyramide.

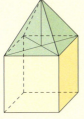

b

1 Berechne den Oberflächeninhalt und das Volumen der Pyramide.

2 Berechne den Oberflächeninhalt und das Volumen des Kegels.

3 Eine Kugel hat ein Volumen von 300 ml. Berechne den Radius und den Oberflächeninhalt der Kugel.

4 Zeichne einen auf der Grundfläche stehenden Kegel mit $r = 3$ cm und $h = 5$ cm, auf dessen Spitze eine auf der Spitze stehende quadratische Pyramide mit $a = 2$ cm und $h = 3$ cm balanciert.

5 Berechne das Volumen und den Oberflächeninhalt des abgebildeten Körpers.

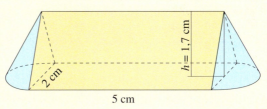

6 Die Dichte von Gold beträgt $19{,}3\,\frac{g}{cm^3}$. Ein Juwelier hat eine 1 kg schwere Goldkugel in seiner Hand.
a) Berechne den Radius, wenn die Kugel aus massivem Gold ist.
b) Welchen Radius hätte eine 500 g schwere Goldkugel?

7 Eine Aluminiumkugel (Dichte $2{,}7\,\frac{g}{cm^3}$) hat einen Durchmesser von 25 cm. Berechne ihr Volumen und ihre Masse.

HINWEIS
Brauchst du noch Hilfe, so findest du auf den angegebenen Seiten ein Beispiel oder eine Anregung zum Lösen der Aufgaben. Überprüfe deine Ergebnisse mit den Lösungen ab Seite 184.

Aufgabe	Seite
1	128, 136
2	132, 136
3	140
4	124
5	128, 132, 136
6	140
7	140

Pyramide, Kegel, Kugel

Zusammenfassung

→ Seite 124

Pyramiden und Kegel erkennen und zeichnen

Eine **Pyramide** ist ein Körper mit einem n-Eck als Grundfläche und n Dreiecken als Seitenflächen, die einen gemeinsamen Eckpunkt (die Spitze) haben. Pyramiden werden nach ihrer Grundfläche benannt.

Wird ein Körper durch einen Kreis und einen Punkt außerhalb der Ebene des Kreises (Spitze des Kegels) festgelegt, so spricht man von einem **Kegel**.

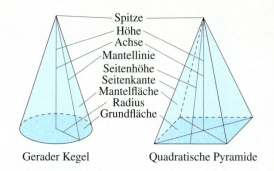

Gerader Kegel · Quadratische Pyramide

→ Seiten 128, 132, 140

Oberflächenberechnung bei Pyramide, Kegel und Kugel

Die dreieckigen Seitenflächen einer Pyramide bilden ihre **Mantelfläche** A_M. Nimmt man die Grundfläche A_G zur Mantelfläche A_M hinzu, ergibt sich die **Oberfläche A_O der Pyramide**. Für Pyramiden mit quadratischer Grundfläche gilt:
$A_O = 2 \cdot a \cdot h_a + a^2$

Die **Mantelfläche** A_M und die **Oberfläche A_O eines Kegels** mit dem Radius r und der Mantellinie s lassen sich mit folgenden Formeln berechnen:
$A_M = \pi \cdot r \cdot s \qquad A_O = \pi \cdot r \cdot (r + s)$

Für die **Oberfläche A_O einer Kugel** mit dem Radius r gilt: $A_O = 4\pi \cdot r^2$

Berechne den Oberflächeninhalt einer quadratischen Pyramide mit $a = 4\,\text{cm}$ und $h = 5\,\text{cm}$.

1. Schritt: Berechnung von h_a mit dem Satz des Pythagoras
$(\frac{a}{2})^2 + h^2 = h_a^2$
$(2\,\text{cm})^2 + (5\,\text{cm})^2 = h_a^2;\ h_a \approx 5{,}4\,\text{cm}$

2. Schritt: Verwendung der Formeln
$A_M = 4 \cdot \frac{1}{2} \cdot a \cdot h_a = 2 \cdot 4\,\text{cm} \cdot 5{,}4\,\text{cm} = 43{,}2\,\text{cm}^2$
$A_O = 2 \cdot a \cdot h_a + a^2 = 43{,}2\,\text{cm}^2 + 16\,\text{cm}^2 = 59{,}2\,\text{cm}^2$

Berechne den Oberflächeninhalt eines Kegels mit $r = 3\,\text{m}$ und $s = 4\,\text{m}$.
$A_M = \pi \cdot 3\,\text{m} \cdot 4\,\text{m} \approx 37{,}7\,\text{m}^2$
$A_O = \pi \cdot 3\,\text{m} \cdot (3\,\text{m} + 4\,\text{m}) \approx 66\,\text{m}^2$

→ Seiten 136, 140

Volumenberechnung bei Pyramide, Kegel und Kugel

Das **Volumen V einer Pyramide** bestimmt man, indem man den Flächeninhalt der Grundfläche A_G mit der Höhe h der Pyramide und dem Faktor $\frac{1}{3}$ multipliziert. Es gilt also: $V = \frac{1}{3} \cdot G \cdot h$

Für das **Volumen V eines Kegels** gilt:
$V = \frac{1}{3} \cdot \pi \cdot r^2 \cdot h$.

Das **Volumen V einer Kugel** mit Radius r lässt sich mit der folgenden Formel berechnen: $V = \frac{4}{3} \cdot \pi \cdot r^3$

Vergleiche das Volumen einer quadratischen Pyramide mit $a = 10\,\text{cm}$ und $h = 5\,\text{cm}$, eines Kegels mit $r = 5\,\text{cm}$ und $h = 10\,\text{cm}$ und einer Kugel mit $r = 5\,\text{cm}$.
$V_{\text{Pyramide}} = \frac{1}{3} \cdot (10\,\text{cm})^2 \cdot 5\,\text{cm} \approx 166{,}67\,\text{cm}^3$

$V_{\text{Kegel}} = \frac{1}{3} \cdot \pi \cdot (5\,\text{cm})^2 \cdot 10 \approx 261{,}8\,\text{cm}^3$

$V_{\text{Kugel}} = \frac{4}{3} \cdot \pi \cdot 5^3 \approx 523{,}6\,\text{cm}^3$

Anhang

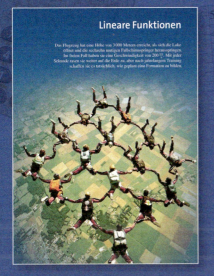

Lineare Funktionen

Das Flugzeug hat eine Höhe von 3000 Metern erreicht, als sich die Luke öffnet und die sechzehn mutigen Fallschirmspringer herausspringen. Im freien Fall haben sie eine Geschwindigkeit von 200 $\frac{km}{h}$. Mit jeder Sekunde rasen sie weiter auf die Erde zu, aber jahrelangem Training schaffen sie es tatsächlich, wie geplant eine Formation zu bilden.

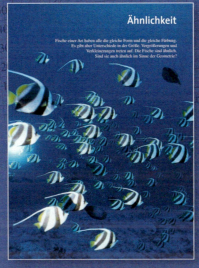

Ähnlichkeit

Fische einer Art haben alle die gleiche Form und die gleiche Färbung. Es gibt aber Unterschiede in der Größe. Vergrößerungen und Verkleinerungen treten auf. Die Fische sind ähnlich. Sind sie auch ähnlich im Sinne der Geometrie?

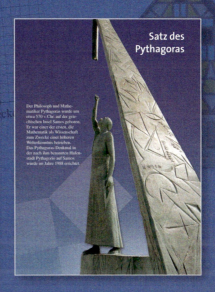

Satz des Pythagoras

Der Philosoph und Mathematiker Pythagoras wurde um etwa 570 v. Chr. auf der griechischen Insel Samos geboren. Er war einer der ersten, die Mathematik als Wissenschaft zum Zwecke einer höheren Welterkenntnis betrieben. Das Pythagoras-Denkmal in der nach ihm benannten Hafenstadt Pythagorio auf Samos wurde im Jahre 1988 errichtet.

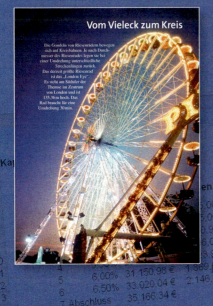

Vom Vieleck zum Kreis

Die Gondeln von Riesenrädern bewegen sich auf Kreisbahnen. Je nach Durchmesser des Riesenrades legen sie bei einer Umdrehung unterschiedliche Streckenlängen zurück. Das derzeit größte Riesenrad ist das „London Eye". Es steht am Südufer der Themse im Zentrum von London und ist 135,36 m hoch. Das Rad braucht für eine Umdrehung 30 min.

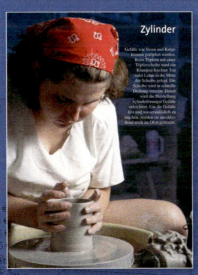

Zylinder

Gefäße wie Vasen und Krüge können getöpfert werden. Beim Töpfern mit einer Töpferscheibe wird ein Klumpen feuchter Ton oder Lehm in die Mitte der Scheibe gelegt. Die Scheibe wird in schnelle Drehung versetzt. Damit wird die Herstellung zylinderförmiger Gefäße erleichtert. Um die Gefäße fest und wasserundurchlässig zu machen, werden sie anschließend noch in einem Ofen gebrannt.

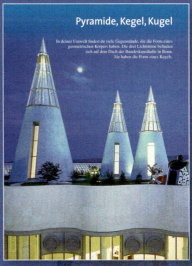

Pyramide, Kegel, Kugel

In deiner Umwelt findest du viele Gegenstände, die die Form eines geometrischen Körpers haben. Die drei Lichttürme befinden sich auf dem Dach der Bundeskunsthalle in Bonn. Sie haben die Form eines Kegels.

Optimierung

Auf der Suche nach der optimalen Lösung

In vielen Situationen im Alltag oder im Berufsleben möchte man die beste, die optimale Lösung finden. Dies kann ganz Unterschiedliches bedeuten, z. B. können der kürzeste Weg, das kostengünstigste Angebot, der geringste Materialverbrauch gesucht werden.
In der Mathematik gibt es für solche Fälle ein eigenes Gebiet mit dem Namen „Optimierung".

Aufgaben

TIPP
Im Internet gibt es Routenplaner, die einem den kürzesten Weg angeben.

1 Der kürzeste Weg
Jedes Jahr hat Lea aus Leipzig das gleiche Problem. An ein und demselben Tag haben ihre Freunde Mia aus Mittweida, Carl aus Chemnitz und Dirk aus Dresden Geburtstag. Lea würde gern allen dreien persönlich gratulieren. Deshalb überredet sie ihren Vater, sie mit dem Auto zu fahren.
„Unter einer Bedingung", sagt ihr Vater, der nur ungern Auto fährt. „Du findest den kürzesten Weg heraus."
a) Welche Route sollte Lea wählen, um ihren Vater zufrieden zu stellen?
b) Um wie viele km unterscheidet sich diese Route von der ungünstigsten Möglichkeit?
(Ein Atlas oder ein Routenplaner hilft dir, die Entfernungen herauszufinden.)

2 Tetris aus Holz
Bei dem Computerspiel Tetris gibt es sieben verschiedene Bausteine, die aus jeweils vier Quadraten zusammengesetzt sind. Eine Schreinerei hat den Auftrag, die Steine

aus einem Stück Holz auszusägen und für den Verkauf in einen Rahmen zu passen. Dabei soll möglichst wenig Holz für die Teile und den Rahmen benötigt werden.
a) Wie sollte die Schreinerei die Teile anordnen? Zur Hilfe kannst du die sieben Teile aus Papier ausschneiden und damit experimentieren.
b) Welchen Umfang hat der Rahmen insgesamt?

3 Das Gemüsebeet
Herr Müller möchte ein rechteckiges Gemüsebeet mit einer Fläche von $36\,m^2$ anlegen. Das Beet will er anschließend mit einem Weg aus quadratischen Steinplatten ($50 \times 50\,cm$) umgeben. Welche Seitenlängen sollte er für das Beet wählen, um möglichst wenige Platten zu benötigen?

Optimierung

4 Süßigkeiten
Christine hat den Auftrag, für sich und ihre zwei Freundinnen Süßigkeiten für insgesamt 1,50 € zu kaufen. Der Laden hat Colaflaschen zu 5 Cent und Lollis zu 10 Cent im Angebot. Welche Mengen der jeweiligen Sorten kann Christine kaufen, wenn sie von jeder Sorte möglichst gleich viel haben möchte?

5 Milchverpackungen
Ein Molkereibetrieb ist auf der Suche nach einem Format für seine 1-ℓ-Milchpackungen. Zwei quaderförmige Fabrikate stehen zur Auswahl.
① $a = 6\,\text{cm}$, $b = 7\,\text{cm}$, $c = 24\,\text{cm}$
② $a = 6\,\text{cm}$, $b = 8\,\text{cm}$, $c = 21\,\text{cm}$

a) Der Betrieb möchte bei den Materialkosten für die Verpackung sparen. Welche Verpackung ist günstiger?
b) Die Firma möchte auch 1,5-ℓ-Milchverpackungen auf den Markt bringen. Suche mit einem Partner nach einem möglichen Format. Baut anschließend ein Kantenmodell der Verpackung mit Strohhalmen und Knetgummi.
c) Bestimmt den Materialaufwand zu eurem Modell.
d) Stellt alle Modelle eurer Klasse in einer Reihe auf, geordnet nach Materialaufwand. Wertet das Ergebnis aus. Diskutiert, welche der Formate eine Chance hätten, als Verpackung verwendet zu werden.
e) Mit welchen Maßen erhält man den kleinsten überhaupt möglichen Materialaufwand?

Projekte

1. Tiergehege
Auf einem Stück Rasen soll ein kleines Tiergehege für Kaninchen entstehen. Dazu stehen 22 m Zaun zur Verfügung. Das Gehege kann dreieckig, viereckig oder kreisförmig sein. In jedem Fall soll der Flächeninhalt des Geheges möglichst groß werden.
Teilt euch in Gruppen ein und ordnet jeder Gruppe eine Gehegeform zu. Jede Gruppe benötigt einen 22 m langen Wollfaden und ein Bandmaß.
a) Begebt euch auf den Schulhof. Stellt mit dem Wollfaden ein möglichst großes Gehege dar. Nehmt mit einem Bandmaß die nötigen Maße und berechnet den Flächeninhalt. Probiert verschiedene Zaunformen aus, um die optimale Lösung zu finden.
b) Fertigt eine maßstäbliche Skizze eures Geheges auf einem Plakat an und präsentiert das Ergebnis der Klasse.
c) Vergleicht die Ergebnisse eurer Gruppen. Welche Schlüsse lassen sich daraus ziehen?

2. Konservendose
Ähnlich wie bei den Getränkekartons wird auch bei Weißblechdosen auf niedrige Materialkosten geachtet. Beschafft euch verschiedene handelsübliche Weißblechdosen und berechnet, wie viel Material für die einzelnen Dosen verbraucht wurde. Versucht anschließend, für das gleiche Volumen ein Format zu finden, bei dem weniger Material benötigt wird. Sammelt und vergleicht die Ergebnisse. Zu welchem Schluss kommt ihr?
Überlegt, warum die Formen der handelsüblichen Dosen nicht den geringsten Materialverbrauch haben.

Technisches Zeichnen

■ Technisches Zeichnen

In vielen Berufssparten spielen genaue Planzeichnungen eine große Rolle. Diese Zeichnungen werden genutzt, um die Informationen darzustellen, die für die Herstellung einer Maschine, eines Werkstücks, eines Elektrogerätes oder eines Bauwerks nötig sind. Man fasst solche Zeichnungen unter dem Oberbegriff „Technische Zeichnungen" zusammen. Dabei gelten genaue Regeln, damit Missverständnisse oder Ungenauigkeiten ausgeschlossen werden können. Die nötigen Kenntnisse und Fähigkeiten zur Erstellung der Zeichnungen können in der dreieinhalbjährigen Berufsausbildung zum technischen Zeichner erworben werden.

Eine Branche, in der technische Zeichnungen zum Alltagsgeschäft gehören, ist das Baugewerbe. Alle Informationen, die eine Baufirma vom ersten Spatenstich bis zur Fertigstellung eines Gebäudes benötigt, können Bauplänen entnommen werden, die ein Architekturbüro erstellt hat.

ZUR INFORMATION
Frühe technische Zeichnungen gehen auf den Erfinder Leonardo da Vinci zurück. Bereits im 15. Jahrhundert fertigte er zahlreiche Zeichnungen an, z. B. die eines Fluggerätes:

Dieses Modell war nicht flugfähig, funktionierte aber im Prinzip ähnlich wie ein moderner Hubschrauber.

HINWEIS
CAD bedeutet Computer-Aided-Design (Computer unterstütztes Konstruieren).

Technisches Zeichnen damals und heute

Während technische Zeichnungen früher von Hand am Zeichenbrett entstanden (Bild links), wird heute oftmals auf den Computer zurückgegriffen. Dabei werden so genannte CAD-Programme benutzt (Bild rechts).

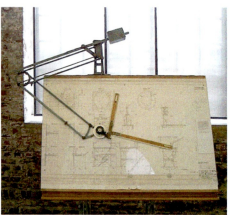

Zeichenbrett

CAD-Programm

Rechts ist eine Schnittzeichnung eines Einfamilienhauses abgebildet. Welche Informationen kannst du der Zeichnung entnehmen?

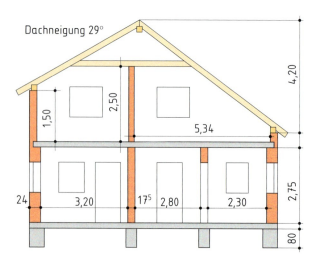

Regeln und Normen

Technischen Zeichnungen liegen zahlreiche Festlegungen zu Grunde. So können passgenaue Werkstücke entstehen und Bauvorhaben exakt nach Planung durchgeführt werden.

Verschiedene Ansichten

Das Zeichnen verschiedener Ansichten ist eine Möglichkeit, räumliche Objekte in einer Zeichnung wiederzugeben. Dabei wird das Objekt aus einer bestimmten Blickrichtung dargestellt. Es gibt sechs verschiedene Ansichten:

- Vorderansicht
- Seitenansicht von rechts
- Seitenansicht von links
- Draufsicht
- Rückansicht
- Untersicht

155-1
ZUM WEITERARBEITEN
Unter dem Webcode kannst du prüfen, ob du Ansichten richtig erkennst.

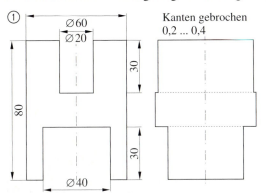
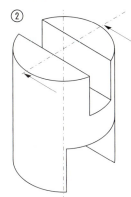
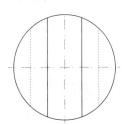

In technischen Zeichnungen werden in der Regel nur drei der sechs Ansichten (Vorder- und Seitenansicht, Draufsicht) verwendet. Werden die drei Ansichten in einer Zeichnung zusammen dargestellt, nennt man das Dreitafelprojektion ①. Die Regeln für die Ansichten werden in der Norm DIN 6 festgelegt.

Auch für Stärke und Art der Linie gibt es Regeln.
Diese finden sich in der Norm DIN ISO 128. Hier ein Auszug:

Linienart	Verwendung
breite Linie	sichtbare Kante, Umrisse
schmale Linie	Schraffur, Maßlinien
Strichlinie	verdeckte Kante, Umrisse
Strich-Punkt-Linie	Symmetrieachsen

Die richtige Perspektive

Neben Ansichten sind häufig Perspektiven (Schrägbilder) Teil technischer Zeichnungen.
Dabei ist die Kavalierperspektive (oberes Bild) eine gebräuchliche Variante, bei der Breite und Höhe des Objektes erhalten bleiben: Die Tiefe wird halbiert unter einem 45°-Winkel nach hinten gezeichnet.
Eine weitere Möglichkeit ist die isometrische Darstellung (unteres Bild). Dabei bleiben alle Maße des Originals erhalten, die Tiefe wird unter einem 30°-Winkel nach hinten abgetragen. Die Vorderansicht verläuft auch unter 30°.

HINWEIS
Für Festlegungen im technischen Bereich ist das Deutsche Institut für Normen – kurz DIN zuständig. Eine Norm, mit der du täglich in Berührung kommst, ist die Norm DIN 476, in der Papierformate festgelegt werden, z. B. das Format DIN A4.

Technisches Zeichnen

Aufgaben

1 Zeichne die Vorder-, Seitenansicht und Draufsicht der gegebenen Körper in der Tabelle. Erweitere die Tabelle um weitere Körper. Zeichne zu jedem Körper ein passendes Netz.

Körper	Vorderansicht	Seitenansicht	Draufsicht
Quader			
Pyramide (3-seitige Grundfläche)			
…			

2 Zeichne Schrägbilder einer Streichholzschachtel.
Verwende die Kavalierperspektive und die isometrische Darstellung, die auf der vorigen Seite gezeigt wurden.

3 Das Computerspiel Tetris gibt es auch in einer dreidimensionalen Variante.
Wie beim Original geht es darum, herunterfallende Steine möglichst lückenlos anzuordnen.
Der Unterschied besteht darin, dass hier ein Raum zu füllen ist und nicht nur eine Fläche.

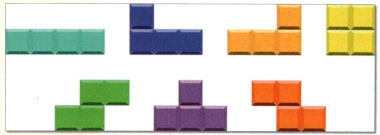

2D-Variante

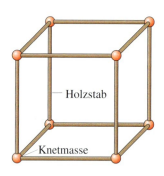

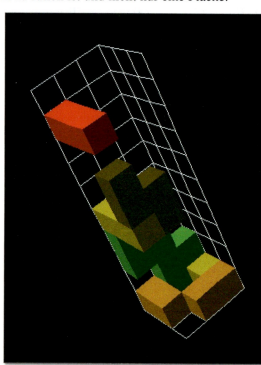

3D-Variante

a) Entscheide dich für einen der sieben Tetrissteine des 2D-Tetris. Skizziere diese Form als einen 3D-Tetrisstein. Stelle dann diese Form als 3D-Gitter-Modell her. Für die Kanten kann man Draht oder Strohhalme nehmen, die an den Ecken mit Knetgummi zusammengefügt werden.
b) Zeichne anschließend eine Dreitafelprojektion deines Modells.
c) Sucht nach einer möglichst lückenlosen Anordnung aller in der Klasse hergestellten Spielsteine. Welche Verabredungen solltet ihr untereinander treffen?

4 Zwei Werkstücke wurden jeweils aus einem Zylinder hergestellt. Ihre Schnittflächen sind rechts abgebildet. Berechne ihr Volumen für eine Höhe von 50 cm (Maße in cm).

a)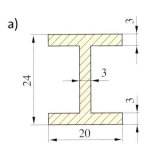
b)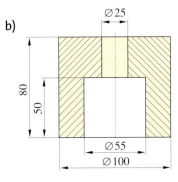

5 Vermesst in Gruppen einen Trakt eurer Schule und zeichnet eine maßstabsgetreue Grundrissskizze auf ein Plakat.

6 Ansichten-Trio
Dieses Spiel funktioniert im Prinzip wie ein normales Memory-Spiel. Im Unterschied dazu sollen allerdings keine Paare gesucht werden, sondern Trios. Dabei besteht ein komplettes Trio aus den drei Hauptansichten eines Körpers. Drucke die Vorlage auf farbigem Papier aus, schneide die einzelnen Karten aus und laminiere diese.
Um das Spiel zu erweitern, kannst du außerdem weitere Karten zeichnen. Dafür gibt es einige Blankokarten auf der Vorlage.

 157-1

ZUM WEITERARBEITEN
Unter dem Webcode findet ihr eine Vorlage für ein Memoryspiel, bei dem ihr eure Kenntnisse zu Ansichten spielerisch vertiefen könnt.

Projekte

1. Elbbrücke
Die Briefmarke zeigt die Loschwitzer Brücke in Dresden, die auch unter dem Namen „Blaues Wunder" bekannt ist. Die Stahlkonstruktion wurde im Jahr 1893 fertig gestellt und ging als technische Sensation in die Geschichte ein.
Ihre Gesamtlänge beträgt 260 m, die Spannweite zwischen den beiden Stützpfeilern 141,5 m. Seit einigen Jahren ist eine neue Elbbrücke zur Entlastung des Blauen Wunders in Planung. Wie könnte diese Brücke aussehen?
Plant in Gruppen eure eigene Version. Dokumentiert eure Planung durch möglichst genaue Zeichnungen, die ihr anschließend vor der Klasse präsentiert.

2. Einzelteilsammlung
Besorgt euch ein geeignetes Gerät, z. B. aus dem Elektroschrott. Zerlegt es in seine Einzelteile und zeichnet diese.

Wahre Größe und Gestalt

Wahre Größe und Gestalt

Projektionsfehler

Werden räumliche Objekte auf einer Ebene dargestellt wie auf einem Bild, unterlaufen in der Regel Ungenauigkeiten und Verfälschungen. Wenn man allerdings aus einer Darstellung genaue Informationen über das Objekt erhalten möchte, z. B. über die exakte Größe oder Gestalt des Objekts, stellen sie ein Problem dar.

Aufgaben

1 Wie die Bilder zeigen, können derartige Verfälschungen interessante Effekte haben. Beschreibe die Art der Verfälschung.

HINWEIS
Bei Schattenbildern macht man sich Projektionsfelder zunutze.

2 **Experiment**
Bei der Zweitafelprojektion wird ein Objekt auf zwei Zeichenebenen projiziert. So entstehen die Vorderansicht und die Draufsicht eines Objektes.
Dies kannst du mit Schattenbildern darstellen. Halte einen Gegenstand, z. B. eine Zange, über dem Boden oder einem Tisch vor die Wand. Beleuchte den Gegenstand senkrecht zur Wand mit einer Lichtquelle. Der Schatten an der Wand ist der Aufriss des Gegenstandes. Beleuchte den Gegenstand senkrecht von oben und du erhältst die Umrisse des Grundrisses.
Experimentiere mit der Lage von Gegenstand und Lichtquelle und beobachte, wie sich seine Projektionen verändern. Unter welchen Umständen kann man aus der Projektion die wahre Größe und Gestalt des Gegenstandes ablesen?

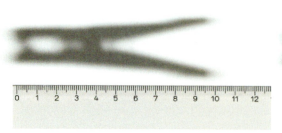

Wahre Größe und Gestalt

Wahre Längen ermitteln

BEISPIEL

Die Abbildungen zeigen ein Schrägbild und ein Zweitafelbild einer Pyramide. Welche Strecken und Flächen der Pyramide erscheinen im Zweitafelbild in wahrer Länge bzw. Gestalt?

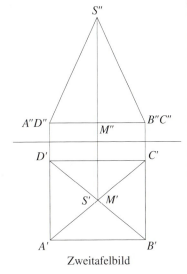

Schrägbild

Zweitafelbild

ZUM WEITERARBEITEN
Zeichne zwei verschiedene Netze der links abgebildeten Pyramide.

Die wahre Länge einer Kante der Pyramide, z. B. der Strecke $\overline{AS}$, lässt sich im Zweitafelbild nicht ablesen. Man kann sie aber durch geometrische Konstruktion ermitteln.

Dabei stellt man sich vor, man würde das Dreieck AMS (siehe Schrägbild) um die Seite $\overline{AM}$ auf die Grundrissebene klappen. Dazu zeichnet man auf der Grundrissebene senkrecht zu $\overline{A'M'}$ einen Schenkel mit der Länge h im Punkt M' ein. Dieser Schenkel repräsentiert die ursprüngliche Höhe der Pyramide. Die Hypotenuse des rechtwinkligen Dreiecks, das auf diese Weise entsteht, hat die wahre Länge von $\overline{AS}$.

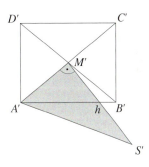

Aufgaben

3 Zeichne das Zweitafelbild einer Pyramide mit den Maßen a = 4 cm, b = 3 cm, h = 5 cm. Bestimme zeichnerisch die wahre Länge ihrer Kanten. Überprüfe deine Zeichnung, indem du die Länge der Strecke $\overline{AS}$ rechnerisch ermittelst.

4 Eine Frachtkiste ist 1,20 m breit, 90 cm hoch und 90 cm tief.
a) Zeichne ein Zweitafelbild der Kiste in einem geeigneten Maßstab.
b) Wie lang darf eine Stange maximal sein, sodass sie gerade noch in die Kiste passt?

5 An einer Kirche sollen zwei Blitzableiter angebracht werden. Im Schrägbild sind sie als rote Linien markiert.
Die Blitzableiter sollen je 25 cm über dem Dach überstehen und 1 m tief in den Boden geführt werden.
Ermittle die Länge der Blitzableiter zeichnerisch.

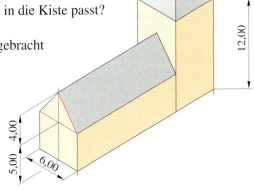

Sportfest

Sportfest

Verschiedene Turnierformen

Ein Turnier hat das Ziel, den besten Spieler, das beste Team etc. zu ermitteln. Ein Turnier kann in unterschiedlichen Turnierformen durchgeführt werden.
Die Wahl einer Turnierform hängt von vielen Kriterien ab, z. B. von der Sportart und der Anzahl der Teilnehmer. Manchmal werden in einem Turnier auch zwei Turnierformen nacheinander durchgeführt (Kombi-System).

HINWEIS
Die „Meisterschale" ist der Lohn für die erfolgreichste Bundesligamannschaft.

Beim Tennisturnier in Wimbledon erhalten die Sieger beim Dameneinzel (oben) und Herreneinzel (unten) unterschiedliche Trophäen.

1. Jeder gegen Jeden	Fußball-Bundesliga
Bei dieser Turnierform spielt jede Mannschaft gleich oft gegen jede andere und sammelt je nach Erfolg Punkte. Je erfolgreicher die Teams sind, desto höher sind sie platziert.	Das System „Jeder gegen Jeden" wird z. B. in der Fußball-Bundesliga angewandt. Der Gewinner erhält 3 Punkte, der Verlierer geht leer aus. Bei einem Unentschieden bekommen beide 1 Punkt. In einer Saison trifft jedes der 18 Teams zweimal auf jedes andere, einmal zu Hause, einmal auswärts. „Deutscher Fußballmeister" ist die Mannschaft, die am Ende der Saison die Tabelle anführt.

2. K.-o.-System (Single Elimination)	Wimbledon
Bei Turnieren, die im K.-o.-System durchgeführt werden, gilt die einfache Regel: Wer verliert, scheidet aus, wer gewinnt, zieht in die nächste Runde des Turniers ein.	Wimbledon ist das älteste und prestigeträchtigste Tennisturnier der Welt. Es wird nach dem K.-o.-System durchgeführt. Jährlich nehmen in London 128 Sportler teil.

3. Doppel-K.-o.-System (Double Elimination)	Volleyball-Turniere
Dieses Format findet häufig bei Turnieren von Rückschlagspielen wie Tennis oder Volleyball Anwendung. Das Doppel-K.-o.-System beruht auf dem K.-o.-System. Hinzu kommt eine Verliererrunde. Dort spielt, wer einmal verloren hat. Erst bei zwei Niederlagen scheidet ein Spieler aus dem Turnier aus. Am Ende spielen die Gewinner der Haupt- und der Verliererrunde um den Turniersieg. Diese Turnierform stellt sicher, dass der zweitbeste Spieler den zweiten Platz belegt. Ein Nachteil dieses Systems ist, dass bei gleicher Teilnehmeranzahl etwa doppelt so viele Runden zu spielen sind wie beim K.-o.-System.	Die Volleyballturniere des Deutschen Volleyball Verbandes werden nach dem Doppel-K.-o.-System durchgeführt. Das gilt auch für Beachvolleyball-Turniere. Im September 2008 fand eine Beachvolleyball-Meisterschaft statt, an der 16 Teams teilnahmen.

4. Kombi-System
Beim Kombi-System werden die Turnierformen „Jeder gegen Jeden" und K.-o.-System miteinander vereint. In der Vorrunde werden Gruppen gebildet, in denen jeder gegen jeden spielt. Die ersten beiden Mannschaften einer Gruppe erreichen die Hauptrunde, in der nach dem K.-o.-System gespielt wird.

Sportfest

Aufgaben

1 Wie viele Begegnungen gibt es bei der Turnierform „Jeder gegen Jeden"?

a) Ergänze die Tabelle im Heft. Als Hilfe sind Diagramme für 3 und 4 Teilnehmer in der Randspalte abgebildet. Jede Verbindungslinie steht für eine Begegnung.

Teilnehmer-zahl	3	4	5	6	7	8	9	10
Anzahl der Begegnungen								

b) Stelle eine Formel auf, mit der man die Anzahl der Begegnungen für x Teilnehmer berechnen kann. Die Tabelle aus Aufgabenteil a) gibt dazu Anhaltspunkte.

c) Wie viele Begegnungen finden in einer gesamten Bundesligasaison statt? Bedenke, dass jede der 18 Mannschaften zwei Mal auf jede andere Mannschaft trifft.

2 Bestimme die Anzahl der Begegnungen …

a) in Wimbledon (128 teilnehmende Teams, K.-o.-System).

b) bei der Beachvolleyball-Meisterschaft (16 teilnehmende Teams, Doppel-K.-o.-System).

3 Welche Teilnehmerzahlen eignen sich beim K.-o.-System?

a) Untersuche zunächst die Teilnehmerzahlen von 2 bis 10. Beurteile, ob sich ein K.-o.-System in den einzelnen Fällen eignet oder nicht. Zeichne für die günstigen Anzahlen je einen Spielplan.

b) Finde eine Regel, die besagt, welche Anzahlen im Allgemeinen günstig sind.

4 Zu welcher Turnierform gehört dieser Spielplan?

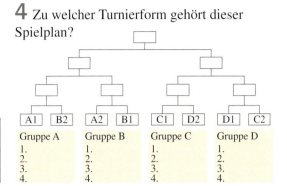

Gruppe A	Gruppe B	Gruppe C	Gruppe D
1.	1.	1.	1.
2.	2.	2.	2.
3.	3.	3.	3.
4.	4.	4.	4.

a) Für wie viele Mannschaften ist der Plan? Erläutere den Turnierablauf.

b) Nenne ein bekanntes Turnier, das in dieser Form durchgeführt wurde.

5 Abgebildet sind die Bundesligatabelle vor dem letzten Spieltag der Saison 2001/02 und einige Begegnungen des letzten Spieltages. Welche Mannschaften hätten zu diesem Zeitpunkt noch Meister werden können? Entwickle für jede Möglichkeit Spielausgänge.

Pl.	Verein	Sp.	Tore	Diff.	Pkte.
1	Borussia Dortmund	33	60:32	28	67
2	Bayer Leverkusen	33	75:37	38	66
3	Bayern München	33	62:23	39	65
4	Hertha BSC	33	60:36	24	61
5	FC Schalke 04	33	51:34	17	61
6	Werder Bremen	33	53:41	12	56

Begegnungen am letzten Spieltag		
FC Schalke 04	–	VfL Wolfsburg
Bayer Leverkusen	–	Hertha BSC
Borussia Dortmund	–	Werder Bremen
FC Freiburg	–	Hamburger SV
Bayern München	–	Hansa Rostock

HILFE
zu Aufgabe 1:

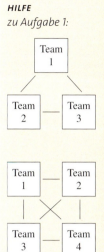

Projekt

Plant für eure Klasse ein kleines Sportfest, bei dem verschiedene Turnierformen zur Anwendung kommen. Überlegt zunächst, welche Sportarten sich dazu eignen (ihr könnt auch neue Sportarten erfinden). Teilt euch in Gruppen ein und wählt pro Gruppe eine geeignete Sportart. Jede Gruppe erhält die Aufgabe, ein Klassenturnier in einem der vorgestellten Systeme zu planen und den Spielplan der Klasse zu präsentieren.
Führt die geplanten Turniere wenn möglich durch.

Sportfest

Mehrkampf

Wenn mehrere Sportarten in einem Wettbewerb zusammengefasst werden, spricht man von einem Mehrkampf. Zwei bekannte Formen des Mehrkampfes sind der Zehnkampf der Männer (Dekathlon) und der Siebenkampf der Frauen (Heptathlon). Bei diesen Wettbewerben werden verschiedene Leichtathletik-Disziplinen miteinander kombiniert.

HINWEIS
Weitere bekannte Formen des Mehrkampfes sind der Biathlon (eine Kombination aus Ski-Langlauf und Schießen) und der Triathlon (Schwimmen, Radfahren, Laufen).

Zehnkampf der Männer
Der Tscheche Roman Šebrle stellte im Jahr 2001 den Weltrekord im Zehnkampf auf, der bis heute gilt. Er erlangte folgende Einzelergebnisse:

100 m (s)	Weit (m)	Kugel (m)	Hoch (m)	400 m (s)	110 H (s)	Disk. (m)	Stab (m)	Speer (m)	1500 m (min)
10,64	8,11	15,33	2,12	47,79	13,92	47,92	4,80	70,16	4:21,98

Siebenkampf der Frauen
Den deutschen Rekord im Siebenkampf hält seit 1992 Sabine Braun mit folgenden Werten:

100 H (s)	Hoch (m)	Kugel (m)	200 m (s)	Weit (m)	Speer (m)	80 m (min)
13,11	1,93	14,84	23,65	6,63	51,62	2:12,67

Um den Sieger zu ermitteln, wird aus den Ergebnissen der einzelnen Disziplinen die Gesamtpunktzahl berechnet. Dazu werden die ermittelten Leistungen in folgende Formeln eingesetzt.
Laufwettbewerbe: $P = a(b - M)^c$
Sprung- und Wurfwettbewerbe: $P = a(M - b)^c$

BEACHTE
M = gemessene Leistung (in s, cm oder m)
a, b und c sind je nach Sportart variabel (siehe Tabelle).

Zehnkampf der Männer			
Sportart	a	b	c
100 m	25,4347	18	1,81
Weitsprung	0,14354	220	1,40
Kugelstoßen	51,39	1,5	1,05
Diskus	12,91	4	1,10
Speerwurf	10,14	7	1,08
Hochsprung	0,8465	75	1,42
400 m	1,53775	82	1,81
110 m Hürden	5,74325	28,5	1,92
Stabhochsprung	0,2797	100	1,35
1500 m	0,03768	480	1,85

Siebenkampf der Frauen			
Sportart	a	b	c
100 m Hürden	9,23076	26,7	1,835
Hochsprung	1,84523	75	1,348
Kugelstoßen	56,0211	1,5	1,05
Weitsprung	0,188807	210	1,41
Speerwurf	15,9803	3,8	1,04
800 m	0,11193	254	1,88
200 m	4,99087	42,5	1,81

Aufgaben

6 Mit seinem Weltrekord aus dem Jahr 2001 überschritt Šebrle als Erster eine „magische Grenze" (Tausenderzahl), die damals für unerreichbar gehalten wurde. Findet heraus, bei welcher Zahl diese Grenze lag, indem ihr Šebrles Gesamtpunktzahl mit Hilfe der Formeln berechnet (Tipp: teilt die Arbeit untereinander auf).

7 Der 1992 durch Sabine Braun aufgestellte deutsche Rekord im Siebenkampf liegt bei 6985 Punkten. Versucht durch Veränderung ihrer erzielten Werte eine Gesamtpunktzahl zu erhalten, die möglichst nah an 7000 liegt.

8 Die Formeln zur Punktberechnung unterscheiden sich geringfügig voneinander. Wie lässt sich dieser Unterschied erklären?

Sportfest

Weitsprung

Weitsprung ist eine Sportart, die schon seit der Antike betrieben wird. Bei den alten Griechen war er Teil des Fünfkampfes (Pentathlon) und wurde vermutlich aus dem Stand gesprungen. Der Weitsprung ist olympische Disziplin seit den ersten Olympischen Spielen der Neuzeit, die im Jahr 1896 in Athen stattfanden. Die Bilder zeigen den Bewegungsablauf beim Weitsprung:

 163-1

BEACHTE
Unter dem Webcode befindet sich die Weitsprungreihe als Animation.

Aufgaben

9 Die Tabelle zeigt die Weitsprungergebnisse zweier Riegen der 9. Klasse beim letzten Sportfest.
a) Gib die erzielten Werte für die Riegen in ein Tabellenkalkulationsprogramm ein. Bestimme mit Hilfe des Programms Maximum, Minimum, arithmetisches Mittel, Median und Spannweite für beide Riegen.
Vergleiche die Ergebnisse miteinander und bewerte sie.
b) Wähle eine geeignete grafische Darstellung der Werte im Programm. Erstelle mit Hilfe des Programms ein Punktdiagramm zu den Werten. Beurteile das Ergebnis.
c) Welche der Riege ist die erfolgreichere? Erläutere deine Antwort anhand der Ergebnisse von a) und b).

Riege 1	Riege 2
5,79	4,4
3,1	3,62
2,93	3,69
4,8	4,01
3,45	4,27
3,8	3,76
4,45	3,68
4,35	4,3
3,2	4,07
3,15	3,74

10 Die Graphen zeigen die Geschwindigkeitsverläufe der Disziplinen 100-m-Lauf, Weitsprung, Schwimmen und Turmspringen.
a) Wie müssen x- und y-Achse beschriftet werden?
b) Welcher Graph gehört zu welcher Sportart? Begründe.
c) Zeichne Graphen zu weiteren Sportarten deiner Wahl.

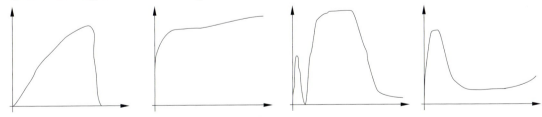

Projekt

Ermittelt eure eigenen Weitsprungergebnisse. Teilt dazu die Klasse wie bei Aufgabe 9 in gleich große Riegen ein. Wertet die Daten aus und präsentiert die Ergebnisse vor der Klasse.

Der Goldene Schnitt

Der Goldene Schnitt in der Architektur

Der Parthenontempel in Athen ist eines der noch erhaltenen Bauwerke des antiken Griechenlands. Er wurde im 5. Jahrhundert v. Chr. gebaut und im Laufe der Jahrhunderte als Tempel der antiken griechischen Götter, der christlichen Religion und des Islams verwendet. Im 17. Jahrhundert diente das Gebäude als Pulverkammer. Dabei kam es zur Zerstörung großer Teile des Tempels, weil eine Kanonenkugel die Pulverkammer traf.

1 Am Foto des Parthenontempels sind blaue Strecken eingetragen. Nenne Beispiele, welche Strecken sich im Goldenen Schnitt teilen.

2 Untersucht zu zweit am rechts abgebildeten Leipziger Rathaus, ob darin Strecken zu finden sind, deren Verhältnis etwa im Goldenen Schnitt steht. Notiert eure Beobachtungen und bezeichnet die Gebäudeteile genau.
Sucht in eurer Umgebung weitere Gebäude, an denen der Goldene Schnitt zu erkennen ist.

3 Zeichne die Front eines Gebäudes und berücksichtige darin den Goldenen Schnitt.

Der Goldene Schnitt in der Fotografie

Gerade in der Fotografie wird der Goldene Schnitt häufig als Grundlage zur Komposition eines Bildmotivs verwendet. Grob über den Daumen gepeilt und für den fotografischen Bedarf ausreichend genau entspricht der Goldenen Schnitt dem Verhältnis 1 : 2.

4 Lege Transparentpapier über das Foto und zeichne auf $\frac{1}{3}$ der Breite und der Höhe Linien.
a) Überprüfe in Bezug auf Länge und Breite, ob der Hund im Goldenen Schnitt ist.
b) Suche aus Zeitschriften weitere Fotos, die den Goldenen Schnitt berücksichtigen.
c) Fotografiere selbst ein einfaches Motiv, zum Beispiel Blumen auf einer Fensterbank, und bemühe dich, in Bezug auf die Platzierung des Motivs auf den Goldenen Schnitt zu achten.

5 Finde mit Hilfe der Linkliste (siehe Webcode in der Randspalte) weitere Fotografien und Bilder, zum Beispiel von dem Fotografen Henri Cartier-Bresson, und untersuche sie auf Einhaltung des Goldenen Schnitts.

165-1

Der Goldene Schnitt in der Natur

Im regelmäßigen Fünfeck mit gleichen Seitenlängen und Innenwinkeln tritt der Goldene Schnitt wiederholt auf, zum Beispiel wird jede Diagonale des Fünfecks durch eine andere im Goldenen Schnitt geteilt.
Das Fünfeck ist die Grundlage vieler Formen in der Natur. So ist beispielsweise bei vielen Blüten die Anzahl von fünf Blättern typisch, ein Seestern hat fünf Arme und ein Apfel hat fünf Kammern im Kerngehäuse.

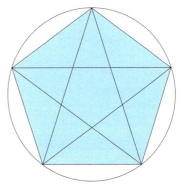

Akelei   *Heckenrose*

6 Finde im Fünfeck und im eingezeichneten Stern, den man auch Pentagramm nennt, weitere Seitenverhältnisse im Goldenen Schnitt.

7 Arbeitet in Kleingruppen. Findet Bilder zum Goldenen Schnitt in der Natur und gestaltet eine Collage, in der ihr den Goldenen Schnitt erklärt und in die Bilder einzeichnet.

Training

Lineare Funktionen

1 Zeichne die folgenden linearen Funktionen.
a) $f(x) = 2x + 1$
b) $g(x) = -3x + 2$
c) $h(x) = -\frac{1}{2}x - 2$
d) $i(x) = \frac{3}{4}x + 3$
e) $j(x) = \frac{5}{3}x$

2 Bestimme die Funktionsgleichungen der abgebildeten Funktionen.

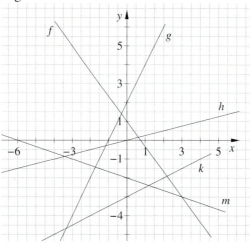

3 Zeichne eine Gerade durch die angegebenen Punkte und gib ihre Funktionsgleichung an.
a) $A(2|2)$; $B(4|3)$
b) $A(-2|6)$; $B(-1|3)$
c) $A(2|0)$; $B(6|3)$
d) $A(1|3)$; $B(4|2)$
e) $A(-3|-2)$; $B(-1|-1)$
f) $A(3|1)$; $B(-1|5)$

4 Eine Bohnenpflanze wächst täglich ca. 0,4 cm.
a) Wie lang ist eine ursprünglich 25 cm hohe Pflanze nach 12 Tagen?
b) Wie lange dauert es, bis die 25 cm hohe Pflanze ihre Höhe verdoppelt hat?
c) Eine Bohnenpflanze hat nach 25 Tagen eine Höhe von 26 cm erreicht. Wie hoch war die Pflanze zu Beginn der Beobachtung?

5 Gegeben ist die Funktion $f(x) = 18 - 2x$.
a) Überprüfe, ob die Punkte $P(6|6)$, $Q(-4|25)$ und $R(4,5|9)$ auf dem Graphen der Funktion liegen.
b) Die Punkte $A(-2|\blacksquare)$, $B(\blacksquare|4)$, $C(\blacksquare|12)$ und $D(3,5|\blacksquare)$ liegen auf dem Graphen. Ergänze ihre Koordinaten.
c) Bestimme die Nullstelle der Funktion und den Schnittpunkt mit der y-Achse.

6 Die Grundgebühr für eine Taxifahrt kostet 2,30 €. Hinzu kommen 1,40 € pro km bei einer Tagesfahrt (6:00 – 22:00 Uhr) und 1,50 € bei einer Nachtfahrt.
a) Erstelle eine Wertetabelle für Fahrten von 5 km, 10 km, 15 km, …. 30 km für beide Tarife.
b) Gib jeweils die Funktionsgleichung an, mit der die Fahrtkosten berechnet werden können.
c) Wie viel muss Herr Simonis bezahlen, wenn er um 10:30 Uhr eine 18 km lange Fahrt macht?
d) Frau Steinmeier hat für eine Fahrt um 24:00 Uhr 33,80 € bezahlt. Wie weit ist sie gefahren?

7 Thomas möchte seinen Führerschein machen und erkundigt sich bei verschiedenen Fahrschulen nach den Preisen.
Fahrschule A: Anmeldegebühr 185 €
  Fahrstunde à 45 min: 31 €
Fahrschule B: Anmeldegebühr 250 €
  Fahrstunde à 45 min: 29 €
a) Thomas vermutet, dass er ca. 30 Fahrstunden benötigt. Welche Fahrschule sollte er wählen?
b) Sein Freund Kevin hat für seinen Führerschein 991 € bei Fahrschule A bezahlt. Wie viele Fahrstunden hatte er?
c) Niklas behauptet, dass er genau 1000 € für seinen Führerschein ausgegeben hat. Kann er seinen Führerschein bei einer der beiden Fahrschulen gemacht haben? Begründe.

Ähnlichkeit

1 Vergrößere bzw. verkleinere das jeweilige Rechteck.
a) $a = 3{,}4$ cm; $b = 2{,}8$ cm; $k = 2$
b) $a = 6{,}4$ cm; $b = 4{,}8$ cm; $k = \frac{1}{4}$.
c) $a = 2{,}7$ cm; $b = 3{,}8$ cm; $k = 1{,}5$.

2 Überlege, mit welchem Streckfaktor $\overline{SA}$ auf $\overline{SB}$ gestreckt wurde und berechne dann x.

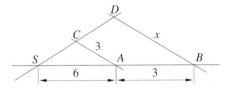

3 Zeichne ein gleichseitiges Dreieck mit $a = 2$ cm und vergrößere bzw. verkleinere es.
a) $k = 2$
b) $k = 1{,}5$
c) $k = 0{,}8$
d) Um welches Vielfache hat sich jeweils der Flächeninhalt verändert? Begründe.

4 Bring ein Passfoto von dir mit und klebe es wie in der Skizze gezeigt auf ein DIN-A-Papier. Weiter unten links sollte dein Streckungszentrum liegen.
Vergrößere nun dein Foto mit Hilfe der zentrischen Streckung.

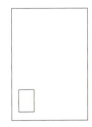

Dabei solltest du die Punkte übertragen, die sich eindeutig ablesen lassen (z. B. der linke Mundwinkel, die Pupillen etc.). Hast du genug Punkte abgetragen, kannst du das Bild durch Freihandzeichnen ergänzen.

5 Modelleisenbahnen werden häufig in der Baugröße H0, das entspricht einem Maßstab von 1 : 87, gebaut.
Wie lang wäre der längste Zug der Welt (siehe Randspalte) im Modell?

6 Zeichne ein Haus auf Karopapier. Es sollte mindestens zwei Fenster und eine Tür besitzen, ebenfalls einen Schornstein. Weitere Extras sind möglich.
a) Vergrößere nun dein Haus im Maßstab 2 : 1 und verkleinere es im Maßstab 1 : 2.
b) Lass von deinem Sitznachbarn oder deiner Sitznachbarin überprüfen, ob dein Haus korrekt vergrößert bzw. verkleinert wurde.
c) Tauscht euch darüber aus, wo es beim Zeichnen Schwierigkeiten gab und worauf man bei einer solchen Zeichnung achten muss.

7 Das erste Seitenfenster vom Südportal des Regensburger Doms ist ein Beispiel für eine gotische Fensterform und für eine zentrische Streckung.

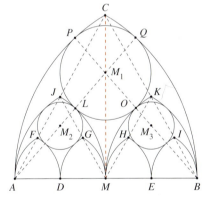

a) Erkläre mit Hilfe der zweiten Abbildung, wo die Streckzentren liegen und welche Punkte auf welche abgebildet werden.
b) Versuche ein solches Fenster zu konstruieren. Untersuche dafür die Dreiecke ABC, AMS_1 und MBS_2 und überlege, welche Radien man für die Bögen benötigt.
c) Suche im Lexikon oder in deiner Stadt nach weiteren gotischen Fenstern. Sind dort ebenfalls Konstruktionen mit Hilfe der zentrischen Streckung erkennbar?

HINWEIS

Der längste und schwerste Zug der Welt war ein Güterzug der australischen BHP Iron Ore Gesellschaft, der am 21. Juni 2001 eine Strecke von 275 km zwischen den Newman-Yandl-Minen und Port Hedland in Western Australia zurücklegte. Der Zug bestand aus 8 Diesellokomotiven und 682 Waggons. Er war 7,353 km lang.

Satz des Pythagoras

1 Welche Dezimalbrüche mit einer Nachkommastelle ergeben beim Wurzelziehen den gerundeten Wert 6,7?

2 Zwischen welchen beiden natürlichen Zahlen liegt die Quadratwurzel?
a) $\sqrt{250}$ b) $\sqrt{1\,000}$ c) $\sqrt{305}$

3 ▶ Welche Quadratwurzeln könnte man nach den Skizzen zeichnerisch bestimmen? Begründe rechnerisch. Gibt es mehrere Möglichkeiten?

4 Vervollständige die folgende Tabelle.

	Kathete a	Kathete b	Hypotenuse c
a)	8 cm	6 cm	
b)	15 cm		17 cm
c)		19 cm	21 cm
d)	7 mm	24 mm	
e)	17 m		19 m
f)		2,5 cm	36 cm
g)		12,8 cm	1,6 dm
h)	216 mm		3,6 dm

5 Kann ein rechtwinkliges Dreieck folgende Seitenlängen haben?
a) $a = 6$ cm, $b = 10$ cm, $c = 8$ cm
b) $a = 13$ cm, $b = 5$ cm, $c = 12$ cm
c) $a = 8$ cm, $b = 12$ cm, $c = 16$ cm
d) $a = 2$ cm, $b = 3$ cm, $c = 4$ cm

6 Kannst du auf einem DIN-A4-Papier (21 cm × 29,7 cm) eine Strecke von 40 cm zeichnen? Bis zu welcher Länge könntest du die Strecke zeichnen?

7 Ergänze mit Hilfe der Zeichnung.

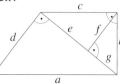

a) $c^2 = f^2 + \blacksquare$
b) $f^2 + \blacksquare = b^2$
c) $b^2 = (e + g)^2 - \blacksquare$ d) $a^2 = d^2 + \blacksquare$
e) $e = \sqrt{\blacksquare - f^2}$ f) $d = \sqrt{a^2 - \blacksquare}$

8 Betrachte die folgende Figur.
a) Gib die Längen der roten Strecken (Maße in cm) ungerundet an.

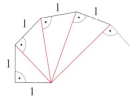

b) Begründe den Namen „Wurzelschnecke".
c) Zeichne die „Schnecke", bis sich die Dreiecke fast überschneiden. Wie lang ist die letzte Hypotenuse? Vergleiche den gemessenen und den berechneten Wert.

9 Felix möchte eine Lautsprecherbox in der Form einer quadratischen Pyramide bauen. Die Seitenlänge der Grundfläche soll 50 cm und die Höhe der fertigen Pyramide 110 cm betragen. Welche Länge müssen die Schenkel der Dreiecke dann erhalten?

10 Wie weit kann der Kapitän eines Ozeanriesen über das Meer schauen, wenn sich die Kommandobrücke in 35 m Höhe über dem Wasserspiegel befindet? (Erdradius: 6 371 km)

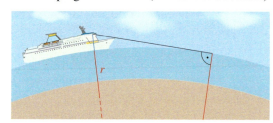

11 ▶ Ein halbkreisförmiger Tunnel wird gebaut. Das Verkehrsschild zur Höhenbegrenzung des halbkreisförmigen Tunnels fehlt jedoch noch. Welche Höhenbegrenzung muss auf das Schild für die Fahrzeuge geschrieben werden?

Vom Vieleck zum Kreis

1 Nenne Objekte aus Natur, Technik und Architektur, die die Form der folgenden regelmäßigen Vielecke besitzen.
a) Dreieck b) Viereck
c) Fünfeck d) Achteck

2 Berechne den Umfang des Kreises.
a) $d = 8$ cm b) $d = 13$ mm
c) $d = 3{,}9$ dm d) $r = 1$ mm
e) $r = 5{,}2$ m f) $r = 6{,}7$ dm

3 Berechne den Umfang der folgenden Figuren.

a)   b)

4 Berechne den Durchmesser und den Radius des Kreises.
a) $u = 12$ cm b) $u = 1$ m c) $u = 1{,}2$ dm
d) $u = 0{,}3$ km e) $u = 0{,}015$ km

5 Bestimme den Flächeninhalt des Kreises.
a) $r = 4{,}7$ mm b) $r = 2{,}5$ m
c) $d = 4$ cm d) $d = 6{,}1$ km

6 Welchen Radius hat der Kreis?
a) $A = 7{,}34$ m² b) $A = 82$ cm²
c) $A = 7$ ha d) $A = 155$ m²

7 Gib die fehlenden Größen des Kreises an.

	r	d	u	A
a)	8 cm			
b)		17 mm		
c)			2,3 dm	
d)				5 km²
e)				2 ha

8 Ein Urlauber auf der Insel Farokolhu Fushi (Malediven) läuft in ungefähr 15 Minuten um die Insel herum. Die Länge des fast kreisförmigen Wegs beträgt 1,57 km. Welcher Flächeninhalt kann für die Insel ungefähr angegeben werden?

9 In Schulterhöhe ist bei einem Mammutbaum der fast zylinderförmige Stamm 9,2 m dick.
Wie viele Menschen (Armspanne durchschnittlich 1,8 m) sind nötig, um den Baum gemeinsam umfassen zu können?

10 Familie Sagorski möchte einen neuen runden Tisch anschaffen, an dem sechs Personen Platz haben sollen.
Welchen Durchmesser muss der Tisch haben, wenn man pro Person beim Essen 70 cm Platzbedarf an der Tischkante rechnet?

11 Eine Pizzeria verkauft Pizzen in zwei verschiedenen Größen zu folgenden Preisen:
Mini: 20 cm Durchmesser zu 3,95 €
Maxi: 30 cm Durchmesser zu 5,95 €
Bei welcher Pizza erhält man verhältnismäßig mehr für den Preis?

12 Berechne die fehlenden Größen eines Kreisausschnitts.

	a)	b)	c)	d)
d	9,5 cm			
α	65°		35°	
b		75 dm	90 dm	195 dm
A_a		24 m²		68 m²

13 Ein kreisförmiger Schlossplatz hat einen Durchmesser von 44,8 m. In der Mitte befindet sich eine kreisförmige Teichanlage mit 10,6 m Durchmesser. Der Platz soll neu gepflastert werden.
Mit welchen Materialkosten ist zu rechnen, wenn man von 135 € pro Quadratmeter und 15 % Verschnitt ausgeht?

14 Berechne den Flächeninhalt der blauen Fläche. Die Kantenlänge des Quadrats beträgt 40 cm.

a)   b)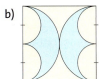

Training

Kreis- und Hohlzylinder

1 Nenne Objekte aus Natur, Technik und Architektur, die (annähernd) die Form eines Zylinders besitzen.

2 Zeichne das Netz eines Zylinders mit
a) $r = 2{,}5$ cm und $h = 5$ cm;
b) $d = 4$ cm und $h = 3$ cm.

3 Eine zylinderförmige Konservendose hat einen Radius von 5 cm und ist 12 cm hoch. Wie groß ist die Fläche des Etiketts?

4 Berechne den Oberflächeninhalt und das Volumen eines Zylinders mit
a) $r = 5$ cm und $h = 7$ cm
b) $r = 2{,}5$ m und $h = 3{,}8$ m
c) $d = 15$ cm und $h = 7$ dm
d) $d = 12$ cm und $h = 3$ m

5 Von den fünf Größen r, h, A_M, A_O und V eines Zylinders sind zwei gegeben. Berechne die fehlenden Größen.
a) $A_M = 150{,}8$ cm²; $r = 8$ cm
b) $A_O = 138{,}23$ dm²; $r = 2$ dm
c) $V = 21{,}77$ m³; $h = 4{,}1$ m
d) $V = 76\,080{,}58$ mm³; $r = 37{,}2$ mm

6 ▶ In welchem Fall ist die Maßzahl der Mantelfläche eines Zylinders gleich der Maßzahl des Volumens (d. h. die Ergebnisse sind bis auf die Einheit gleich).

7 Zeichne das Schrägbild eines Zylinders mit
a) $r = 3$ cm und $h = 4$ cm;
b) $d = 5$ cm und $h = 5$ cm.

8 ▶ Wie verändert sich das Volumen eines Zylinders, wenn man folgende Größen verändert?
a) den Radius verdoppelt und die Höhe beibehält
b) die Höhe verdoppelt und den Radius beibehält
c) den Radius und die Höhe verdoppelt
d) den Radius halbiert und die Höhe verdoppelt

9 Eine Wachskerze ist 10 cm hoch und hat einen Durchmesser von 4 cm.
a) Berechne das Volumen der Kerze.
b) Fünf dieser Kerzen werden eingeschmolzen und das Wachs zu einer neuen Kerze mit einem Durchmesser von 8 cm verarbeitet. Wie hoch wird die neue Kerze?

10 Nenne mindestens drei unterschiedliche Abmessungen (Radius und Höhe) für ein Glas, das exakt einen Liter Flüssigkeit beinhalten soll.

11 Eine zylinderförmige Getränkedose hat einen Radius von 3 cm und ist 8 cm hoch.
a) Zeichne das Netz der Dose.
b) Für die Herstellung der Dose wird Weißblech verwendet. Wie viel Weißblech wird benötigt, wenn man mit 23 % Verschnitt rechnen muss?
c) Der Inhalt der Dose soll 0,2 ℓ betragen. Berechne den prozentualen Anteil der Dose, der nicht gefüllt wird.
d) Wie lang sollte ein Strohhalm, der der Dose beigefügt wird, mindestens sein?

12 Eine runde Tischplatte hat einen Durchmesser von 1,5 m und ist 3 cm dick.
a) Berechne das Volumen der Tischplatte.
b) Die Tischplatte besteht aus Fichtenholz, das 500 g pro dm³ wiegt. Wie schwer ist die Platte?

13 Am Waldrand wird Rundholz mit einer Länge von 8 Metern gelagert. Die Stämme haben durchschnittlich 60 cm Durchmesser.
a) Bestimme das Gewicht eines Stamms, wenn das Holz $0{,}7\,\frac{\text{g}}{\text{cm}^3}$ wiegt.
b) Ein Holztransporter darf 12 t Holz laden. Wie viele dieser Stämme darf er maximal aufladen?

14 Berechne das Volumen und den Oberflächeninhalt eines Hohlzylinders mit
a) $r_a = 5$ cm; $r_i = 2$ cm und $h = 10$ cm
b) $r_a = 5{,}5$ m; $r_i = 3{,}2$ m und $h = 3{,}9$ m

Pyramide, Kegel, Kugel

1 Berechne die fehlenden Strecken. Runde die Ergebnisse auf Millimeter.

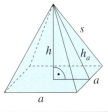

	a	s	h	h_a
a)	6 cm	12 cm		
b)			10,2 cm	12,9 cm
c)		11,4 cm		9,9 cm
d)	15 cm			28 cm

2 Berechne das Volumen der geraden Pyramide aus den Angaben zur Grundfläche und der gegebenen Körperhöhe.
a) Die Grundfläche ist ein Quadrat mit $a = 4{,}3$ m. Die Körperhöhe ist $h = 2{,}5$ m.
b) Die Grundfläche ist ein Rechteck mit $a = 1{,}9$ dm und $b = 18$ cm. Die Körperhöhe ist $h = 2{,}2$ dm.
c) Die Grundfläche ist ein rechtwinkliges Dreieck mit $\alpha = 90°$, $c = 10$ cm, $b = 8$ cm. Die Körperhöhe ist $h = 12$ cm.

3 Berechne den Mantel- und den Oberflächeninhalt einer quadratischen Pyramide mit Grundkante a, Seitenkante s, Körperhöhe h und Seitenhöhe h_a.
a) $a = 8{,}9$ cm; $h_a = 15{,}2$ cm
b) $a = 14{,}4$ m; $s = 16{,}8$ m
c) $h = 12$ cm; $h_a = 19$ cm
d) $h_a = 8$ cm; $s = 12{,}81$ cm

4 Eine gerade Pyramide hat eine rechteckige Grundfläche. Berechne die fehlende Größe.

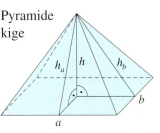

	a	b	h	V
a)	58 mm	93 mm	26 mm	
b)	125 cm	244 cm		140 000 cm³
c)		12 m	12 m	600 m³
d)	138 dm		167 dm	625 824 dm³

5 Berechne das Volumen des Kegels.
a) $r = 6{,}4$ cm; $h = 13{,}6$ cm
b) $r = 5$ cm; $s = 10$ cm
c) $s = 15$ mm; $h = 10$ mm
d) $d = 28$ m; $s = 35$ m

6 Berechne den Mantelflächeninhalt A_M, den Oberflächeninhalt A_O und das Volumen V des Kegels.
a) $h = 17$ cm; $r = 5$ cm
b) $h = 20$ mm; $d = 30$ mm
c) $h = 10$ cm; $s = 15$ cm
d) $s = 9$ cm; $r = 40$ mm

7 Berechne das Volumen und den Oberflächeninhalt der Kugel.
a) $r = 3{,}7$ cm
b) $d = 12{,}8$ dm

8 Berechne den Durchmesser der Kugel.
a) $A_O = 2875$ cm²
b) $A_O = 8{,}22$ m²
c) $V = 28{,}75$ cm³
d) $V = 822$ m³

9 Der Radius einer Kugel beträgt $r = 4$ cm.
a) Berechne den Oberflächeninhalt der Kugel.
b) Welchen Radius hat eine Kugel, deren Oberflächeninhalt nur halb so groß ist?
c) Welchen Radius hat eine Kugel, deren Oberflächeninhalt doppelt so groß ist?

10 Ordne die folgenden Körper nach ihrem Volumen.
① quadratische Pyramide mit $a = 10$ cm und $h = 10$ cm
② Kegel mit $d = 10$ cm und $h = 10$ cm
③ Kugel mit $r = 10$ cm

11 Ein Kegel aus Plexiglas hat einen Radius von $r = 5$ cm und ist 10 cm hoch. Der Kegel ist mit Metallkugeln gefüllt, die einen Durchmesser von 3 mm besitzen. Wie viele Metallkugeln können höchstens in dem Kegel sein? Schätze zunächst und berechne dann.

Auf dem Weg in die Berufswelt

Da es meistens mehrere Bewerber auf einen Ausbildungsplatz gibt, setzen viele größere Betriebe, Behörden oder Banken Testverfahren ein. So können sie bereits eine Vorauswahl für nachfolgende persönliche Bewerbungsgespräche treffen.

Diese so genannten **Berufseingangstests** unterscheiden sich in ihrer Qualität, ihrer Form und ihrem Inhalt oft sehr voneinander.

Häufig legt man den Bewerbern schriftliche Prüfungen vor, die zur Überprüfung des Wissens eingesetzt werden, das in der Schule vermittelt wurde. Abgefragt werden vor allem die Mathematik- und Deutschkenntnisse sowie das Allgemeinwissen. Je nach Ausbildungsberuf können aber auch weitere Kenntnisse und Fähigkeiten getestet werden, wie etwa technisches Verständnis oder Konzentrationsfähigkeit.

Der nun folgende Diagnosetest (S. 174), die Übungsaufgaben (S. 176) sowie der abschließende Auswahltest (S. 182) sollen eine Vorstellung von dem geben, was bei Berufseingangstests aus dem Bereich der mathematischen Kenntnisse abgefragt werden kann.
Das Mindmap gibt einen Überblick über mögliche mathematische Themen.

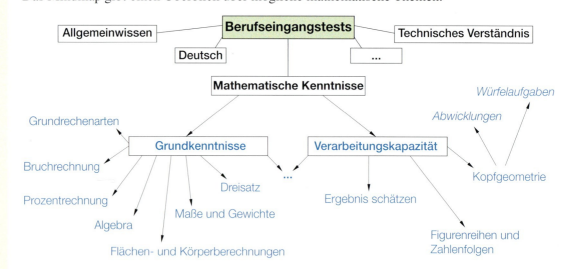

Mit Hilfe der Eingangsdiagnose soll festgestellt werden, wo deine Stärken und deine Schwächen im Bereich der mathematischen Kenntnisse liegen.
Die dann folgenden Aufgaben stellen eine gute Möglichkeit dar, mathematische Inhalte zu wiederholen oder zu vertiefen.
Der abschließende Test soll eine Testsituation nachstellen. Es handelt sich aber keinesfalls um einen „echten Test", da nur ausgewählte mathematische Fähigkeiten abgefragt werden und reale Berufseingangstest wesentlich komplexer sind.

Auf dem Weg in die Berufswelt

Tipps und Hinweise

1. Gezielt bewerben
Bevor du dich auf einen Ausbildungsberuf bewirbst, solltest du versuchen, deine Stärken und Schwächen sowie deine Neigungen möglichst genau einzuschätzen. Nur dann ist es dir möglich, die Berufe herauszufinden, für die du wegen deiner Voraussetzungen besonders geeignet bist. Folgende Fragen solltest du dir stellen:
- Habe ich ein besonderes Talent oder eine besondere Begabung?
- In welchen Bereichen liegen meine Stärken?
- Wofür bin ich überhaupt nicht geeignet bzw. was fällt mir schwer?
- Welche Erfahrungen oder Qualifikationen habe ich bereits gesammelt?
- Stimmen meine Fähigkeiten mit meinen Interessen überein?
- Wie sieht mein Wunsch-Arbeitsplatz aus (Arbeitszeit, Aufstiegschancen, …)?
- Welches Berufsfeld kommt für mich in Frage?

Bei der Selbsteinschätzung können dir Eltern, Freunde und Verwandte helfen. Auch bei der Berufsberatung findest du unterstützende Hilfe.
Beachte, dass der Arbeitgeber über das Bewerbungsanschreiben den ersten Eindruck von dir erhält. Deswegen muss das Bewerbungsschreiben formal absolut einwandfrei und ohne Rechtschreibfehler sein. Dabei sollten in jedem Fall die geltenden Standards beachtet werden.

173-1

BEACHTE
Über den Webcode gelangt man zu einer Linkliste zu Informationen über Ausbildungsberufe, Bewerbungsschreiben und Ausbildungsplätze.

2. Vorbereitung
Dem Bewerber werden häufig schulähnliche schriftliche Prüfungen vorgelegt. Darauf kann man sich vorbereiten.
Informiere dich zunächst, welche Kenntnisse für den angestrebten Ausbildungsberuf besonders wichtig sind. Vielleicht ist ein Lehrling oder ein Mitarbeiter bereit, dir Auskunft darüber zu geben, was in den Vorjahren abgefragt wurde und auf welche Kenntnisse besonders großer Wert gelegt wird.
Überprüfe dann selbstkritisch, inwieweit du über diese Kenntnisse verfügst. Schließe deine Wissenslücken durch intensives Üben. Übungsmaterial bietet unter anderem die Agentur für Arbeit an.

3. Beim Test
Beachte in der Testsituation vor allem Folgendes:
- Lies dir die Aufgabenstellungen sorgfältig durch.
- Löse zunächst die Aufgaben, die du sicher beherrscht.
- Halte dich nicht zu lange mit der Lösung einer Aufgabe auf.
- Bleibe ruhig! Die Zeit zum Lösen der Aufgaben ist häufig sehr knapp kalkuliert. So wollen die Arbeitgeber sehen, wie die Bewerber in stressigen Situationen reagieren. Die Bedingungen sind aber für alle Bewerber gleich.

173-2

BEACHTE
Unter dem Webcode befindet sich eine Linkliste zu Aufgaben aus Berufseinganstests.

4. Literatur
Besorge dir Literatur zu Bewerbungsschreiben und Einstellungstests. Du kannst auch im Internet nachschauen, wie man sich richtig bewirbt und was man unbedingt beachten muss.

> Berufseingangstest Mathematik problemlos, Cornelsen Verlag.
> Blickpunkt Beruf Einstellungstests, Deutscher Sparkassenverlag.
> Lehrstellenreport Nr. 1 Test-Training, Volksbanken und Raiffeisenbanken.
> Orientierungshilfe zu Auswahltests, Bundesanstalt für Arbeit.

Auf dem Weg in die Berufswelt

Eingangsdiagnose

 174-1

BEACHTE
Die Aufgaben können unter dem Webcode auch als Arbeitsblatt ausgedruckt werden. So können sie anschließend direkt korrigiert werden.

Löse die folgenden Aufgaben ganz in Ruhe in deinem Heft. Löse die Aufgaben ohne Taschenrechner und Formelsammlung.

Grundkenntnisse

I Grundrechenarten

1 Berechne.
a) 308 + 9 930
b) 704 – 187
c) 409 · 814
d) 48 656 : 8
e) 34 + 66 · 2
f) (462 – 228) : 26
g) 1 440 : 32 – 470 · 3

II Maße und Massen

2 Berechne.
a) 30 mm = ____ cm
b) 0,6 km = ____ m
c) 7 kg 500 g = ____ kg
d) 35 kg = ____ t
e) 2 h 10 min = ____ min
f) 2,5 m² = ____ cm²
g) 20 cm³ = ____ mm³

3 Gib die Maßeinheit an.
a) Die Handfläche beträgt ungefähr 1 ____.
b) Eine Seitenfläche eines normalen Spielwürfels beträgt ungefähr 1 ____.

III Brüche und Dezimalbrüche

4 Wandle um.
a) Wandel $\frac{7}{25}$ in einen Dezimalbruch um.
b) Wandle 0,25 in einen Bruch um.

5 Berechne.
a) $\frac{2}{3} + \frac{2}{9}$
b) $2{,}35 - 1\frac{2}{5}$
c) $\frac{4}{15} \cdot \frac{5}{8}$
d) 1,988 : 0,7
e) $2{,}5 + 3\frac{1}{4} \cdot 5{,}8$
f) $\frac{23}{30} - \frac{3}{5}$

IV Prozentrechnung

6 Wandle um.
a) Wandle 8 % in einen Dezimalbruch um.
b) Schreibe 0,3 als Prozentzahl.
c) Schreibe $\frac{8}{10}$ als Prozentzahl.

7 Berechne.
a) 7 % von 800 €
b) 20 % von 600 kg
c) 7 von 25 Autos
d) 6 % sind 240 Schüler
e) 2 000 € werden 8 Monate zu 3 % angelegt.
f) Nach einer Reduzierung um 20 % kostet die CD 12 €.
g) 120 € werden angelegt. Nach einem Jahr sind es 126 €. Wie hoch war der Zinssatz?

V Dreisatz

8 Ein Heft kostet 0,39 €. Wie viel kosten sechs Hefte?

9 Drei Schokoriegel kosten 2,25 €. Wie viel kosten neun Schokoriegel?

10 Ein Maler benötigt 8 h für eine Arbeit. Wie viel Stunden benötigen zwei Maler?

11 Bei einer Geschwindigkeit von 120 $\frac{km}{h}$ benötigt ein Auto 4 h. Wie lange benötigt ein Lkw mit 80 $\frac{km}{h}$?

12 Bei einem Ausflug zahlen 26 Teilnehmer je 14,50 €. Wie viel zahlt jeder Teilnehmer, wenn nur 25 Personen mitfahren?

13 Ein Teich wird mit vier Pumpen in $3\frac{1}{2}$ Stunden leer gepumpt. Wie lange dauert es, wenn fünf Pumpen im Einsatz sind?

Auf dem Weg in die Berufswelt

VI Flächen- und Körperberechnungen

14 Der Flächeninhalt eines Rechtecks beträgt 51 cm². Seite a ist 6 cm lang. Bestimme b.

15 Bestimme den Umfang eines Kreises mit $r = 3$ cm. ($\pi = 3{,}14$)

16 Bestimme das Volumen eines Quaders mit $a = 5$ m, $b = 6$ m und $c = 9$ m.

17 Bestimme den Oberflächeninhalt eines Würfels mit der Kantenlänge $a = 10$ cm.

18 Die Kantenlänge eines Würfels wird verdoppelt. Wie ändert sich sein Volumen?

19 Ein gleichseitiges Dreieck hat einen Umfang von 12 cm. Berechne den Flächeninhalt.

VII Algebra

20 Vereinfache den Term.
$3a + 8b + 7a - 5b$

21 Vereinfache den Term.
$7(2x + 5) - (6 - 3x)$

22 Löse die Gleichung nach x auf.
a) $3x + 5 = 5x - 9$
b) $5x - 13 = 5 - 4x$

23 Jens ist doppelt so alt wie Daniel. Zusammen sind sie 27 Jahre alt. Stelle eine Gleichung auf und löse sie.

24 Die Differenz aus dem Fünffachen einer Zahl und 87 ist 43. Bestimme die Zahl. Stelle eine Gleichung auf und löse sie.

Verarbeitungskapazität

VIII Ergebnisse schätzen

25 Überschlage und schätze die Ergebnisse.
a) $7541 + 5823 + 8751$
  ① 22 089   ② 22 115   ③ 19 115
  ④ 19 089   ⑤ 25 085
b) $2 \cdot 3 \cdot 4 \cdot 5$
  ① 12   ② 120   ③ 234
  ④ 2 345   ⑤ 12 345
c) $38 \cdot 125 + 19 \cdot 125 + 43 \cdot 125$
  ① 125   ② 1 250   ③ 12 500
  ④ 38 125   ⑤ 381 943
d) Wie alt bist du ungefähr (in Stunden)?
  ① 135 h   ② 1 350 h   ③ 13 500 h
  ④ 135 000 h   ⑤ 1 350 000 h

IX Zahlenfolgen und Figurenreihen

26 Ergänze um drei Zahlen oder Figuren.
a) 2, 5, 8, 11, ___, ___, ___
b) 45, 43, 49, 47, 53, ___, ___, ___
c) 2, 5, 7, 12, 19, ___, ___, ___
d) 4, 12, 7, 21, 16, 48, ___, ___, ___
e)

X Kopfgeometrie

27 Welcher der vier Körper links kann aus der Faltvorlage rechts gebildet werden?

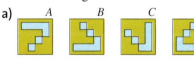

28 Welches der fünf Zeichen passt nicht in die Zeichenfolge?
a)   A   B   C   D   E

b)   A   B   C   D   E
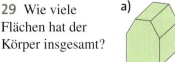

29 Wie viele Flächen hat der Körper insgesamt?   a)   b)

Auf dem Weg in die Berufswelt

Training

Grundkenntnisse

HINWEIS
Weitere Aufgaben zu den Bereichen dieser Seite findest du in den Büchern „Zahlen und Größen NRW (ZAG)" 5 und 6:
▸ Grundrechenarten, ZAG 5 ab den Seiten 83 und 137
▸ Maße und Massen, ZAG 5 ab Seite 39
▸ Brüche und Dezimalbrüche, ZAG 5 ab Seite 63 und ZAG 6 ab den Seiten 119 und 139

I Grundrechenarten

1 Berechne.
a) 7 546 + 53 805 + 1 929
b) 18 024 + 256 + 20 147 + 2 308
c) 15 748 − 8 952
d) 205 801 − 58 942
e) 14 987 − 2 547 − 8 835

2 Berechne.
a) 7 294 · 917
b) 40 802 · 5 810
c) 45 027 · 2 065
d) 3 024 : 4
e) 14 399 : 7
f) 78 012 : 12

3 Berechne. Beachte die Rechenregeln.
a) 1 364 : 31 − 225 · 4
b) 655 − 14 · (37 + 85) + 216 : (199 − 187)
c) (132 + 68) · 17 + 21 · (437 − 77) − 230

4 Rechne vorteilhaft.
a) 86 + 573 + 207 − 36
b) 25 · 7 · 4 · 5
c) 277 : 7 − 137 : 7
d) 27 · 24 + 27 · 76

5 Beachte genau die Reihenfolge der Rechenschritte.
a) 147 + 105 · 23 + 64
b) (147 + 105) · 23 + 64
c) 147 + 105 · (23 + 64)
d) (147 + 105) · (23 + 64)
e) 678 − 246 : 6 − 38
f) (678 − 246) : (6 − 38)

II Maße und Massen

6 Rechne in die angegebene Einheit um.
a) 14 dm (cm)
b) 14,6 m (dm)
c) 7,8 km (m)
d) 54 mm (dm)
e) 8 500 g (kg)
f) 2,8 t (kg)
g) 4 kg 50 g (g)
h) 2 h (min)
i) 12 min (s)
j) $2\frac{1}{4}$ h (min)

7 Rechne um.
a) in Minuten: 3 600 s, 2 520 s
b) in Stunden und Minuten: 24 000 s

8 Schreibe in der angegebenen Einheit.
a) 2 m² (dm²)
b) 6 000 mm² (cm²)
c) 0,5 km² (m²)
d) 5 ha (m²)
e) 3 m³ (dm³)
f) 2 m³ 50 dm³ (m³)
g) 1 280 cm³ (l)
h) 0,3 m³ (l)

III Brüche und Dezimalbrüche

9 Wandle in einen Dezimalbruch um.
a) $\frac{7}{10}$
b) $\frac{47}{100}$
c) $\frac{33}{1000}$
d) $\frac{1}{2}$
e) $\frac{3}{5}$
f) $\frac{12}{2}5$
g) $\frac{17}{20}$
h) $3\frac{7}{50}$
i) $12\frac{3}{8}$

10 Berechne.
a) 0,3 + 2,4
b) 3,9 + 4,71
c) 5,1 − 3,8
d) 2,05 − 0,5
e) 8,6 · 6,3
f) 0,9 · 6
g) 21,44 : 8
h) 3,048 : 6
i) 1,9 : 0,5
j) 3,0228 : 0,12
k) 9 : 3,6 + 4,8
l) 2,6 + 3,4 · 0,8
m) 53,2 − 9 − 8,07
n) 1,44 : (0,9 + 0,3) : 0,6

11 Berechne und kürze das Ergebnis, falls möglich.
a) $\frac{2}{7} + \frac{4}{7}$
b) $\frac{1}{9} + \frac{5}{9}$
c) $\frac{13}{24} + \frac{5}{24}$
d) $\frac{2}{5} + \frac{2}{10}$
e) $\frac{3}{4} + \frac{1}{5}$
f) $\frac{5}{9} + \frac{1}{12}$
g) $\frac{2}{9} + \frac{9}{10}$
h) $1\frac{1}{2} + 3\frac{5}{8}$
i) $\frac{7}{8} − \frac{5}{8}$
j) $\frac{5}{12} − \frac{1}{4}$
k) $\frac{4}{9} − \frac{5}{18}$
l) $\frac{7}{15} − \frac{1}{6}$
m) $5\frac{7}{8} − 3\frac{1}{6}$
n) $7\frac{1}{2} − 3\frac{5}{6}$
o) $6\frac{4}{5} + 3$

12 Berechne. Kürze, falls möglich.
a) $\frac{2}{7} \cdot \frac{3}{5}$
b) $\frac{3}{8} \cdot \frac{4}{5}$
c) $\frac{5}{6} \cdot \frac{9}{10}$
d) $1\frac{1}{4} \cdot 6$
e) $2\frac{1}{2} \cdot 3\frac{1}{4}$
f) $3\frac{3}{4} \cdot 4\frac{3}{5}$

13 Berechne. Kürze, falls möglich.
a) $\frac{1}{3} : \frac{1}{6}$
b) $\frac{4}{9} : \frac{5}{18}$
c) $\frac{2}{5} : \frac{3}{7}$
d) $1\frac{2}{5} : \frac{3}{19}$
e) $1\frac{4}{5} : 2\frac{1}{2}$
f) $\frac{15}{16} : 27$

14 Berechne.
a) $\frac{3}{4} − \frac{1}{5} \cdot \frac{3}{4}$
b) $\frac{3}{4} \cdot \frac{2}{3} + \frac{1}{4} \cdot \frac{2}{3}$
c) $(\frac{2}{3} + \frac{5}{6}) : \frac{5}{12}$
d) $7 : (\frac{7}{5} − \frac{21}{28})$

Auf dem Weg in die Berufswelt

IV Prozentrechnung

15 Berechne den Prozentwert.
a) 8 % von 200 kg
b) 25 % von 120 m
c) 20 % von 15 000 Stimmen
d) 15 % von 1200 Schülern
e) 4,75 % von 5 000 €
f) 138 % von 2540 l

16 Bestimme den Prozentsatz.
a) 38 Aufgaben von 50 Aufgaben
b) 8 m von 25 m
c) 138 Punkte von 200 Punkten
d) 45 kg von 375 kg
e) 12 Minuten von einer Stunde
f) 9 von 24 Schülern

17 Berechne den Grundwert.
a) 25 % sind 8 kg
b) 16 % sind 32 m
c) 8 % sind 14 Punkte
d) 23 % sind 184 Schüler
e) 37,5 % sind 937,5 €
f) 12,1 % sind 2 h 1 min

18 Bei einer Produktion sind 3 % Ausschuss angefallen. Wie viele von 6 400 Artikeln sind nicht zu gebrauchen?

19 Ute will sich ein Fahrrad für 300 € kaufen. Es fehlen ihr noch 240 € an der Gesamtsumme. Wie viel Prozent sind das?

20 Eine Versicherung zahlt Herrn Moll bei einem Unfallschaden von insgesamt 1800 € nur 85 %.
a) Wie viel Euro zahlt die Versicherung an Herrn Moll?
b) Wie viel Euro muss Herr Moll noch selbst bezahlen?

21 Der Preis für einen Tisch wurde von 255 € auf 224,40 € reduziert.
a) Auf wie viel Prozent ist der Preis des Tisches gesenkt worden?
b) Um wie viel Prozent ist der Preis gefallen?

22 Ein Sportler hat seinen Wettkampf mit 5 123 Punkten beendet. Das sind 94 % der Höchstpunktzahl. Wie viele Punkte waren zu erreichen?

23 Eine Reparatur kostet 470 €. Auf diese Kosten werden 19 % Mehrwertsteuer erhoben.
a) Wie viel Euro entspricht die Mehrwertsteuer?
b) Wie viel Euro kostet die Reparatur einschließlich Mehrwertsteuer (Endpreis)?

24 Nach einer 7%igen Mieterhöhung müssen 660,19 € Miete gezahlt werden. Wie viel Miete musste vor der Erhöhung bezahlt werden?

25 Frau Klein bekommt beim Kauf eines Mantels 6 % Rabatt. Sie zahlt jetzt für den Mantel noch 219,02 €.
Gib den alten Preis des Mantels an.

26 Franz erhält für sein Spargutahben, das mit 3,5 % verzinst wurde, 7 € Zinsen. Wie hoch war das Spargutahben?

27 Wie viel Zinsen bringt ein Kapital von 4 000 € bei einem Zinssatz von 4,5 % in 9 Monaten?

V Dreisatz

28 Welche der folgenden Zuordnungen können proportional oder antiproportional sein?
Begründe und gib gegebenenfalls notwendige Bedingungen an.
a) Alter → Körpergröße
b) Schriftgröße → Zeilen pro Seite
c) Anzahl der Eiskugeln → Preis
d) Anzahl der LKW → Zeit, um 50 m³ Sand zu liefern
e) Anzahl der 1-Euro-Stücke → Masse
f) Anzahl der Colaflaschen → Zuckergehalt
g) Anzahl der Rasenmäher → Zeit, um einen Rasenplatz zu mähen
h) Seitenlänge eines Quadrats → Umfang
i) Geschwindigkeit → Dauer einer Fahrt

HINWEIS
Weitere Aufgaben zu den Bereichen dieser Seite findest du in den Büchern „Zahlen und Größen NRW (ZAG)" 5, 6 und 7:
▸ *Prozentrechnung, ZAG 5 ab Seite 195 oder ZAG 6 ab Seite 59 und ZAG 7 ab Seite 105*
▸ *Dreisatz, ZAG 7 ab Seite 53*

177

HINWEIS
Weitere Aufgaben zum Dreisatz findest du im Buch „Zahlen und Größen 7 NRW" ab Seite 53.

29 Gib Beispiele aus dem Alltag an.
a) Je größer ___ , desto größer ___
b) Je größer ___ , desto kleiner ___
c) Verdoppelt sich ___ , so verdoppelt sich auch ___
d) Wenn sich ___ halbiert, so verdoppelt sich ___

30 Welche der folgenden Zuordnungen sind proportional oder antiproportional?

a)
x	0	1	2	3	4
y	0	4	8	12	16

b)
x	0	1	2	3	4
y	2	3	4	5	6

c)
x	1	2	3	4	5
y	2	5	8	11	14

d)
x	1	2	3	4	6
y	24	12	8	6	4

e)
x	2	4	5	12	15
y	1	2	$2\frac{1}{2}$	6	$7\frac{1}{2}$

31 Sind die Aussagen richtig oder falsch?
a) Proportionale Zuordnungen sind produktgleich.
b) Antiproportionale Zuordnungen sind quotientengleich.
c) Bei proportionalen Zuordnungen gehört zum Doppelten der Ausgangsgröße das Doppelte der zugeordneten Größe.
d) Der Graph einer proportionalen Zuordnung ist eine Halbgerade durch den Ursprung.

32 Ergänze die Tabellen so, dass eine proportionale Zuordnung vorliegt.

a)
x	1	2	3	4	5
y	6				

b)
x	1	2	3	4	5
y		1,5			

c)
x	$\frac{1}{2}$	1	$1\frac{1}{2}$	2	$2\frac{1}{2}$
y		8			

33 Ergänze die Tabelle im Heft, sodass eine antiproportionale Zuordnung vorliegt.

a)
x	1	2	3	4	5
y	180				

b)
x	1	2	3	4	5
y		30			

c)
x	1	2	4	5	8
y				16	

34 850 g Fleisch kosten 8,33 €. Gib den Preis für 1 kg Fleisch an.

35 Ein Pkw verbraucht auf einer Strecke von 45 km 3,6 ℓ Benzin. Wie hoch ist der Benzinverbrauch auf 100 km?

36 Ein Vater benötigt bei einer Schrittweite von 75 cm für einen Weg 620 Schritte. Wie groß ist die Schrittweite seiner Tochter, die für die gleiche Strecke 930 Schritte benötigt?

37 Ein Mieter muss für 20 m³ Wasser einschließlich Nebenkosten 46 € bezahlen. Wie viel zahlt ein anderer Hausbewohner für 25 m³ Wasser?

38 Bei einer Durchschnittsgeschwindigkeit von 120 $\frac{km}{h}$ benötigt Herr Meyer für die Strecke Nürnberg–Lübeck $5\frac{1}{2}$ Stunden. Wie lange benötigt ein Lkw mit einer Durchschnittsgeschwindigkeit von 80 $\frac{km}{h}$ für die gleiche Strecke?

39 Herr Bleistein hat 15 m² Wandfläche in seinem Bad gekachelt und dafür insgesamt 675 Kacheln benötigt. In der Küche möchte er auf einer insgesamt 4 m² großen Wandfläche die gleiche Kachelsorte verwenden.

40 150 Taschenrechner kosten 1 723,50 €. Die Klasse 9c hat 28 Taschenrechner bestellt. Wie viel muss Klasse 9c bezahlen?

41 Der Futtervorrat einer Hundepension reicht 21 Tage für 15 Hunde. Wie lange reicht er für 18 Hunde?

Auf dem Weg in die Berufswelt

VI Flächen- und Körperberechnungen

42 Ein Rechteck ist 90 m lang und 55 m breit. Berechne den Flächeninhalt und gib den Umfang an.

43 Der Umfang eines Rechtecks beträgt 28 cm und die Breite 6 cm. Bestimme die Länge und den Flächeninhalt des Rechtecks.

44 Eine quadratische Fläche hat eine Größe von 4 ha.
a) Wie viel m^2 sind das?
b) Gib die Seitenlänge in m an.

45 Eine rechteckige Fläche, die 3,5 m lang und 2,8 m breit ist, soll mit quadratischen Fliesen ausgelegt werden.
a) Wie viel cm^2 hat die Rechteckfläche?
b) Wie viele Fliesen braucht man, wenn jede Fliese 49 cm^2 groß ist?

46 Ein Kreis hat einen Radius von 3 cm. Berechne den Umfang und die Fläche des Kreises.

47 Ein 5 m langes und 3 m breites quaderförmiges Schwimmbecken enthält 30 000 ℓ Wasser.
a) Rechne die Wassermenge in m^3 um.
b) Wie hoch steht das Wasser im Becken?

48 Ein zylinderförmiges Glas hat einen Durchmesser von 6 cm und ist 7 cm hoch.
a) Berechne das Volumen des Glases.
b) Wie lang muss ein Strohhalm mindestens sein, damit er aus dem Glas herausragt und man gut aus ihm trinken kann?

49 Welcher Körper hat das größere Volumen?
a) Quader mit $a = 3$ cm, $b = 4$ cm und $c = 5$ cm oder Würfel mit $a = 4$ cm
b) Zylinder mit $d = h = 10$ cm oder Würfel mit $a = 10$ cm
c) Pyramide mit quadratischer Grundfläche und $a = h = 5$ cm oder Kegel mit $d = h = 6$ cm

VII Algebra

50 Vereinfache.
a) $7x + 12 - 5x + 23$
b) $4a - 5b + 12a - 9b - 10a$
c) $7(3x - 12)$
d) $(3a + 10)(3a - 7)$
e) $2(3x + 5) + 3(7 - 8x)$
f) $8x - (3x + 9) + 4(5x - 13)$
g) $(3x + 4)(4x - 8)$

51 Löse die folgenden Gleichungen.
a) $x + 12 = 3x + 8$
b) $7t - 9 = 4t + 15$
c) $y - 11 - 10y = 29 - 7y$
d) $\frac{1}{4}v + 7 = \frac{1}{3}v + 6$
e) $2s + 5 - (s + 3) = 11$
f) $3(4 - 3x) + 112 = -5(x - 8)$

52 Die Summe aus dem Siebenfachen einer Zahl und 5 und ist –37. Wie heißt die Zahl?

53 Die Summe von drei Zahlen ist 357. Die erste Zahl ist doppelt so groß wie die zweite Zahl. Die dritte Zahl ist halb so groß wie die zweite Zahl. Wie lauten die drei Zahlen?

54 Addiere zu einer Zahl 5, multipliziere die Summe mit 2 und subtrahiere von diesem Produkt 16, so erhältst du ebenso viel, als wenn du von der Zahl 12 subtrahierst und die Differenz verfünffachst. Wie lautet die Zahl?

55 Robert ist 13 Jahr älter als Enno. Zusammen sind sie 35 Jahre alt. Wie alt sind beide?

56 Mutter, Vater und Sohn sind zusammen 86 Jahre alt. Die Mutter ist 3-mal so alt wie ihr Sohn. Der Sohn ist 26 Jahre jünger als der Vater.
a) Wie alt ist der Sohn?
b) Wie alt sind der Vater und die Mutter?

57 Ein 2 m langes Brett soll in die gleiche Anzahl von Brettchen mit je 1 cm, 2 cm und 5 cm Länge zersägt werden.
a) Wie viele Brettchen gibt es von jeder Sorte?
b) Gib die Gesamtzahl der Brettchen an.

HINWEIS
Weitere Aufgaben zu den Bereichen dieser Seite findest du in den Büchern „Zahlen und Größen NRW (ZAG)" 6, 7, 8 und 9:
▶ *Flächen- und Körperberechnung, ZAG 6 ab Seite 73, ZAG 8 ab Seite 71 und ZAG 9 ab den Seiten 109 und 133*
▶ *Algebra, ZAG 7 ab Seite 167 und ZAG 8 ab den Seiten 5 und 37*

Auf dem Weg in die Berufswelt

HINWEIS
Weitere Aufgaben zu den Bereichen dieser Seite findest du in den Büchern „Zahlen und Größen NRW (ZAG)" 5, 7 und 8:
► Algebra, ZAG 7 ab Seite 167 und ZAG 8 ab den Seiten 5 und 37
► Ergebnisse Schätzen, ZAG 5 ab Seite 35
► Zahlenfolgen und Figurenreihen, ZAG 5 ab Seite 23

58 Eine 40 m² große Terrasse wird mit quadratischen Platten mit 20 cm Länge ausgelegt. Wie viele Platten sind nötig?

59 Drei Personen teilen sich 3 360 € im Verhältnis 3 : 4 : 5. Die Gesamtsumme wird zunächst in 12 Teile geteilt. Person A erhält 3 Anteile, Person B 4 Anteile und Person C 5 Anteile.
a) Wie viel Euro beträgt ein Anteil?
b) Wie viel Euro erhält Person C?

60 In einem Dreieck ist der Winkel β um 60° größer als der Winkel α. Der Winkel γ ist 4-mal so groß wie der Winkel α.
a) Wie groß ist der Winkel α?
b) Wie groß ist der Winkel β bzw. γ?

61 Löse die folgenden Gleichungssysteme.
a) $y = 7x - 21$
   $y = 4x - 12$
b) $x + y = 19$
   $y = x + 1$
c) $2x + 2y = 8$
   $-2x + 3y = 12$
d) $2x + y = -1$
   $8x + 4y = 7$

Verarbeitungskapazität

VIII Ergebnisse schätzen

62 Finde das Ergebnis durch Schätzen oder durch einfache rechnerische Überlegungen.
a) 794 + 559
   ① 1293 ② 1243
   ③ 1343 ④ 1353
b) 18 035 − 8 233
   ① 9 802 ② 9 808
   ③ 10 802 ④ 10 808
c) 98 · 3 587
   ① 3 526 ② 35 126
   ③ 351 526 ④ 3 515 126
d) 3 796 : 4
   ① 949   ② 949,5
   ③ 824   ④ 824,5

63 Finde das Ergebnis durch Schätzen.
a) 3 596 + 3 654 + 3 584
   ① 9 834 ② 9 837
   ③ 10 834 ④ 10 837
b) 245 · 23 + 245 · 77
   ① 24 500 ② 24 523
   ③ 245 100 ④ 2 452 377
c) $\sqrt{39\,204}$
   ① 98   ② 198
   ③ 1098   ④ 10 098
d) 9 · 10 · 11 · 12 · 13
   ① 1 540   ② 15 440
   ③ 154 440 ④ 1 544 440
e) $\frac{120}{4} \cdot \frac{330}{3}$
   ① $\frac{3\,960}{12}$ ② $\frac{3\,300}{3}$ ③ 3 300 ④ $\frac{13\,200}{4}$

64 Schätze die Ergebnisse der folgenden Aufgaben unter Verwendung runder Zahlen.
a) 345 · 28
b) 52 100 · 0,04
c) 0,045 · 0,24
d) 1144 : 52
e) 489,3 : 0,028
f) 0,28 : 0,039

65 Schätze die Ergebnisse unter Verwendung runder Zahlen.
a) Ein Flug über 4 900 km dauerte 6,5 h. Wie viel km wurden pro Stunde ungefähr zurückgelegt?
b) Die Miete für ein Restaurant beträgt 20,50 € pro m². Schätze die ungefähre Höhe der Miete bei 110 m².
c) 30 Flaschen einer bestimmten Weinsorte kosten 177 €. Wie viel Flaschen der gleichen Weinsorte erhält man ungefähr für 500 Euro?

IX Zahlenfolgen und Figurenreihen

66 Ergänze die fehlende Zahl in der Folge.
a) 12, 17, 22, 27, ___
b) 12, 13, 15, 18, 22, ___
c) 16, 12, 17, 13, 18, ___
d) 19, 17, 20, 16, 21, 15, ___
e) 3, 8, 15, 24, 35, ___
f) 5, 3, 6, 3, 9, 5, ___
g) 1, 4, 9, 16, ___
h) 5, 6, 11, 17, 28, ___

Auf dem Weg in die Berufswelt

67 Eines der fünf Zeichen passt nicht in die Zeichenfolge. Gib den Buchstaben an.

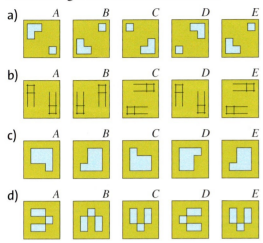

71 In der Zeichnung befindet sich links die perspektivische Darstellung eines Körpers und rechts daneben das zugehörige Netz. Ordne jeder mit einer Zahl gekennzeichneten Kante (Schwarz) oder Fläche (Rot) des Körpers den entsprechenden Buchstaben im Netz zu.

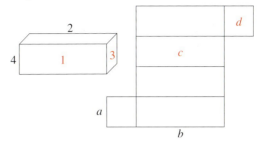

HINWEIS
Weitere Aufgaben zu den Bereichen dieser Seite findest du in den Büchern „Zahlen und Größen NRW (ZAG)" 5, 7 und 8:
▸ *Zahlenfolgen und Figurenreihen, ZAG 5 ab Seite 23*
▸ *Kopfgeometrie, ZAG 7 ab Seite 119 und ZAG 9 ab Seite 153*

68 Ergänze passend zu der jeweiligen Reihe die fünfte Figur.

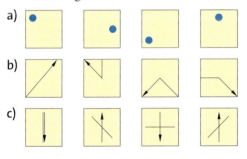

X Kopfgeometrie

69 Welcher der vier Körper kann aus der Faltvorlage rechts gebildet werden?

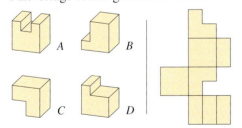

70 Wie viele Flächen hat der gezeichnete Körper? Zähle auch die nicht sichtbaren Flächen mit.

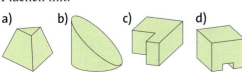

72 Alle Würfel haben die gleichen 6 verschiedenen Zeichnungen auf ihren Würfelseiten. Diese sind in unterschiedlicher Lage auf jedem der vier Würfel zu finden.

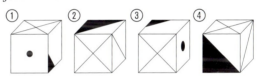

Die folgenden Würfel entsprechen jeweils einem Würfel oben in veränderter Lage. Ordne zu.

73 Von welcher Seite aus wird die Figur jeweils betrachtet? Gib den Buchstaben an.

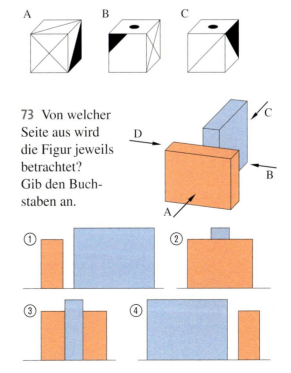

Auf dem Weg in die Berufswelt

Test

HINWEIS
Bei diesem Test wird – wie beim richtigen Einstellungstest auch – der mathematische Bereich nicht mehr angegeben, damit man beim Lösen der Aufgabe keine Vorinformationen hat.

182-1

BEACHTE
Die Aufgaben können unter dem Webcode auch als Arbeitsblatt ausgedruckt werden. So können sie anschließend direkt korrigiert werden.

1 Berechne.
a) 358 401 + 58 942
b) 59 602 − 5 897
c) 1 582 + 5 407 + 418 + 93
d) 2 305 · 6 187
e) 210 126 : 6
f) 65 042 : 17
g) 13 + 7 · 3
h) 139 − (39 + 25)

2 Die 306 Schülerinnen und Schüler sowie 8 Lehrer einer Gesamtschule wollen ein Theaterstück besuchen.
In einem Bus können 52 Personen transportiert werden. Wie viele Busse müssen bestellt werden?

3 Rechne in die angegebene Einheit um.
a) 12 cm (mm)   b) 800 cm (dm)
c) 3,5 km (m)   d) 150 m (km)
e) 6 000 kg (t)   f) 450 g (kg)
g) 7 t 50 kg (kg)   h) 3 kg 50 g (kg)
i) 7 € 4 ct (€)   j) 2 € (ct)
k) 7 min (s)   l) 540 min (h)
m) 1 h (s)   n) 0,6 h (min)

4 Berechne und kürze das Ergebnis, falls dies möglich ist.
a) $\frac{5}{11} + \frac{3}{11}$ b) $\frac{5}{9} - \frac{2}{9}$
c) $\frac{5}{12} + \frac{1}{6}$ d) $8\frac{1}{2} - 5\frac{1}{6}$
e) $\frac{5}{6} + \frac{3}{8}$ f) $3\frac{3}{4} - 1\frac{7}{8}$
g) $\frac{3}{5} \cdot \frac{2}{7}$ h) $\frac{3}{4} \cdot 6$
i) $\frac{9}{14} \cdot \frac{7}{36}$ j) $1\frac{2}{3} \cdot 1\frac{4}{5}$
k) $\frac{6}{11} : 3$ l) $12 : \frac{3}{4}$
m) $\frac{1}{4} : \frac{3}{8}$ n) $2\frac{5}{11} : 1\frac{4}{5}$

5 Berechne.
a) 18,36 + 16,4
b) 3,572 + 0,28
c) 2 − 0,24
d) 7,654 − 4,567
e) 4,25 · 0,87
f) 8,99 · 12
g) 16,92 : 3
h) 1,221 : 0,6

6 Ergänze die fehlenden Zahlen in den Zahlenfolgen.
a) 57, 61, 65, 69, ___, ___, ___
b) 76, 73, 70, 67, ___, ___, ___
c) 10, 7, 14, 11, 22, ___, ___, ___
d) 13, 15, 19, 25, 33, ___, ___, ___
e) 5, 15, 7, 21, 13, ___, ___, ___
f) 3, 5, 8, 13, 21, 34, ___, ___, ___

7 Bestimme die fehlenden Werte.

	p %	G	W
a)	50 %	700 €	
b)	9 %	600 kg	
c)	56 %	1 350 m	
d)		80 Schüler	20 Schüler
e)		300 €	12 €
f)	5 %		13 t
g)	34 %		85 Stück

8 Herr Wassenberg hat 8 000 € mit einem Zinssatz von 4,5 % bei einer Bank angelegt.
a) Berechne die Zinsen für ein Jahr.
b) Wie hoch sind die Zinsen im Folgejahr? Berücksichtige den Zinseszinseffekt.

9 Bei der Bürgermeisterwahl erhielt Herr Knickfeld 53 % der Stimmen. Damit wurde er von 9 858 Bürgern gewählt.
a) Wie viele Bürger haben bei der Wahl ihre Stimme abgegeben?
b) Gegenkandidat Mittermayer erhielt 5 896 Stimmen. Berechne den Prozentsatz.

10 Ein quaderförmiges Aquarium ist 50 cm lang, 30 cm breit und 40 cm hoch.
a) Berechne das Volumen des Aquariums. Gib das Fassungsvermögen in Liter an.
b) Das Aquarium ist zu 95 % mit Wasser gefüllt. Wie viel Wasser ist enthalten?

11 Ein Landwirt besitzt ein rechteckiges Feld. Das Feld hat einen Flächeninhalt von 27 000 m² und ist 300 m lang.
a) Wie breit ist das Feld?
b) Eine Anlage bewässert 21 000 m² des Feldes. Wie viel Prozent sind das?

Auf dem Weg in die Berufswelt

12 Bei Bäckermeister Reffeling kostet ein Brötchen 0,24 €. 10 Brötchen verkauft er zum Sonderpreis von 2,10 €.
a) Mona kauft drei Brötchen. Wie viel Geld muss sie bezahlen?
b) Mona zahlt mit einer 1-€-Münze. Wie viel Geld erhält sie von der Verkäuferin zurück?
c) Herr Kleinen hat für 5,40 € Brötchen gekauft. Wie viele Brötchen hat er dafür erhalten?

13 An einer Großbaustelle sind 15 Arbeiter für ein Unternehmen tätig. Der Chef schätzt, dass die Arbeiten in 21 Tagen erledigt sind. Wie viele Arbeiter muss er an der Baustelle beschäftigen, wenn die Arbeit in 14 Tagen beendet sein muss?
Runde das Ergebnis sinnvoll.

14 Ein Kreis hat einen Umfang von 94,25 cm.
a) Berechne seinen Radius.
b) Bestimme den Flächeninhalt des Kreises.
c) Besitzt ein Kreis mit doppeltem Radius den doppelten Umfang (den doppelten Flächeninhalt)?

15 Ein Dreieck hat die Seitenlängen $a = 14$ cm, $b = 11,5$ cm und $c = 8$ cm. Ist das Dreieck rechtwinklig? Begründe deine Meinung.

16 Löse die folgenden Gleichungen.
a) $15x + 48 = 20x - 12$
b) $3(4x + 6) = 2(8x - 3)$
c) $5x - (6 - 3x) = 18$

17 Ein Hotel hat 42 Zimmer. In Einzel- und Doppelzimmern stehen insgesamt 66 Betten. Wie viele Einzel- und wie viele Doppelzimmer hat das Hotel?

18 Inas Vater ist drei Jahre älter als ihre Mutter. Zusammen sind sie 99 Jahre alt. Bestimme das Alter von Inas Vater.

19 Ein Ehepaar ist zusammen 80 Jahre alt. Der Mann ist 4 Jahre älter als die Frau.

20 Finde das Ergebnis durch Schätzen.
a) $1895 + 5865 + 3584$
  ① 9 344   ② 9 345
  ③ 11 344 ④ 11 345
b) $7215 - 217$
  ① 6 992   ② 6 998
  ③ 7 002   ④ 7 008
c) $17 \cdot 45 - 7 \cdot 45$
  ① 100   ② 450
  ③ 1 045   ④ 1 450
d) $997 \cdot 1002$
  ① 8 994   ② 98 994
  ③ 998 994 ④ 9 998 994

21 Eines der fünf Zeichen passt nicht in die Zeichenfolge. Gib dessen Buchstaben an.
a)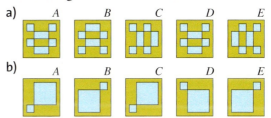
b)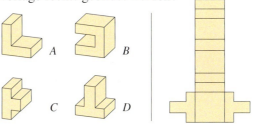

22 Welcher der vier Körper kann aus der Faltvorlage rechts gebildet werden?

23 Wie viele Flächen hat der gezeichnete Körper? Zähle auch die nicht sichtbaren Flächen mit.
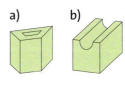

24 Welche drei Figuren sind gleich?
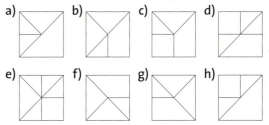

Lineare Funktionen

a

1
a) $g: y = 2x - 3$

x	-3	-2	-1	0	1	2	3
y	-9	-7	-5	-3	-1	1	3

b) $h: y = -2x + 3$

x	-3	-2	-1	0	1	2	3
y	9	7	5	3	1	-1	-3

2

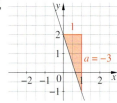

3
a)

x	0	1	2	3	4	5	6
y	2,2	1,9	1,6	1,3	1	0,7	0,4

b) $f(x) = 2,2 - 0,3x$
c) $f(3,5) = 1,15$.
   Das Wasser steht 1,15 m hoch.
d) Es dauert 7 Stunden und 20 Minuten.

4
a) Man muss 235 € bezahlen.
b) Er hat 105 m³ verbraucht.

5
a) $P(-1|-5)$,
   $Q(2,5|2)$
b)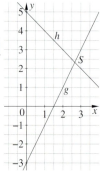

b

1

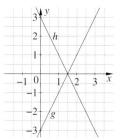

2

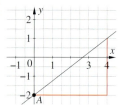

3
a)

x	0	1	2	3	4	5	6
y	2,5	2,1	1,7	1,3	0,9	0,5	0,1

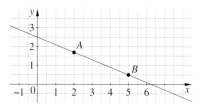

b) $f(x) = 2,5 - 0,4x$
c) Der Wasserstand betrug 2,50 m.
d) Es dauert 6 h 15 min.

4
a) Tarif B ist billiger, denn man zahlt nur 220 €. Bei Tarif A sind es 227 €.
b) Bei einem Verbrauch von 50 m³ zahlt man bei beiden Tarifen den gleichen Betrag.

5
a) Nullstelle von $g(x)$: $N(-0,5|0)$;
   Nullstelle von $h(x)$: $N(-1,5|0)$
b)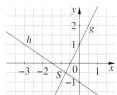
c) $S(-0,75|-0,5)$

■ Ähnlichkeit

a | b

1 Folgende Figuren sind zueinander ähnlich:
4 und 16; 5 und 15; 6 und 8 10 und 12; 11 und 14

2
a) Zwei Figuren heißen zueinander ähnlich, wenn sie durch maßstäbliches Vergrößern oder Verkleinern auseinander hervorgehen.
b) Zwei Dreiecke sind zueinander ähnlich, wenn sie in der Größe von zwei Winkeln übereinstimmen.

3
Die neuen Maße sind:
a) $a = 4\,\text{cm}$, $b = 6\,\text{cm}$
b) $a = 1{,}5\,\text{cm}$, $b = 1\,\text{cm}$

3
Die neuen Maße sind:
a) $a = 6\,\text{cm}$, $b = 4{,}5\,\text{cm}$
b) $a = 2{,}4\,\text{cm}$, $b = 1{,}6\,\text{cm}$

4
individuell verschieden. Wichtig ist bei ähnlichen Dreiecken, dass die Winkelgrößen gleich bleiben und sich nur die Seitenlängen unterscheiden.

5
a) Das Original hat eine Höhe von 1,70 m.
b) Das Modell hat eine Länge von 12,8 cm.
c) Das Modellauto wäre im Maßstab 1:50 gebaut worden.

5
a) $\frac{168}{161} = \frac{x}{96}$
  $x = 100{,}17\,\text{m}$
b) $3 \cdot 100{,}17 = 300{,}52\,\text{m}$

Pythagoras

a

b

1
a) 10 b) 0 c) 2,06 d) 1,206 e) 5 f) 0,6

2
a) $c \approx 18{,}36\,\text{cm}$ b) $a \approx 10{,}78\,\text{cm}$ c) $b \approx 7{,}38\,\text{cm}$

3
Die Diagonale e hat die Länge $\sqrt{65}\,\text{cm} \approx 8{,}06\,\text{cm}$.

4
$\sqrt{75^2 - 15^2} \approx 73{,}48$
Die Seile wurden in 73,48 m Höhe befestigt.

5
$\sqrt{80^2 + 18^2} = 82$
Das Seil ist 82 m lang.

6
$\sqrt{4{,}85^2 - 2{,}575^2} \approx 4{,}11$
Der Graben ist 4,11 m tief.

7
a) Die Flächendiagonale e ist $\sqrt{2a^2} \approx 12{,}73\,\text{cm}$ lang.
b) Die Raumdiagonale d ist $\sqrt{e^2 + a^2} \approx 15{,}59\,\text{cm}$ lang.

3
Die Seitenlänge beträgt $a = \sqrt{\frac{450}{2}}\,\text{cm} = 15\,\text{cm}$.
Der Flächeninhalt ist $A = a^2 = 225\,\text{cm}^2$.

4
$\sqrt{(r + 12{,}70)^2} \approx 12{,}72$
Miriam kann 12,72 km weit sehen.

5
Das Seil ist 104,9 m lang.

6
Das Bruchstück ist etwa 2,79 m lang, also ist die Bruchstelle in Höhe von etwa 1,71 m.

7
a) Die Kante a ist etwa 12,99 cm lang.
b) Da $e = \sqrt{2a^2}$ und $d^2 = e^2 + a^2$, gilt auch $d^2 = 3a^2$ und somit $d = a\sqrt{3}$.

■ Vom Vieleck zum Kreis

a

1
a) Falsch, die Summe beträgt 540°.
b) Wahr, denn $\frac{540°}{5} = 108°$.

2

	r	d	u	A
a)	6 cm	12 cm	37,7 cm	113,1 cm²
b)	3 dm	6 dm	18,85 dm	28,27 dm²
c)	111 m	222 m	697,4 m	38 708 m²
d)	22 m	44 m	138,23 m	1 520,5 m²
e)	4,5 cm	9 cm	28,27 cm	63,62 cm²
f)	3,25 dm	6,5 dm	20,42 dm	33,18 dm²

3 $r = 2,39$ m, $F = 17,95$ m²

4
a) $A = 28,56$ m² $- 6,93$ m² $= 21,63$ m²
   $u = 2 \cdot 6,8$ m $+ 4,2$ m $+ 2,1$ m $\cdot \pi \approx 24,4$ m
b) $A = 1\,236,24$ m² $+ 2\,884,26$ m² $= 4\,120,5$ m²
   $u = 2 \cdot 20,4$ m $+ 2 \cdot \pi \cdot 30,3$ m $\approx 231,2$ m

5

	r	α	b
a)	9 cm	90°	14,14 cm
b)	5 cm	72°	6,3 cm
c)	4 cm	269,3°	18,8 cm
d)	5 cm	180°	15,71 cm
e)	5,39 cm	135°	12,7 cm

b

1
a) Wahr, denn $\frac{360°}{8} = 45°$.
b) Wahr, da ein Neuneck 1 260° hat und $\frac{1260°}{9} = 140°$.

3 $r = 50$ km

4
a) $A = 100,8$ cm² $- 6,6$ cm² $= 94,19$ cm²
   $u = 12$ cm $+ 8,4$ cm $+ 6,5$ cm $+ 2,9$ cm
   $+ \frac{1}{2} \cdot \pi \cdot 5,5$ cm
   $\approx 36,96$ cm
b) $A = 2\,048$ cm² $+ 320$ cm² $+ 2\,770,88$ cm²
   $= 5\,138,88$ mm² $= 51,39$ cm²
   $u = 64$ cm $+ 32$ cm $+ 42$ cm $\cdot \pi + 37,7$ cm
   $\approx 265,6$ cm

5

	r	α	b	A
a)	7 cm	45°	5,5 cm	19,24 cm²
b)	9 cm	72°	11,3 cm	50,9 cm²
c)	6 m	40,11°	4,2 cm	12,6 m²
d)	6,74 cm	85°	10 cm	142,72 cm²
e)	4,5 cm	76,39°	6 cm	63,62 cm²

Zylinder

a

1

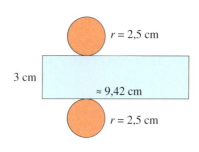

b

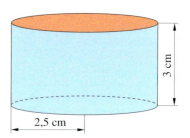

2
a) $A_M = 201{,}06\,\text{cm}^2$, $A_O = 301{,}59\,\text{cm}^2$
b) $A_M = 15{,}08\,\text{dm}^2$, $A_O = 21{,}36\,\text{dm}^2$
c) $A_M = 43{,}98\,\text{m}^2$, $A_O = 69{,}12\,\text{m}^2$

2
a) $A_M = 2412{,}74\,\text{cm}^2$, $A_O = 8846{,}73\,\text{cm}^2$
b) $A_M = 43{,}98\,\text{cm}^2$, $A_O = 63{,}22\,\text{cm}^2$
c) $A_M = 28{,}59\,\text{m}^2$, $A_O = 105{,}56\,\text{m}^2$

3
$d = 10\,\text{cm} \geq r = 5\,\text{cm}$, $h = 12\,\text{cm}$
$A_O = 2 \cdot \pi \cdot 5 \cdot (5 + 12)\,\text{cm}^2 = 534{,}07\,\text{cm}^2$

3
$A_O = 559{,}53\,\text{cm}^2$, 15 % von A_O sind
$83{,}93\,\text{cm}^2$, also $643{,}46\,\text{cm}^2$ benötigt.

4
a) Im Maßstab 1:25 sind die Maße $h = 11{,}2\,\text{cm}$, $d = 4\,\text{cm}$.
b) $A_M = 2 \cdot \pi \cdot 0{,}5 \cdot 2{,}8 = 8{,}8\,\text{m}^2$
c) $A = 0{,}841\,\text{m} \cdot 0{,}595\,\text{m} = 0{,}5\,\text{m}^2$, $A_M : A = 17{,}6$
   Theoretisch passen also 17 Plakate auf die Litfaßsäule, aber dabei werden die Abmessungen der Plakate noch nicht berücksichtigt.
   Hochkant passen $3 \cdot 4 = 12$ Plakate. Quer passen $5 \cdot 3 = 15$ Plakate.

5
a) $V = \pi \cdot 5^2 \cdot 8\,\text{cm}^3 = 628{,}32\,\text{cm}^3$
b) $V = \pi \cdot 40^2 \cdot 30\,\text{cm}^3 = 150796\,\text{cm}^3$

5
a) $V = \pi \cdot 16^2 \cdot 14\,\text{cm}^3 = 11259{,}47\,\text{cm}^3$
b) $V = \pi \cdot 9^2 \cdot 7{,}5\,\text{cm}^3 = 1908{,}52\,\text{cm}^3$

6
a) $m = \pi \cdot 3^2 \cdot 6 \cdot 7{,}4\,\text{g} = 1255{,}4\,\text{g}$
b) $m = \pi \cdot 10^2 \cdot 250 \cdot 7{,}4\,\text{g} = 581{,}2\,\text{kg}$

6
$r_i = 20\,\text{mm}$, $r_a = 25\,\text{mm}$, $h = 10000\,\text{mm}$
  $\geq m = 79{,}85\,\text{kg}$

7
a) $V = 231{,}22\,\text{cm}^3$, $A_O = 624{,}3\,\text{cm}^2$
b) $V = 175{,}21\,\text{cm}^3$, $A_O = 1195\,\text{cm}^2$

7
a) $V = 193{,}96\,\text{cm}^3$, $A_O = 581{,}89\,\text{cm}^2$
b) $V = 65{,}97\,\text{cm}^3$, $A_O = 446{,}42\,\text{cm}^2$

8
$m = 4239{,}37\,\text{g} = 4{,}24\,\text{kg}$

9
a) Zeichnung siehe Buch. b) $V_Q = 147\,\text{cm}^3$, $V_Z = 11\,\text{cm}^3$, $V = 136\,\text{cm}^3$
c) $m = 136 \cdot 2{,}72\,\text{g} = 369{,}92\,\text{g}$

Pyramide, Kegel, Kugel

a

1
Der Oberflächeninhalt beträgt etwa 65 cm², die Höhe 3,1 cm und das Volumen beträgt etwa 26 cm³.

2
Der Oberflächeninhalt beträgt etwa 35,34 dm²; das Volumen beträgt etwa 13,69 dm³.

3
Der Oberflächeninhalt beträgt etwa 17 203,36 mm²; das Volumen beträgt etwa 212 174,8 mm³.

4
Individuelle Zeichnung.

5
a) Das Volumen beträgt 276 cm³.
b) Die Mantelfläche beträgt etwa 69,97 cm².

6
a) Der Radius beträgt etwa 2,31 cm.
b) Der Radius würde etwa 1,84 cm betragen.

7
$V \approx 8\,181,23\,cm^3$
$m \approx 22\,089\,g \approx 22\,kg$

b

1
Der Oberflächeninhalt beträgt etwa 52,66 cm², h_a ist etwa 4,58 cm lang, h_K etwa 4,1 cm und das Volumen beträgt etwa 22 cm³.

2
Der Oberflächeninhalt beträgt etwa 46,40 cm², das Volumen etwa 20,94 cm³.

3
a) Der Radius beträgt etwa 4,15 cm.
b) Der Oberflächeninhalt beträgt 216,72 cm².

4
Individuelle Zeichnung.

5
Der Körper besteht aus einem Kreiskegel und einem Prisma.
$V = 10,28\,cm^3$
$A_O = 39,05\,cm^2$

Lösungen zum Training

Seite 166   Lineare Funktionen

1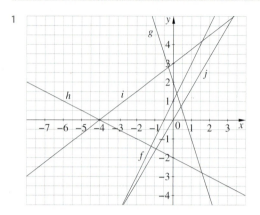

2 $f(x) = -\frac{3}{4}x + 1$, $g(x) = 2x + 2$,
  $h(x) = \frac{1}{4}x$, $k(x) = \frac{1}{2}x - 3$,
  $m(x) = -\frac{1}{3}x - 2$

3 a) $f(x) = \frac{1}{2}x + 1$ b) $f(x) = -3x$
  c) $f(x) = \frac{3}{4}x - 1,5$ d) $f(x) = -\frac{1}{3}x + 3\frac{1}{3}$
  e) $f(x) = \frac{1}{2}x - 1/2$ f) $f(x) = -x + 4$

4 a) Nach 12 Tagen ist sie 29,8 cm hoch.
  b) Nach ca. 63 Tagen ist sie doppelt so hoch.
  c) Sie war zu Beginn der Beobachtung 16 cm hoch.

5 a) P und R liegen auf dem Graphen.
  b) $A(-2|22)$, $B(7|4)$, $C(3|12)$, $D(3,5|11)$
  c) Nullstelle $N(9|0)$,
     Schnittpunkt mit der y-Achse: $S(0|18)$

6 a)

Strecke (in km)	5	10	15	20	25	30
Tagestarif (in €)	9,3	16,3	23,3	30,3	37,3	44,3
Nachtarif (in €)	9,8	17,3	24,8	32,3	39,8	47,3

  b) Tagestarif: $f(x) = 1,4x + 2,3$,
     Nachttarif: $g(x) = 1,5x + 2,3$
  c) Er muss 27,50 € zahlen.
  d) Sie ist 21 km weit gefahren.

7 a) Fahrschule A: $30 \cdot 31 € \cdot 185 € = 1\,115\,€$
     Fahrschule B: $30 \cdot 29 € \cdot 250 € = 1\,120\,€$
     Er sollte Fahrschule A wählen, da er dort 1 115 € bezahlt und bei Fahrschule B 1 120 €.
  b) Er hatte 26 Fahrstunden.
  c) Nein, denn die Gleichungen $1\,000 = 185 + 31x$ bzw. $1\,000 = 250 + 29x$ haben keine ganzzahligen Lösungen.

Seite 167   Ähnlichkeit

1 a) Maßstab 1 : 2

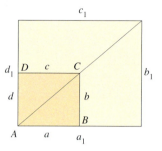

b) Maßstab 1 : 2   c) Maßstab 1 : 2

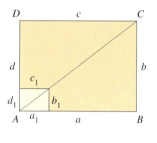   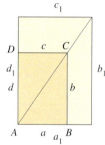

2 $k = 1,5$; $x = 4,5$

3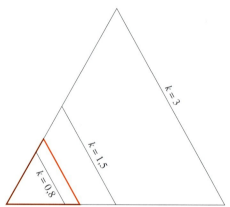

4 individuell verschieden

5 a) Der Zug ist in Originalgröße 665,55 m lang.
  b) $7\,353\,m : 87 \approx 84,52\,m$
     Der Zug wäre als H0-Modell 84,52 m lang.

6 individuell verschieden

7 Es gibt verschiedenen Streckzentren.
  a)

Streckzentrum	Punkt → Bildpunkt
A	$N \to S_1$, $C, F \to L$, $M_2 \to M_1$, $T \to M$, $M \to B$
B	$O \to S_2$, $C, G \to K$, $M_2 \to M_1$, $N \to M$, $M \to A$
M	$T \to A$, $P \to S_1$, $N \to B$, $Q \to S_2$

  b) individuell verschieden
  c) individuell verschieden

Seite 168 Pythagoras

1 Alle Dezimalbrüche von 44,3 bis 45,5 ergeben beim Wurzelziehen das gerundete Ergebnis 6,7.

2 a) $15 < \sqrt{250} < 16$ b) $31 < \sqrt{1000} < 32$
   c) $17 < \sqrt{305} < 18$ d) $70 < \sqrt{5000} < 71$

3 ① $x = \sqrt{2^2 + 3^2} = \sqrt{13}$
   ② $x = \sqrt{7^2 - 5^2} = \sqrt{24}$
   ③ $x = \sqrt{3^2 - 2^2} = \sqrt{5}$
   ④ $x = \sqrt{4^2 + 2^2} = \sqrt{20}$ und $y = \sqrt{(\sqrt{20})^2 + 2^2} = \sqrt{24}$

4 a) $c = 10\,\text{cm}$ b) $b = 8\,\text{cm}$ c) $a \approx 8,9\,\text{cm}$
   d) $c = 25\,\text{mm}$ e) $b \approx 8,5\,\text{m}$ f) $a \approx 35,9\,\text{cm}$
   g) $a = 9,6\,\text{cm}$ h) $b = 288\,\text{mm}$

5 a) ja b) ja c) nein d) nein

6 Nein, nur eine Strecke von 36,37 cm.

7 a) $c^2 = f^2 + e^2$ b) $f^2 + g^2 = b^2$
   c) $b^2 = (e+g)^2 - c^2$ d) $a^2 = d^2 + (e+g)^2$
   e) $e = \sqrt{c^2 - f^2}$ f) $d = \sqrt{a^2 - (e+g)^2}$

8 a) $\sqrt{1^2 + 1^2} = \sqrt{2}$; $a = \sqrt{2}\,\text{cm}$
      $\sqrt{(\sqrt{2})^2 + 1^2} = \sqrt{3}$; $b = \sqrt{3}\,\text{cm}$
      $\sqrt{(\sqrt{3})^2 + 1^2} = \sqrt{4}$; $c = \sqrt{4}\,\text{cm}$
      $\sqrt{(\sqrt{4})^2 + 1^2} = \sqrt{5}$; $d = \sqrt{5}\,\text{cm}$
   b) Sie erinnert an ein Schneckenhaus und die Längen der roten Strecken sind Quadratwurzeln natürlicher Zahlen, wobei sich ihr Radikand immer um 1 erhöht.
   c) Zeichenübung; $\sqrt{17}\,\text{cm} \approx 4,1\,\text{cm}$

9 $(\frac{d}{2})^2 = (\frac{\sqrt{50^2 + 50^2}}{2})^2 = \frac{5000}{4} = 1250$
   $\sqrt{h^2 + (\frac{d}{2})^2} = \sqrt{110^2 + 1250} = \sqrt{13350} \approx 115,5$
   Die Schenkel sind 115,5 cm lang.

10 6371 km + 25 m = 6371,025 km
    $\sqrt{6371,025^2 - 6371^2} \approx 17,848$
    Der Kapitän kann 17,848 km weit schauen.

11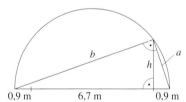

    Es gelten folgende Gleichungen:
    I $a^2 = h^2 + 0,9^2$
    II $b^2 = h^2 + 7,6^2$
    III $8,5^2 = a^2 + b^2$
    I und II einsetzen in III ergibt:
    $8,5^2 = h^2 + 0,9^2 + h^2 + 7,6^2$
    $h^2 = \frac{8,5^2 - 0,9^2 - 7,6^2}{2} = \frac{13,68}{2} = 6,84$
    $h \approx 2,62$
    Auf das Höhenbegrenzungsschild muss eine Höhe von 2,60 m geschrieben werden.

Seite 169 Vom Vieleck zum Kreis

1 a) z. B. Verkehrszeichen „Vorfahrt achten"
   b) z. B. quadratischer Tisch
   c) z. B. Pentagon in Washington
   d) z. B. Stoppschild

2 a) 25,13 cm b) 40,84 mm c) 12,25 dm
   d) 6,28 mm e) 32,67 m f) 42,10 dm

3 a) $u = \frac{3}{4} \cdot 2 \cdot \pi \cdot 7,2\,\text{m} + 2 \cdot 7,2\,\text{m}$
      $= 33,93\,\text{m} + 14,4\,\text{m} = 48,33\,\text{m}$
   b) $s^2 = (7,2\,\text{m})^2 + (7,2\,\text{m})^2 = 103,68\,\text{m}$, also $s = 10,18\,\text{m}$
      $u = 33,93\,\text{m} + 10,18\,\text{m} = 44,11\,\text{m}$

4 a) $d = 3,82\,\text{cm}, r = 1,91\,\text{cm}$
   b) $u = 10\,\text{dm}, d = 3,18\,\text{dm}, r = 1,59\,\text{dm}$
   c) $u = 12\,\text{cm}, d = 3,82\,\text{cm}, r = 1,91\,\text{cm}$
   d) $u = 300\,\text{m}, d = 95,49\,\text{m}, r = 47,75\,\text{m}$
   e) $u = 15\,\text{m}, d = 4,77\,\text{m}, r = 2,39\,\text{m}$

5 a) $A = 69,40\,\text{mm}^2$ b) $A = 19,63\,\text{m}^2$
   c) $A = 12,57\,\text{cm}^2$ d) $A = 12,57\,\text{cm}^2$
   e) $A = 8,04\,\text{dm}^2$ f) $A = 29,22\,\text{km}^2$

6 a) $r = 1,53\,\text{m}$ b) $r = 5,11\,\text{cm}$
   c) $r = 1,49\,\text{ha}$

7 a) $d \approx 16\,\text{cm}, u \approx 50,27\,\text{cm}, A \approx 201,06\,\text{cm}^2$
   b) $r \approx 8,5\,\text{mm}, u \approx 53,41\,\text{mm}, A \approx 226,98\,\text{mm}^2$
   c) $r \approx 0,37\,\text{dm}, d \approx 0,73\,\text{dm}, A \approx 0,42\,\text{dm}^2$
   d) $r \approx 1,26\,\text{km}, d \approx 2,52\,\text{km}, u \approx 7,93\,\text{km}$
   e) $r \approx 79,79\,\text{m}, d \approx 159,58\,\text{m}, u \approx 501,33\,\text{m}$

8 $r \approx 250\,\text{m}, A \approx 196\,350\,\text{m}^2 = 19,635\,\text{ha}$

9 $u \approx 28,90\,\text{m}$ Es sind mehr als 16 Personen nötig.

10 $u = 6 \cdot 70\,\text{cm} = 420\,\text{cm}, d = 133,7\,\text{cm}$

11 Mini: $A = 314,16\,\text{cm}^2$, Maxi: $A = 706,86\,\text{cm}^2$
    Die Fläche der Maxipizza ist mehr als doppelt so groß als die der Minipizza, während der Preis nur um ca. 51 % steigt und nicht einmal um das Doppelte. Bei der Maxipizza bekommt man mehr für sein Geld.

12 a) $b \approx 5,4\,\text{cm}, A \approx 12,8\,\text{cm}^2$
    b) $d \approx 12,8\,\text{m}, \alpha \approx 67,1°$
    c) $d \approx 294,7\,\text{dm}, A \approx 6629,9\,\text{dm}^2$
    d) $d \approx 13,9\,\text{m}, \alpha \approx 160,2°$

13 $A = 1576,33\,\text{m}^2 - 88,25\,\text{m}^2 = 1488,08\,\text{m}^2$
    $1488,08\,\text{m}^2 \cdot 1,15 = 1711,29\,\text{m}^2$ (inkl. Verschnitt)
    $1711,29 \cdot 135\,\text{€} \approx 231\,024,15\,\text{€}$

14 a) $A = 913,6\,\text{cm}^2$
    b) $A = 69,4\,\text{cm}^2$

Seite 170 Zylinder

1 Beispiele: Litfasssäule, Zigarette, Salzstange, …

2 a) Maßstab 1 : 5   b) Maßstab 1 : 5

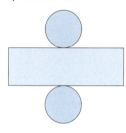 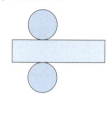

3 $A_M = 78,5\,cm^2$

4 a) $A_O = 377,0\,cm^2$, $V = 549,8\,cm^3$
b) $A_O = 99,0\,m^2$, $V = 74,6\,m^3$
c) $A_O = 3652,1\,cm^2$, $V = 12370,0\,cm^3$
d) $A_O = 115,36\,dm^2$, $V = 339,29\,dm^3$

5 a) $h = 3,0\,cm$, $A_O = 552,9\,cm^2$, $V = 603,2\,cm^3$
b) $h = 9,0\,dm$, $A_M = 113,1\,dm^2$, $V = 113,1\,dm^3$
c) $r = 1,3\,m$, $A_M = 33,5\,m^2$, $A_O = 44,1\,m^2$
d) $h = 17,5\,mm$, $A_M = 4090,4\,mm^2$, $A_O = 12785,3\,mm^2$

6 Nur dann, wenn $2\,r = r^2$ gilt, also wenn $r = 2$ LE beträgt.

7 a) Maßstab 1 : 5   b) Maßstab 1 : 5

8 a) Das Volumen vervierfacht sich.
b) Das Volumen verdoppelt sich.
c) Das Volumen verachtfacht sich.
d) Das Volumen halbiert sich.

9 a) $V = 125,7\,cm^3$
b) $V_{5\text{ Kerzen}} = 628,3\,cm^3$, $h = 12,5\,cm$

10 Beispiele: ① $r = 4\,cm$, $h = 19,89$,
② $r = 5\,cm$, $h = 12,73\,cm$ ③ $r = 6\,cm$, $h = 8,84\,cm$

11 a) Zeichenübung
b) A_O (mit Verschnitt) $= 207,3\,cm^2 \cdot 1,23 \approx 255\,cm^2$
c) $V = 226,2\,cm^3$, also sind $26,2\,cm^3$ nicht gefüllt, das sind $11,6\%$
d) $s = \sqrt{(6\,cm)^2 + (8\,cm)^2} = 10\,cm$
Der Strohhalm sollte also länger als 10 cm sein, damit er nicht in die Dose rutschen kann.

12 a) $V = 53014,38\,cm^3$ b) ca. 37,1 kg

13 a) Ein Stamm wiegt etwa 1583,4 kg.
b) Er darf also maximal 7 (bzw. $7\frac{1}{2}$) Stämme aufladen.

14 a) $V = 659,7\,cm^3$, $A_O = 571,8\,cm^2$
b) $V = 245,2\,m^3$, $A_O = 338,9\,m^2$

Seite 171 Pyramide, Kegel, Kugel

1

	a	s	h	h_a
a)	6 cm	12 cm	**11,2 cm**	**11,6 cm**
b)	**15,8 cm**	**15,1 cm**	10,2 cm	12,9 cm
c)	**11,3 cm**	11,4 cm	**8,1 cm**	9,9 cm
d)	15 cm	**29,0 cm**	**27,0 cm**	28 cm

2 a) $V = 15,4\,m^3$
b) $V = 2508\,cm^3 = 2,508\,dm^3$
c) $V = 160\,cm^3$

3 a) $A_M = 270,56\,cm^2$, $A_O = 349,77\,cm^2$
b) $h_a = 15,18\,m$, $A_M = 437,15\,m^2$, $A_O = 644,51\,m^2$
c) $a = 29,46\,cm$, $A_M = 1119,55\,cm^2$, $A_O = 1987,55\,cm^2$
d) $a = 20\,cm$, $A_M = 512,4\,cm^2$, $A_O = 912,4\,cm^2$

4

	a	b	h	V
a)	58 mm	93 mm	26 mm	**46 748 mm³**
b)	125 cm	244 cm	**13,8 cm**	140 000 cm³
c)	**12,5 m**	12 m	12 m	600 m³
d)	138 dm	**81,5 dm**	167 dm	625 824 dm³

5 a) $V = 583,3\,cm^3$
b) $h = 8,7\,cm$, $V = 226,7\,cm^3$
c) $r = 11,2\,mm$, $V = 1309,0\,mm^3$
d) $h = 32,1\,m$, $V = 6584,0\,m^3$

6 a) $s = 17,7\,cm$, $A_M = 278,3\,cm^2$, $A_O = 356,9\,cm^2$, $V = 445,1\,cm^3$
b) $r = 15\,mm$, $s = 25\,mm$, $A_M = 1178,1\,mm^2$, $A_O = 1885,0\,mm^2$, $V = 4712,4\,mm^3$
c) $r = 11,2\,cm$, $A_M = 526,9\,cm^2$, $A_O = 919,6\,cm^2$, $V = 1309,0\,cm^3$
d) $r = 4\,cm$, $A_M = 113,1\,cm^2$, $A_O = 163,4\,cm^2$, $h = 8,1\,cm$, $V = 135,1\,cm^3$

7 a) $V = 212,2\,cm^3$, $A_O = 172,0\,cm^2$
b) $V = 1098,1\,dm^3$, $A_O = 514,7\,dm^2$

8 a) $d = 30,3\,cm$ b) $d = 1,6\,m$
c) $d = 3,8\,cm$ d) $d = 1,6\,m$

9 a) $A_O = 201,1\,cm^2$
b) $r = 2,8\,cm$
c) $r = 5,7\,cm$

10 $V_{\text{Kugel}} \approx 4188\,cm^3 > V_{\text{Pyramide}} \approx 333\,cm^3 > V_{\text{Kegel}} \approx 262\,cm^3$

11 $\frac{V_{\text{Kegel}}}{V_{\text{Kugel}}} = \frac{\pi \cdot 50^2 \cdot 100}{0,75 \cdot \pi \cdot 1,5^3} = 18\,518,5$

Vom reinen Volumen her würden maximal 18 518 Kugeln hineinpassen, durch Hohlräume sind es aber deutlich weniger Kugeln.

Lösungen zu „Auf dem Weg in die Berufswelt"

Seite 174　　Eingangsdiagnose

Grundkenntnisse

I Grundrechenarten

1. a) 10 238　　b) 517　　c) 332 926
   d) 6 082　　e) 166　　f) 9
   g) −1 365

II Maße und Massen

2. a) 3 cm　　b) 600 m　　c) 7,5 kg
   d) 0,035 t　　e) 130 min　　f) 25 000 cm²
   g) 20 000 mm³

3. a) 1 dm²　　b) 1 cm²

III Brüche und Dezimalbrüche

4. a) $\frac{28}{100} = 0,28$　　b) $\frac{25}{100} = \frac{1}{4}$

5. a) 8/9　　b) 0,95 = 19/20　　c) 1/6
   d) 2,84　　e) 21,35　　f) 1/6

IV Prozentrechnung

6. a) 0,08　　b) 30 %　　c) 80 %

7. a) W = 56 €　　b) W = 120 kg
   c) p % = 28 %　　d) G = 4 000 Schüler
   e) Z = 40 €　　f) G = 15 €
   g) p % = 5 %

V Dreisatz

8. 0,39 € · 3 = 2,34 €　Sechs Hefte kosten 2,34 €.

9. 2,25 € · 3 = 6,75 €　Neun Schokoriegel kosten 6,75 €.

10. 8 h : 2 = 4 h　Zwei Maler benötigen 4 h.

11. 120 $\frac{km}{h}$ · 4 h : 80 $\frac{km}{h}$ = 6 h
    Der LKW benötigt 6 h.

12. 26 · 14,5 € : 25 = 15,08 €.
    Bei 25 Teilnehmern zahlt jeder 15,08 €.

13. 3,5 h · 4 : 5 = 2,8 h = 2 h 48 min
    Fünf Pumpen benötigen 2 h 48 min.

VI Flächen- und Körperberechnungen

14. b = 8,5 cm

15. u = 18,84 cm

16. V = 270 cm³

17. A_O = 600 cm²

18. Das Volumen wird achtmal so groß.

19. Seitenlänge a = b = c = 4 cm; h ≈ 3,5 cm; A ≈ 6,9 cm²

VII Algebra

20. 10a + 3b

21. 17x + 29

22. a) x = 7　　b) x = 2

23. x + 2x = 27; x = 9
    Daniel ist 9 Jahre und Jens ist 18 Jahre alt.

24. 5x − 87 = 43
    x = 26

Verarbeitungskapazität

VIII Ergebnisse Schätzen

25. a) ① 22 115　　b) ② 120
    c) ③ 12 500　　d) ④ 135 000 h

IX Zahlenfolgen und Figurenreihen

26. a) 2, 5, 8, 11, **14**, **17**, **20**
    b) 45, 43, 49, 47, 53, **51**, **57**, **55**
    c) 2, 5, 7, 12, 19, **31**; **50**; **81**
    d) 4, 12, 7, 21, 16, 48, **43**; **129**; **124**
    e)

X Kopfgeometrie

27. Körper A

28. a) Zeichen A　　b) Zeichen D

29. a) Der Körper hat 8 Flächen.
    b) Der Körper hat 16 Flächen.

Lösungen zu „Auf dem Weg in die Berufswelt"

Seite 176   Training

Grundkenntnisse

I Grundrechenarten

1. a) 63 280   b) 40 735
   c) 6 796   d) 146 859
   e) 3 605

2. a) 6 688 598   b) 237 059 620
   c) 92 980 755   d) 756
   e) 2 057   f) 6 501

3. a) −856   b) −1 035
   c) 10 730

4. a) 830   b) 3 500
   c) 20   d) 2 700

5. a) 2 626   b) 5 860
   c) 9 282   d) 21 924
   e) 599   f) −13,5

II Maße und Massen

6. a) 140 cm   b) 146 dm
   c) 7 800 m   d) 0,54 dm
   e) 8,5 kg   f) 2 800 kg
   g) 4 050 g   h) 120 min
   i) 720 s   j) 135 min

7. a) 60 min; 42 min   b) 6 h 40 min

8. a) 200 dm²   b) 60 cm²
   c) 500 000 m²   d) 50 000 m²
   e) 3 000 dm³   f) 2,05 m³
   g) 1,28 ℓ   h) 300 ℓ

III Brüche und Dezimalbrüche

9. a) 0,7   b) 0,47
   c) 0,033   d) 0,5
   e) 0,6   f) 0,48
   g) 0,85   h) 3,14
   i) 12,375

10. a) 2,7   b) 8,61
    c) 1,3   d) 1,55
    e) 54,18   f) 5,4
    g) 2,68   h) 0,508
    i) 3,8   j) 25,19
    k) 7,3   l) 5,32
    m) 36,13   n) 2

11. a) $\frac{6}{7}$ b) $\frac{2}{3}$
    c) $\frac{3}{4}$ d) $\frac{3}{5}$
    e) $\frac{19}{20}$ f) $\frac{23}{36}$
    g) $1\frac{11}{90}$ h) $5\frac{1}{8}$
    i) $\frac{1}{4}$ j) $\frac{1}{6}$
    k) $\frac{1}{6}$ l) $\frac{3}{10}$
    m) $2\frac{17}{24}$ n) $3\frac{2}{3}$
    o) $9\frac{4}{5}$

12. a) $\frac{6}{35}$ b) $\frac{3}{10}$
    c) $\frac{3}{4}$ d) $7\frac{1}{2}$
    e) $8\frac{1}{8}$ f) $17\frac{1}{4}$

13. a) 2   b) $1\frac{3}{5}$
    c) $\frac{14}{15}$ d) $8\frac{13}{145}$
    e) $\frac{18}{25}$ f) $\frac{5}{144}$

14. a) $\frac{3}{5}$ b) $\frac{2}{3}$
    c) $3\frac{3}{5}$ d) $10\frac{10}{13}$

IV Prozentrechnung

15. a) W = 16 kg
    b) W = 30 m
    c) W = 3 000 Stimmen
    d) W = 180 Schüler
    e) W = 237,5 €
    f) W = 3 505,2 ℓ

16. a) p % = 76 %
    b) p % = 32 %
    c) p % = 69 %
    d) p % = 12 %
    e) p % = 20 %
    f) p % = 37,5 %

17. a) G = 32 kg
    b) G = 200 m
    c) G = 175 Punkte
    d) G = 800 Schüler
    e) G = 2 500 €
    f) G = 16 h 40 min

18. Es sind 192 Artikel nicht zu gebrauchen.

19. Ute fehlen noch 80 % des Betrags.

20. a) Die Versicherung zahlt 1 530 €.
    b) Er muss noch 270 € zahlen.

21. a) Der Preis wurde auf 88 % reduziert.
    b) Der Preis ist um 12 % gefallen.

22. Es waren 5 450 Punkte zu erreichen.

23. a) Die Mehrwertsteuer entspricht 89,30 €.
    b) Die Reparatur kostet insgesamt 559,30 €.

24. Vorher mussten 617 € Miete gezahlt werden.

25. Der Mantel kostete vorher 233 €.

26. Sein Sparguthaben betrug 200 €.

27. Das Kapital bringt 135 € Zinsen.

V Dreisatz

28 a) nicht proportional, da man unterschiedlich schnell wächst.
   b) antiproportional, je größer die Schrift desto weniger Zeilen passen auf eine Seite
   c) proportional (soweit es keine Rabatte bei mehreren Kugeln gibt), je mehr Kugeln, desto höher der Preis
   d) antiproportional, je mehr LKW, desto weniger Zeit benötigen sie
   e) proportional, da jede Münze gleich viel wiegt
   f) nicht proportional, da der Zuckergehalt (Anteil des Zuckers im Getränk) nicht steigt sondern gleich bleibt
   g) antiproportional, je mehr Rasenmäher mähen, desto schnelle kann eine Fläche gemäht werden
   h) proportional, je länger die Seite, desto größer der Umfang
   i) antiproportional, je höher die Geschwindigkeit, desto kürzer ist die Fahrt für eine gleich lange Strecke, sofern keine Pausen eingelegt werden

29 individuell verschieden; Beispiele
   a) Je größer der Kreis ist, desto größer ist sein Umfang.
   b) Je größer ein Eimer, desto kleiner die Anzahl der Schüttungen, um eine Badewanne zu füllen.
   c) Verdoppeln sich die verkauften Karten, so verdoppeln sich auch die Einnahmen.
   d) Wenn sich die Anzahl der Arbeiter halbiert, so verdoppelt sich die benötigte Zeit.

30 a) proportional
   b) nicht proportional und nicht antiproportional
   c) nicht proportional und nicht antiproportional
   d) antiproportional
   e) proportional

31 a) falsch
   b) falsch
   c) richtig
   d) richtig

32 a)

x	1	2	3	4	5
y	6	12	18	24	30

b)

x	1	2	3	4	5
y	0,75	1,5	2,25	3	3,75

c)

x	$\frac{1}{2}$	1	$1\frac{1}{2}$	2	$2\frac{1}{2}$
y	4	8	12	16	20

33 a)

x	1	2	3	4	5
y	180	90	60	45	36

b)

x	1	2	3	4	5
y	60	30	20	15	12

c)

x	1	2	4	5	8
y	80	40	20	16	10

34 Ein kg Fleisch kostet 9,80 €.

35 Auf 100 km verbraucht der Pkw 8 ℓ.

36 Die Schrittweite der Tochter beträgt 50 cm.

37 Der andere Hausbewohner zahlt 57,50 €.

38 Ein Lkw benötigt 8 h 15 min.

39 Er benötigt für die Küche 180 Kacheln.

40 Ein Taschenrechner kostet 11,49 €.

41 Für 18 Hunde reicht der Vorrat 17,5 Tage

VI Flächen- und Körperberechnungen

42 $u = 290$ cm; $A = 4950$ cm^2

43 Länge $b = 8$ cm; $A = 48$ cm^2

44 a) $A = 40000$ m^2 b) $a = 200$ m

45 a) $A = 980000$ cm^2 b) Man benötigt 20000 Fliesen.

46 $u \approx 18,85$ cm; $A \approx 28,27$ cm^2

47 a) $V = 30$ m^3 b) 2 m

48 a) $V \approx 197,9$ cm^3 b) Der Strohhalm muss mindestens 9,3 cm lang sein. Günstig wäre z. B. eine Länge von 12 cm.

49 a) Würfel   b) Würfel   c) Kegel

VII Algebra

50 a) $2x + 35$ b) $6a - 14b$
   c) $21x - 84$ d) $9a^2 + 9a - 70$
   e) $-18x + 31$ f) $25x - 61$
   g) $12x^2 - 8x - 32$

51 a) $x = 2$ b) $t = 8$
   c) $y = -20$ d) $v = 12$
   e) $s = 9$ f) $x = 21$

52 $7x + 5 = -37$
   $x = -6$
   Die Zahl heißt -6.

53 $2x + x + \frac{1}{2}x = 357$
   $x = 102$
   Die erste Zahl ist 204, die zweite 102 und die dritte 51.

54 $(x + 5) \cdot 2 - 16 = (x - 12) \cdot 5$
   $x = 18$
   Die gesuchte Zahl ist 18.

55 $x + (x + 13) = 35$;
   $x = 11$
   Enno ist 11 Jahre und Robert ist 24 Jahre alt.

56 a) $3x + x + (x + 26) = 86$
   $x = 12$
   Der Sohn ist 12 Jahre alt.
   b) Der Vater ist 38 Jahre und die Mutter ist 36 Jahr alt.

57 a) $x + 2x + 5x = 200$
   $x = 25$
   Von jeder Sorte erhält man 25 Brettchen.
   b) Es sind insgesamt 75 Brettchen.

58 40 m² = 400 000 cm²
Es sind mindestens 1 000 Platten nötig.

59 a) Ein Anteil beträgt 280 €
b) Person C erhält 1 400 €.

60 a) Der Winkel α hat eine Größe von 20°
b) Die Winkel β und γ haben jeweils eine Größe von 80°.

61 a) x = 3, y = 0   **b)** x = 9, y = 10
c) x = 0, y = 4   **d)** keine Lösung

Verarbeitungskapazität

VIII Ergebnisse schätzen

62 a) ④ 1 353   **b)** ① 9 802
c) ③ 351 526   **d)** ① 949

63 a) ③ 10 834   **b)** ① 24 500
c) ② 198   **d)** ③ 154 440
e) ③ 3 300

64 a) 9 660 ≈ 10 000   **b)** 2 084 ≈ 2 000
c) 0,0108 ≈ 0,01   **d)** 22 ≈ 20
e) 17 475 ≈ 17 000   **f)** 7,179487 ≈ 7

65 a) ca. 750 km/h   **b)** ca. 2 100 €
c) ca. 85 Flaschen

IX Zahlenfolgen und Figurenreihen

66 a) 32   **b)** 27
c) 14   **d)** 22
e) 48   **f)** 20
g) 25   **h)** 45

67 a) E   **b)** B
c) E   **d)** C

68 a)   **b)**   **c)**

X Kopfgeometrie

69 C

70 a) 5   **b)** 8
c) 2   **d)** 10

71 1 – c; 2 – b; 3 – d; 4 – a

72 ① B,
② kann B sein,
③ kann A oder C sein,
④ A, kann auch B oder C sein

73 ① B; ② A; ③ C; ④ D

Seite 182 Test

1. a) 417 343 b) 53 705
   c) 7 500 d) 14 261 035
   e) 35 021 f) 3 826
   g) 34 h) 75

2. Sechs Busse reichen gerade nicht, demnach müssen sieben Busse bestellt werden

3. a) 120 mm b) 80 dm
   c) 3 500 m d) 0,15 km
   e) 6 t f) 0,45 kg
   g) 7 050 kg h) 3,05 kg
   i) 7,04 € j) 200 ct
   k) 420 s l) 9 h
   m) 3 600 s n) 36 min

4. a) $\frac{8}{11}$ b) $\frac{1}{3}$
   c) $\frac{7}{12}$ d) $3\frac{1}{3}$
   e) $1\frac{5}{24}$ f) $1\frac{7}{8}$
   g) $\frac{6}{35}$ h) $4\frac{1}{2}$
   i) $\frac{1}{8}$ j) 3
   k) $\frac{2}{11}$ l) 16
   m) $\frac{2}{3}$ n) $1\frac{4}{11}$

5. a) 34,76 b) 3,852
   c) 1,76 d) 3,087
   e) 3,6975 f) 107,88
   g) 5,64 h) 2,035

6. a) … 73, 77, 81
   b) … 64, 61, 58
   c) … 19, 38, 35
   d) … 43, 55, 69
   e) … 39, 31, 93
   f) … 55, 89, 144

7. a) $W = 350$ €
   b) $W = 54$ kg
   c) $W = 756$ m
   d) $p\% = 25\%$
   e) $p\% = 4\%$
   f) $G = 260$ t
   g) $G = 250$ Stück

8. a) Die Zinsen für ein Jahr betragen 360 €.
   b) Im Folgejahr betragen die Zinsen 376,2 €.

9. a) Es haben 18 600 Bürger ihre Stimme abgegeben.
   b) Gegenkandidat Mittermayer erhielt etwa 31,7 % der Stimmen.

10. a) $V = 60 000$ cm³ $= 60$ ℓ
    b) Es befinden sich 57 ℓ Wasser im Aquarium.

11. a) Das Feld ist 90 m lang.
    b) Die Anlage bewässert etwa 77,8 % des Feldes.

12. a) Mona muss 72 ct bezahlen.
    b) Sie erhält 28 ct zurück.
    c) Er hat 25 Brötchen gekauft.

13. Es müssen 23 Arbeiter tätig sein.

14. a) $r = 15$ cm
    b) $A = 706,9$ cm²
    c) Bei doppeltem Radius verdoppelt sich auch der Umfang, aber der Flächeninhalt vervierfacht sich.

15. Das Dreieck ist rechtwinklig, da der Satz des Pythagoras gilt, wobei a die Hypotenuse ist.

16. a) $x = 12$ b) $x = 6$ c) $x = 3$

17. I $\quad x + y = 42$
    II $\quad x + 2y = 66$
    $x = 18, y = 24$
    Das Hotel hat 18 Einzel- und 24 Doppelzimmer.

18. $x + (x + 3) = 99$
    $x = 48$
    Die Mutter ist 48 Jahre alt, der Vater ist 51 Jahre alt.

19. $x + (x + 4) = 80$
    $x = 38$
    Die Frau ist 38 Jahre alt, der Mann ist 42 Jahre alt.

20. a) ③ 11 344
    b) ② 6 998
    c) ② 450
    d) ③ 998 994

21. a) B
    b) D

22. D

23. a) 10
    b) 8

24. b), f) und g)

Stichwortverzeichnis

A
Ähnlichkeit 34; 54
Argument 8

B
Basiswinkel 80; 100
Beweis 69
Bild 40; 54
Bildlänge 40; 54
Binomische Formeln 56

D
Dichte 108; 112; 136
dynamische Geometrie-Software 62 f.

E
Einsetzungsverfahren 106

F
Flächeninhalt
– des Kreises 88; 100
– des Kreisrings 88; 100
Funktion 8; 30
– lineare 8; 30
– konstante 16
Funktionenplotter 22
Funktionsgleichung 8; 30
Funktionsgraph 8; 30
– linearer 8; 14; 30

G
Gleichungssystem, lineares 18; 30
Goldener Schnitt 210
Grundfläche 38; 150

H
Hauptähnlichkeitssatz 34; 54
Hohlkugel 140
Hohlzylinder 112; 120
– Masse 112; 120
– Oberfläche 112; 120
– Volumen 112; 120
Hypotenuse 64; 76

I
Inkreis 80

K
Kathete 64; 76
Kegel 124
– gerader 124
– Mantelfläche 132; 150
– Mantellinie 132; 150
– Masse 136; 150
– Oberfläche 132; 150
– Schrägbild 124; 150
– schiefer 124
– Volumen 136; 150
Koeffizient 188
Kongruenz 34; 54
Kreis 84; 100
– Flächeninhalt 88; 100
– Umfang 84; 100
Kreisausschnitt 86
Kreisring, Flächeninhalt 88; 100
Kreissektor 86
Kreisumfang 84; 100
Kreiszahl π 84; 100
Kugel 140; 150
– Oberfläche 140; 150
– Volumen 140; 150
– Masse 140; 150

L
lineare Funktion 8; 14; 30
lineares Gleichungssystem 18; 30

M
Mantelfläche 104; 120; 128; 132; 150
– Kegel 132; 150
– Pyramide 128; 150
– Zylinder 104; 120
Masse 108; 112; 120; 136; 140
Mittelpunktswinkel 80; 100

N
Nullstelle 14; 30

O
Oberfläche 104; 112; 120; 128; 132; 140; 150
– Hohlzylinder 112; 120
– Kegel 132; 150
– Kugel 140; 150
– Pyramide 128; 150
– Zylinder 104; 120
Original 40; 54
Originallänge 40; 54

P

Pi (π) 84; 100
Pyramide 124; 150
– gerade 124
– Mantelfläche 128; 150
– Masse 136; 150
– Oberfläche 128; 150
– quadratische 124
– regelmäßige 124
– schiefe 124
– Schrägbild 136; 150
– Volumen 136; 150
Pythagoräische Zahlentripel 66
Pythagoras 64; 76

Q

Quadratwurzeln 58; 76
– addieren 58; 76
– dividieren 60
– multiplizieren 58; 76
– subtrahieren 58; 76
Quadratzahlen 58; 76
Quadrieren 58; 59; 60
– einer Zahl 58; 76
– eines Bruchs 59
– eines Produkts 60

R

Radikand 58
Radius 84; 100
rechtwinkliges Dreieck 64; 76
regelmäßiges Vieleck 80; 100

S

Satz des Pythagoras 64; 76
Satz des Thales 69
Schrägbild 108; 120; 124
– Kegel 124; 150
– Pyramide 124; 150
– Zylinder 108; 120
Steigung 8; 14; 30
Strahlensätze 44; 54
Strahlensatzfigur 44; 54
Strecken teilen 46
Streckungsfaktor k 40; 54
Streckungszentrum 40; 54

T

Thales 69

U

Umkreis 80

V

Vergrößerung 40; 54
Verkleinerung 40; 54
Vieleck, regelmäßiges 80; 100
Volumen 108; 120; 136; 140; 150
– Hohlzylinder 112; 120
– Kegel 136; 150
– Kugel 140; 150
– Pyramide 136; 150
– Zylinder 108; 120

Bildverzeichnis

Fotos:
Titelbild Corbis/zefa
5 Corbis
13 Torsten Feltes, Berlin
18 Corbis
24 Bildagentur-online/A. Jenny
31 Superbild, P. Capon
33 Corbis
34 Grimm's GmbH, Hochdorf
35 Cornelsen Verlagsarchiv
36 Volker Döring, Hohen Neuendorf
37 (2) Volker Döring, Hohen Neuendorf
39 Volker Döring, Hohen Neuendorf
42 Jens Schacht, Düsseldorf
43 artur/Dirk Robbers
44 FAN/Zoom
47 Martina Verhoeven, Uedem
48 NaturBild, Harald Lange
49 Cornelsen Verlagsarchiv
50 Cornelsen Verlagsarchiv
51 Wikipedia/GNU
52 (3) NASA/JPL. Gov.
52/4 Deutsches Zentrum für Luft- und Raumfahrt, Presse- und Öffentlichkeitsarbeit, Köln, R. Schmidt, T. Kutter
55 picture-alliance/ZB/Peter Zimmermann
57 Volker Döring, Hohen Neuendorf
58 Jens Schacht, Düsseldorf
60 Cornelsen Verlagsarchiv/Heike Dallmann
61 Jens Schacht, Düsseldorf
62/1 Wilhelm Kienberger, Lechbruck
62/2–4 Cornelsen Verlagsarchiv/Heike Dallmann
63/1 Angela Thomas Schmid/MARTA Herford/VG Bild-Kunst, Bonn 2008
63/2 Deutsches Museum, München
63/3 akg-images; Berlin
64/1, 3 Ines Knospe, Waterkuhl
64/2 Exploratorium Potsdam e. V./ Dr. Axel Werner
66 Cornelsen Verlagsarchiv
67/1–2 Jens Schacht, Düsseldorf
68/1 Jens Schacht, Düsseldorf
68/2 Huber, Garmisch-Partenkirchen/ Mehling
69 Bildarchiv Preußischer Kulturbesitz
70/1 Wikipedia/GNU/Captain Blood
70/2 Wikipedia/GNU/Rosario Van Tulpe
70/3 Wikipedia/GNU/Ch. Eckert 2003
71 Jens Schacht, Düsseldorf
73 Iveco Magirus AG, Ulm
74 digistock.de
77 Bildagentur-online/Lescourret
78 Bavaria Gauting, Moitzheim
81 WILDLIFE/B. Cole
82/1 Google Earth
82/2 EU/Pressebild
83 Torsten Feltes, Berlin
85/1 Wikipedia/GNU/Gengiskanhg
85/2 Transglobe Agency, Hamburg, T. Krüger
87 Cornelsen Verlagsarchiv
89 Transglobe Agency, Hamburg, J. Schilgen
91 Wikipedia/GNU
92 akg-images
94/95 (3) mpi/Jürgen Burkhardt
95/2 images.de/Schulten
96 Postbank/Pressebild
98 Corbis
101 Corbis/ Morris
104 Torsten Feltes, Berlin
105 (2) Jens Schacht, Düsseldorf
106/1 Jens Schacht, Düsseldorf
106/2 Volker Döring, Hohen Neuendorf
107 Volker Döring, Hohen Neuendorf
108 Torsten Feltes, Berlin
109 Volker Döring, Hohen Neuendorf
112 Patrick Pleul, dpa, Corbis
113 Wikipedia/GNU
114/1 Miniatur Wunderland Hamburg
114/2 Torsten Feltes, Berlin
114/3 Leuchttuerme.de/Thomas Solmecke
115 FreeLens Pool/Siegfried Kuttig
116 Wikimedia Commons/ Guido Gerding
117/1 Cornelsen Verlagsarchiv
117/2 EZB Frankfurt am Main
118/1 Cornelsen Verlagsarchiv
118/2 Corbis/Bettmann Archives
121 arturimages
124 Axel Seedorf/Creative Commons
125/1 dpa, Frankfurt/Main
125/2 Hans Börner GmbH. Nauheim
125/3 Axel Seedorf/Creative Commons
125/4 www.buetrido.de
125/5 Wikipedia/GNU/S. Möller
126 Wikimedia Commons/ Jim Campion
128 artur/Dirk Robbers
130/1 Cornelsen Verlagsarchiv
130/2 www.vanglas.nl
130/3 Stiers GmbH
131 Cornelsen Verlagsarchiv
132 Kunst- und Ausstellungshalle der Bundesrepublik Deutschland, Bonn: (Peter Oszvald)
133 RMB Dieter Hauck
135/1–4 Udo Wennekers, Goch
135/5–6 Matthias Hamel, Berlin
136/1 Axel Seedorf/Creative Commons
136/2–5 Matthias Hamel, Berlin
138/1 Tetra Pack Deutschland GmbH
138/2 Matthias Felsch, Berlin
139 Räthgloben 1917 Verlags GmbH, Markranstädt
140 NASA.JPL.Gov.
141 Cornelsen Verlagsarchiv
142 Mauritius: Berlin (Rossenbach)
143/1 Mauritius: Berlin (Vidler – c/o Key Photos)
143/2 Mauritius: Berlin (Vidler)
143/3 Mauritius, Berlin (Phototake)
144/1 Cornelsen Verlagsarchiv
144/2 Corel Library
145 Cornelsen Verlagsarchiv
146/1 Herbert Strohmeyer, Aachen
146/2 Patrick Merz, Mühlhausen/ Kraichgau
147 NASA. Alexander Chernov
148/1 Tropical Island/Pressebild
148/2 Helga Lade Fotoagentur GmbH, Berlin
152 Wikipedia/Damian Yerrick
153/1 Volker Döring, Hohen Neuendorf
153/2 Cornelsen Verlagsarchiv
154/1 Cornelsen Verlagsarchiv
154/2–3 Architekturbüro Michael Merenmies, Berlin
156 Cornelsen Verlagsarchiv/Peter Hartmann
157 BFM/Deutsche Post AG/Philaterie
158/1 Deutsche Bahn AG/Bahn im Bild/Fotothek
158/2–4 Cornelsen Verlagsarchiv
159 Wikimedia Commons
160/1 Jürgen J. Kiefer, Schliengen
160/2 Wimbledon/Pressebild Ltd.
163 www.sportunterricht.de
164/1 Bridgeman Art Library, London/ Berlin
164/2 Fotograf Blume, Bernd Blume
165/1 Cornelsen Verlagsarchiv/Sabine Storm
165/2 Horst Herzig Fotodesign, Groß-Gerau
165/3 OKAPIA, Peter Arnold
167 Cornelsen Verlagsarchiv
170 Cornelsen Verlagsarchiv
172 Jens Schacht
173 Wikimedia Commons/MichaelFrey

Illustrationen: Roland Beier, Berlin
Technische Zeichnungen, Gafiken:
Christian Görke, Berlin
Ulrich Sengebusch, Geseke

Bildrecherche: Peter Hartmann

Trotz intensiver Bemühungen konnten möglicherweise nicht alle Rechteinhaber ausfindig gemacht werden. Bei begründeten Ansprüchen wenden sich Rechteinhaber bitte an den Verlag.

Rot + Gelb = Orange?

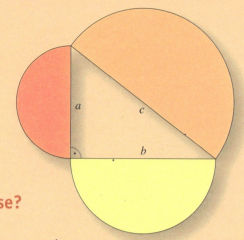

Sind der rote und der gelbe Halbkreis zusammen so groß wie der orangefarbene Halbkreis? Der Satz des Pythagoras sagt zumindest, dass im rechtwinkligen Dreieck die Fläche der Quadrate über den beiden Katheten so groß ist wie die Fläche des Quadrats über der Hypotenuse: $a^2 + b^2 = c^2$.

Gilt der Satz des Pythagoras auch für Halbkreise?

Der Flächeninhalt eines Kreises ist bekanntermaßen $A_K = \pi \cdot r^2$.
Geht man statt vom Radius vom Durchmesser aus, lautet die Formel $A_K = \frac{1}{4} \cdot \pi \cdot d^2$.
Ein Halbkreis ist nur halb so groß: $A_{HK} = \frac{1}{8} \cdot \pi \cdot d^2$.
In der Abbildung stellen a, b und c die Durchmesser der Kreise dar. Es gilt also:
$A_{HKrot} = \frac{1}{8} \cdot \pi \cdot a^2$ und $A_{HKgelb} = \frac{1}{8} \cdot \pi \cdot b^2$ und $A_{HKorange} = \frac{1}{8} \cdot \pi \cdot c^2$

Durch eine Äquivalenzumformung ist leicht gezeigt, dass der Satz des Pythagoras auch auf andere zueinander ähnliche Flächen über den Katheten und der Hypotenuse übertragen werden kann:

$$a^2 + b^2 = c^2 \quad | \cdot \tfrac{1}{8} \cdot \pi$$
$$\tfrac{1}{8} \cdot \pi \cdot (a^2 + b^2) = \tfrac{1}{8} \cdot \pi \cdot c^2$$
$$\tfrac{1}{8} \cdot \pi \cdot a^2 + \tfrac{1}{8} \cdot \pi \cdot b^2 = \tfrac{1}{8} \cdot \pi \cdot c^2$$

Bei einem rechtwinkligen Dreieck ist die Summe der Flächeninhalte der Halbkreise über den Katheten gleich dem Flächeninhalt des Halbkreises über der Hypotenuse.

Kann man den Satz des Pythagoras auf gleichseitige Dreiecke übertragen?

Der Flächeninhalt eines gleichseitigen Dreiecks hängt nur von der Grundseite ab.
Sei a die Grundseite eines gleichseitigen Dreiecks. Dann gilt: $A = \frac{1}{2} \cdot a \cdot h$.
Im gleichseitigen Dreieck kann man h durch den Satz des Pythagoras bestimmen:

$$(\tfrac{a}{2})^2 + h^2 = a^2 \quad | -(\tfrac{a}{2})^2$$
$$h^2 = a^2 - (\tfrac{a}{2})^2 \quad | \text{Klammer auflösen}$$
$$h^2 = a^2 - \tfrac{a^2}{4} \quad | \text{zusammenfassen}$$
$$h^2 = \tfrac{3}{4} a^2 \quad | \text{Wurzel ziehen}$$
$$h = \sqrt{\tfrac{3}{4} a^2} \quad | \text{vereinfachen}$$
$$h = \tfrac{1}{2}\sqrt{3}\, a$$

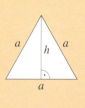

Eingesetzt in die Formel für den Flächeninhalt des gleichseitigen Dreiecks ergibt sich:
$A = \frac{1}{2} \cdot a \cdot \frac{1}{2}\sqrt{3}\,a = \frac{1}{2}\sqrt{3}\,a^2$

Die Formel gilt für alle drei gleichseitigen Dreiecke, die an den Seiten des rechtwinkligen Dreiecks anliegen. Also kann man den Satz des Pythagoras auf beiden Seiten mit $\frac{1}{4}\sqrt{3}$ multiplizieren und man erhält folgende Gleichung für gleichseitige Dreiecke:
$\frac{1}{4}\sqrt{3}\,a^2 + \frac{1}{4}\sqrt{3}\,b^2 = \frac{1}{4}\sqrt{3}\,c^2$

Der Satz des Pythagoras gilt nicht nur für Quadrate, Halbkreise und gleichseitige Dreiecke, sondern für alle ähnlichen Figuren am rechtwinkligen Dreieck.